Oedipus

俄狄浦斯

Lowell Edmunds

[美] 罗威尔·埃德蒙兹 著　江帆 译

西北大学出版社
·西安·

项目支持

中央高校基本科研业务费项目

（No.2023CDJSKJC05）

重庆大学“双一流”学科重点建设项目

“外国语言文学一级学科水平提升计划”

丛书中文版序

"去梦想不可能的梦想……"

什么是神？传说，出生于古希腊凯奥斯岛（Ceos）的诗人西摩尼德斯（Simonides），曾在公元前6世纪受命回答过这个问题。据说，一开始，他认为这个问题很好回答，可思考越久，他越觉得难以回答。若当初果真有人问过他这个问题，我也不相信他曾经得出了令人满意的答案。当然这个传说，很可能是后人杜撰的。但是，关于西摩尼德斯及其探求规定神性构成要素的传说，可追溯至古代，表明关于定义"神-性"有多难甚或不可能，古人早就心知肚明。

本丛书试图处理的正是西摩尼德斯面对的问题，丛书采取的视角不是作为宽泛概念的"神"或"神性"，而是专注于作为个体的神圣形象：对于这些神祇和其他存在者，丛书将其置于"诸神"和"英雄"的总体名目之下。

丛书始于一个梦——这个梦符合一位对难以捉摸的超自然

存在者感兴趣的人。做这个梦的人，就是劳特里奇出版社前编辑凯瑟琳（Catherine Bousfield），她在 2000 年前后的一个夜里做了这个梦。凯瑟琳梦见她正在看一套丛书，每本书的研究主题是一位“奥林波斯”神，作者是研究这位神祇的专家。醒来后她确信，世上一定已经有了这样一套丛书——她肯定在哪里见过这些书，或许在某家书店橱窗里，或在某家出版社的书单上。但在查询书单和询问同事后，她才逐渐意识到，这套丛书并不存在，而只存在于她的梦中。

当凯瑟琳与其他人，包括主编理查德（Richard Stoneman）分享她的梦时，得到的回应都一样：这套书应该已经有了。理查德和凯瑟琳朝着实现这个梦前进了一步，他们问我是否有兴趣主编这样一套丛书。我“毫不迟疑”地接受了邀请，因为，当时我正在研究一位特殊的古代神祇雅典娜，以其作为探索古代文化、社会、宗教和历史的工具。我欣然承担了此项任务，并开始为拟定的书目联络资深作者。我的邀请得到的回复都是满满的热情和“我愿意”（yesses），他们都表示有兴趣撰写某一本书，然而——尽管所有人都确信这套丛书是“好事”，可将诸神和英雄作为独特对象来研究的做法，在学术界到底已经过时了。

当时学者的兴趣，大多在于古人在宗教事务上的作为——譬如，他们举行仪式时，以及在献祭活动中的做法——对这种崇拜的接受者，他们都没有多大兴趣。在为更“普通的”读者撰写的文学作品中，情况则全然不同，有些极好的“畅销书”和“咖啡桌边书”，展现了个别神祇与众不同的特点。我主编这套书的目的，就是要将处在学术边缘的诸神引入中心。

诸神在学者中失宠有一个原因，就是认为独特实体不是学术研究的可行主题，因为——尽管“畅销的”文学作品可以传达此主题——毕竟世上没有一样事物就是某一位神或英雄的某种“曾经之所是”。无本质要素，无连贯文献，无一致性格。相反，在艺术家和著作家笔下，任何一位神都呈现出千姿百态。每个群体都以截然不同的方式构想诸神；连每个家庭也是如此。的确，每个人都能与一位特殊的神建立属己的联系，并按照其特殊生活经验来塑造他。

在更早期阶段，学术界以一个假设作为出发点：每个神都具有其自己的本质和历史——对他们的宗教崇拜，的确千变万化、捉摸不定，尽管古代的多神教并不就是真正的多神教，在任何意义上也不存在多不胜数的神祇。古代宗教好像是由一组一神教构成的——这些一神教平行而不以任何有意义的方式相互重叠，就像对于古希腊人而言，有一个“宙斯宗教”，有一个“雅典娜宗教”，有一个“阿芙洛狄忒宗教”，如此等等；地中海和古代近东的其他文明中的宗教也是如此。譬如，对于罗马人而言，可以有一个“朱诺宗教”，也有一个“马尔斯宗教”，如此等等；在苏美尔人（Sumerians）当中，有一个“伊南娜宗教”（Inanna religion），有一个“恩基宗教”（Enki religion），有一个“马耳杜克宗教”（Marduk religion），如此等等。

这套丛书并不试图回到这种过于单一地理解古代诸神的方式。这种观点出自一种一神教，这是犹太－基督教看待古代宗教的方式。相反，这套丛书试图迎接挑战，探究一种宗教观念模式，其中的诸神内在于世界，诸神可以无处不在处处在，而且往往不可见，有时候也会现出真容。

丛书传达了如何描述诸神才对人类有益的方式，他们描述诸神的典型方式就是将其描述得像人类一样——拟人化，具有人类的形象和行为方式。或者，如丛书所记录的那样，人们也会以非人类的动物形象或自然现象来设想诸神。譬如，阿芙洛狄忒，她常被描绘为伪装成一个女人，有理想的体形，带有一种特别令人渴望的女性美，但也以石头的形象受到崇拜；或如雅典娜，她能够显现为一个披甲的女人，或显现为一只猫头鹰，或显现在橄榄树闪烁的微光中，或显现出一道犀利的凝视，作为 glaukopis［格劳考皮斯］：意为“眼神犀利的”，或眼神闪耀的，或灰眼的，或蓝绿眼的，或猫头鹰眼的，或就是橄榄色眼的。可能的译法之广泛本身就表明，有不同方式来传达古代表现任何神圣事物的某种特点。

总之，诸神能够无处不在，也被认为变化多端，但也仍然能够清晰地描述他们。丛书的另一个目标，就是要把他们当成截然不同的实体来把握，而且任何对显而易见的连贯性的观察，都需要以违背分类一致原则的宗教实体为背景。这也正是他们何以是诸神的原因：这些存在者能够具有表象，也能够活动在人类的世界中，但他们却是具有力量和魔力的实体，他们能显现，也能消失不见。

尽管现代西方人将诸神——或上帝——理解为超验全知和道德正直，他们也常常为诸神故事中所记述的行为震惊：他们会背叛其他神，会虐待其他神，也会表现出妒忌，甚或有杀婴和弑亲这样的恐怖行为。

古代诸神只是看似为现代西方人所熟悉。由于基督教扎根之后所发生的事情，古代诸神不再受到崇拜。在全然不同的宗教观念模式下，那些形象能够安插进基督教化了的德性观念之中，继续发挥重要作用。

与此同时，他们不再被视为真实的存在者，这些形象中很多变成了文化作品的主流——譬如，在艺术中，在“高级”和“低级”文学作品中，还有在音乐中，从古典音乐伟大时代的歌剧，到摇滚歌队“安提戈涅放飞”（Antigone Rising），再到流行艺术家嘎嘎小姐（Lady Gaga）以维纳斯的形象出场，几年前，还有一位流行歌星米诺（Kylie Minogue），扮作维纳斯的希腊对应者阿芙洛狄忒。或者，从美国（嘎嘎）或澳大利亚（米诺）的西方流行音乐，到韩国流行音乐（K-pop），也都是如此：2019 年，韩国“防弹少年团”（Korean boy band BTS）成员，各自戴着某个古代神祇的面具（金硕珍扮成了雅典娜，闵玧其扮成了赫菲斯托斯，郑号锡扮成了宙斯。接下来，金南俊是狄奥尼索斯，金泰亨是阿波罗，朴智旻是阿耳忒弥斯——最后——田柾国扮成了波塞冬）。

与此同时，对于一代年轻人来说，赖尔登（Rick Riordan）的佩西·杰克逊小说系列（Percy Jackson novels），创造了一个希腊诸神曾经存在过的世界，他们以伪装和被遗忘的方式活过了数世纪。

诸神和英雄仍然是现代的组成部分，西方文化受益于数世纪的古典传统，现代人能够感觉到与他们熟稔。丛书的另一目标是记录这些世纪的复制和挪用——正是这个过程，使古代的阿芙洛狄忒们、维纳斯们，等等，被误认为堪比曾生活在凡人中间的存在者——甚至连佩西·杰克逊小说系列，也依赖于一种理解：每个神都是一个连贯的实体。

丛书中文版的新读者，也许恰恰能以从前的读者所不具备的方式来理解丛书中的诸神和英雄。新读者也许更能理解一个诸神内在于其中的世界——在这个世界中，对于古希腊哲人泰勒斯（Thales）而言，诸神“内在于万物”。古代诸神——尽管对于现代西方人如此不寻常——能够进入每个人的梦。可以认为他们寓居于自然之境，或寓居于他们自己的雕像中，或居住在他们自己的神殿中。可以视其为人类的祖先，甚或视其为获得了神性的人类。

古代地中海和近东的诸神与中国诸神的亲缘关系，更甚于其与当代西方人的关系，当代西方人虽然继续在刻画他们，却不认为他们是这个世界所固有的诸神。

中国诸神，与希腊、罗马、巴比伦等文明中的诸神一样，数量众多；他们的确可谓不计其数。中国诸神与古典古代的众神相像，却与后来犹太－基督教西方的一神教体系不同，中国诸神可以是男神或女神。每个神，都像古代西方人的诸神那样，活动在很多领域之中。譬如，丛书中文版的读者所理解的赫耳墨斯，可能就像中国的牛头（Ox-head）和马面（Horse-Face），他是护送刚死的人到哈得斯神领地的神；作为下界的统治者，哈得斯——丛书未来规划中一本书的主题——堪比中国神话中的阎王（Yanwang）；赫拉作为天界至高无上的女性统治者，其地位可以联系天后斗姆（Doumu）来理解。万神殿中的诸神，也是人类的祖宗。希腊神宙斯，尤其可以当“诸神和人类的父亲”来设想。其他诸神——如赫拉克勒斯（Herakles / Ἡρακλῆς），这位声名卓著的神——也可能从前就是人类。

我很荣幸能介绍给大家一系列古代形象——女性的、男性的、跨性别的、善良的、恐怖的——这些形象无一例外耐人寻味，扎根于崇拜他们、讲述他们故事的人民的文化中。

丛书中的每一本书，开篇都首先提出值得以一本书篇幅来研究这个对象的原因。这个“为什么”章节之后的部分是全书的核心，探究古代刻画和崇拜这个对象的“关键主题”。丛书最后一章总结每个研究对象在后古典时代的“效应”（afterlife），有时候篇幅相对较短，如在《伊诗塔》（*Ishtar*）中；有时候则篇幅较长，尤其在《赫拉克勒斯》中，这是因为古代以降对研究对象的描述十分宽广。每本书带有注解的“参考文献”，为读者指引深入研究的学术领域。

一言以蔽之，欢迎中国读者阅读“古代世界的诸神与英雄”丛书——欢迎你们来到一个由著作构成的万神殿，这些著作的主题是非凡而又多面的存在者，每位作者所要表现的就是他们的独特之处。此外，每位作者又都是其主题研究领域的专家，正如凯瑟琳所梦想的那样。

苏珊·迪西（Susan Deacy）

于伦敦

2023 年 1 月

（黄瑞成 译）

目　录

丛书前言：为什么要研究古代世界的诸神与英雄　*001*
地图目录　*008*
插图目录　*009*

为什么是俄狄浦斯？　*001*

介绍俄狄浦斯　*003*
文本的真实性问题　*004*
划分叙事主题　*008*
弗洛伊德与索福克勒斯　*011*
本书研究的范围　*014*

关键主题　*019*

一、前悲剧时代的俄狄浦斯　*021*
拉伊俄斯　*027*
故事重建　*028*
斯芬克斯　*030*

谜中之谜 032
“神明昭告天下” 036
俄狄浦斯对儿子的诅咒 040
“经由众神的毁灭性忠告” 044
七将之子；忒瑞西阿斯 046
走近阿波罗 047
俄狄浦斯以及俄狄浦斯和拉伊俄斯的祭拜 048
小结 057

二、公元前 5 世纪：悲剧舞台上的俄狄浦斯 059
埃斯库罗斯的忒拜三部曲 064
欧里庇得斯 070
索福克勒斯与俄狄浦斯神话 081
公元前 4 世纪的俄狄浦斯及其后来的命运 105
小结 107

三、罗马与中世纪：拉丁语时代的俄狄浦斯 109
塞涅卡的忒拜悲剧 114
斯塔提乌斯的《忒拜战纪》 118
俄狄浦斯在中世纪 122
中世纪俄狄浦斯的未来 148
小结 148

俄狄浦斯效应 151

四、索福克勒斯的重新发现：从文艺复兴到 18 世纪 153

俄狄浦斯在意大利 154

俄狄浦斯在德国 163

17 世纪：俄狄浦斯在法国 167

《诗学》的衰落 187

小结 188

五、转向：19 世纪与 20 世纪 190

荷尔德林与黑格尔 191

瓦格纳的俄狄浦斯 202

斯芬克斯的艺术形象 204

约瑟芬·佩拉丹与雨果·冯·霍夫曼斯塔尔 211

西格蒙德·弗洛伊德 215

“一场恋母癔症的爆发” 222

弗拉基米尔·普罗普与克劳德·列维－斯特劳斯 232

挑战斯芬克斯 240

小结 249

结论与延续 250

俄狄浦斯的主体性 252

虚拟（实在）空间 255

简化与引申 260

俄狄浦斯神话的观念论研究 264
非连贯性 268
个人对传统的看法 271

拓展阅读 274
参考文献 282
缩略语 311
索引 316

附录：古代世界的诸神与英雄译名表 340
跋“古代世界的诸神与英雄” 355

丛书前言：为什么要研究古代世界的诸神与英雄 *

正当的做法，
对于开启任何严肃谈话和任务的人而言，
就是以诸神为起点。

——德摩斯泰尼《书简》（Demosthenes, *Epistula*, 1.1）

古代世界的诸神和英雄是很多现代文化形态的构成部分，例如，成为诗人、小说家、艺术家、作曲家和设计师创作的灵感源泉。与此同时，古希腊悲剧的持久感染力保证了人们对其主人公的熟稔，甚至连管理“界”也用古代诸神作为不同管理风格的代表。譬如，宙斯（Zeus）与“俱乐部”（club）文化，阿波罗（Apollo）与“角色”（role）文化：参见汉迪（C. Handy）《管

* 2005 年 6 月，英文版主编苏珊教授撰写了《丛书前言：为什么要研究诸神与英雄》。2017 年 1 月，她修订了“丛书前言”，并保留原题名。2021 年 11 月，她再次修订“丛书前言”，并删去题名。中文版采用最新修订的“丛书前言”并保留题名，酌加定语“古代世界的”，以示醒目。——中文版编者按

理之神：他们是谁，他们如何发挥作用，他们为什么失败》（*The Gods of Management: Who they are, how they work and why they fail*, London, 1978）。

这套丛书的关注点在于：这些古代世界的诸神和英雄如何又为何能够具有持久感染力。但还有另一个目的，那就是探究他们的奇特之处：相对于今人的奇特之处，以及古人感知和经验神圣事物的奇特之处。对主题的熟稔也有风险，会模糊其现代与古代意义和目的之重大区分。除某些例外，今人不再崇拜他们，但对于古人而言，他们是作为万神殿的一个构成部分而受到崇拜的，这简直是一个由成百上千种神力构成的万神殿：从主神到英雄，再到尽管具有重叠形象的（总是希望重叠！）精灵和仙女——每位主神都按照其专有装束受到崇拜，英雄有时会被当成与本地社群有关的已故个体。景观中布满了圣所，山川树木也被认为有神明居于其间。研究这些事物、力量、实体或角色——为其找到正确术语本身就是学术挑战的一部分——这涉及找到策略来理解一个世界，其中的任何事物都有可能是神。用古希腊哲人泰勒斯（Thales）的话说，亦如亚里士多德所引述的那样，这个世界“充满了诸神”（《论灵魂》［*On the Soul*, 411 a8］）。

为了把握这个世界，有帮助的做法可能就是试着抛开关于神圣之物的现代偏见，后者主要是由基督教关于一位超验、全能、道德正直的上帝的观念所塑造的。古人的崇拜对象数不胜数，他们的外貌、行为和遭遇与人类无异，只是不会受人类处境束缚，也不局限于人类的形象。他们远非全能，各自能力有限：连宙斯，这位古希腊众神中至高无上的主权者，也可能要与他的两个兄弟波塞冬（Poseidon）和哈得斯（Hades）分治世界。此外，古代多神教向不断重新解释保持开放，所以，要寻求具有统一本质的形象，很可能会徒劳无功，尽管这也是人们惯常的做法。通常着手解说众神的做法是列举主神及其突出职能：赫菲斯托斯 / 福尔肯（Hephaistos/Vulcan），手工艺；阿芙洛狄忒 / 维纳斯（Aphrodite/Venus），爱；阿耳忒弥斯 / 狄安娜（Artemis/Diana），狩猎；如此等等。但很少有神的职能如此单一。譬如，阿芙洛狄忒，她远不止是爱神，尽管此项功能至为关键。譬如，这位神也是 hetaira（“交际花”）和 porne（“娼妓”），但还有其他绰号和别名表明，她还伪装成共同体的保护神（pandemos：“保护全体公民”），也是航海业的保护神（euploia［欧普劳娅］，pontia［庞提娅］，limenia［丽美尼娅］）[①]。

正是有鉴于这种多样性，本丛书各卷书不包括每位神或英

① 在希腊语中，euploia 意为“安全航海女神”，pontia 意为“海中女神”，limenia 意为“海港女神”。——译注

雄的生平传记——虽然曾有此打算，而是探究其在古代多神教复杂综合体中的多重面相。如此规划进路，部分是为了回应下述关于古代神圣实体的学术研究的种种进展。

在韦尔南（Jean-Pierre Vernant）和其他学者建立的“巴黎学派（Paris School）”影响下，20 世纪下半期，出现了由专门研究诸神和英雄，向探究其作为部分的神圣体制的转变。这种转变受一种信念推动：若单独研究诸神，就不可能公正对待古代宗教的机制；与此相反，众神开始被设想为一个合乎逻辑的关联网络，各种神力在其中以系统方式彼此对立。譬如，在韦尔南（J.-P. Vernant）的一项经典研究中，希腊的空间概念通过赫斯提亚（Hestia，灶神——固定空间）与赫耳墨斯（Hermes，信使和旅者之神——移动空间）的对立而神圣化：韦尔南《希腊人的神话与思想》（*Myth and Thought Among the Greeks*, *London*,1983,127—175）。但诸神作为分离的实体也并未遭忽视，韦尔南的研究堪为典范，还有他经常合作的伙伴德蒂安（Marcel Detienne），后者专研阿耳忒弥斯、狄奥尼索斯和阿波罗：譬如，德蒂安的《阿波罗，手中的刀：研究希腊多神教的实验进路》（*Apollon, le couteau en main: une approche expérimentale du polythéisme grec*, Paris, 1998）。“古代世界的诸神与英雄”丛书首批图书自 2005 年出版以来，在上文概括的研究立场之间开辟出了一个中间地带。虽然研究进路是以唯一又有所变化的个体为主题，作者们对诸神和英雄的关注，却是将其作为内在于一个宗教网络中的力量来看待的。

本丛书起初各卷中的“世界”，主要倾向于“古典”世界，尤其是古希腊的“古典”世界。然而，“古代世界”，更确切地说“古代诸世界”，已然扩展了，这是随着以伊诗塔（Ishtar）和吉尔伽美什（Gilgamesh）为主题的各卷出版，还有期待中以摩西（Moses）和耶稣（Jesus）为主题——以及古希腊的安提戈涅（Antigone）和赫斯提亚（Hestia）主题、古罗马狄安娜（Diana）主题的书目。

丛书每卷书都有三大部分，对其研究的主题对象作出了具权威性、易于理解和令人耳目一新的解说。“引子”部分提出关于这个神或英雄要研究什么，值得特别关注。接着是本卷书的核心部分，介绍“关键主题”和观念，在不同程度上包括神话、崇拜、可能起源和在文学与艺术中的表现。本丛书启动以来，后古典时代的接受日益进入古典研究和教育的主流。这一接受上的“革命”让我确信，每卷书包括一个放在最后的第三部分，用来探究每个主题的“效应”（afterlives），极为重要。这样的“效应”部分有可能相对较短——譬如，《伊诗塔》一卷中的“后续效应”（Afterwards）一节——或较长，譬如，在《赫拉克勒斯》

（*Herakles*）中。各卷书都包括关于某个神或英雄的插图，并在合适的位置插入时序图、家谱和地图。还有一个带有注释的“参考文献”，指引读者作更进一步的学术研究。

关于术语，需要进一步作出说明。“诸神与英雄”（gods and heroes）：丛书题名采用了这些阳性术语——尽管如希腊词 theos（god）也能用于女神，如此选择一定程度上也反映了古代的用法。至于“英雄”（hero），随着 MeToo 运动兴起，如今已成为一个性别中立的术语。关于纪元：我总是建议作者最好选择 BC/AD 而非 BCE/CE，但并不强求如此。关于拼写：本丛书中古希腊专名采用古希腊语拼写法，广为接受的拉丁语拼写法除外。

如我在 2017 年第二次修订这个“前言”时说过的那样，我要再次感谢凯瑟琳（Catherine Bousfield），她担任编辑助理直到 2004 年，正是她梦（取其字面意思……）到了一套关于主要的古代诸神和英雄的丛书，时间是 21 世纪初期的一个夜晚。她的积极主动和远见卓识，助力丛书直至接近发行。劳特里奇出版社的前古典学出版人理查德（Richard Stoneman），在丛书委托和与作者合作的早期阶段，自始至终提供支持和专家意见。我很荣幸能与继任编辑吉朋斯（Matthew Gibbons）在丛书早期阶段共事。艾米（Amy Davis-Poynter）和利奇（Lizzi Risch）

是我近年极好的同事。当我为2022年以后的丛书修订“前言”时，我要感谢利奇的继任者玛西亚（Marcia Adams）。我也要感谢丛书的诸位作者，正是他们帮助建构了理解每个神或英雄的方式，同时为促进关于古代宗教、文化和世界的学术研究作出了贡献。

苏珊·迪西

伦敦罗汉普顿大学（Roehampton University, London）

2021年11月

（黄瑞成 译）

地图目录

xiii 地图 1 希腊大陆（页 xx）

地图 2 皮奥提亚、阿提卡和伯罗奔尼撒半岛东北部（页 xxi）

地图 3 意大利、希腊和小亚细亚（页 xxii）

插图目录

（页码指原书页码）

图 1：俄狄浦斯世族谱系（页 xvii） xv

图 2：俄狄浦斯神话故事的时间线（页 xix）

图 3：俄狄浦斯和斯芬克斯。雅典的红色图形杯。有部分谜语被引用。梵蒂冈（16.541），苏珊·埃德蒙兹绘制（页 19）

图 4：俄狄浦斯神话的古希腊文献资源（页 32）

图 5：罗马和中世纪的俄狄浦斯神话（页 58）

图 6：被发现双脚倒挂的俄狄浦斯。中世纪的手稿。普林斯顿·加勒特女士，128，fol. 4v.，普林斯顿大学图书馆提供（页 66）

图 7：俄狄浦斯与斯芬克斯。在法国巴黎国家图书馆的中世纪手稿（页 67）

图 8：伊俄卡斯塔通过俄狄浦斯脚上的伤疤认出了他的真实身份。中世纪的手稿。摩根图书馆，G. 23，fol. 9v.（页 68）

图 9：让 – 奥古斯特 – 多米尼克·安格尔：《俄狄浦斯与

斯芬克斯》，沃尔特斯艺术博物馆，巴尔的摩（页 108）

图 10：马克斯 · 恩斯特：《俄狄浦斯与狮身人面像》，拼贴画《艺术手册》再版封面，1937 年（页 109）

图 11：费尔南德 · 克洛普夫：《爱抚》（1896），比利时皇家美术博物馆提供，布鲁塞尔（页 110）

图 12：列维 – 斯特劳斯对俄狄浦斯神话的结构分析（页 123）

图 13：玛莎 · 葛兰姆和埃里克 · 霍金斯的《夜之旅》。摄影者：阿德诺 · 伊格尔。照片为伊格尔的遗物，由玛莎 · 葛兰姆资料馆提供（页 133）

xvi 图 14：摘自 PL8SPK：《加利福利亚自选车牌重述经典》之“俄狄浦斯”，第 24—26 页，丹尼尔 · 努斯鲍姆编。丹尼尔 · 努斯鲍姆，1994 年出版。哈珀柯林斯出版社再版（页 136）

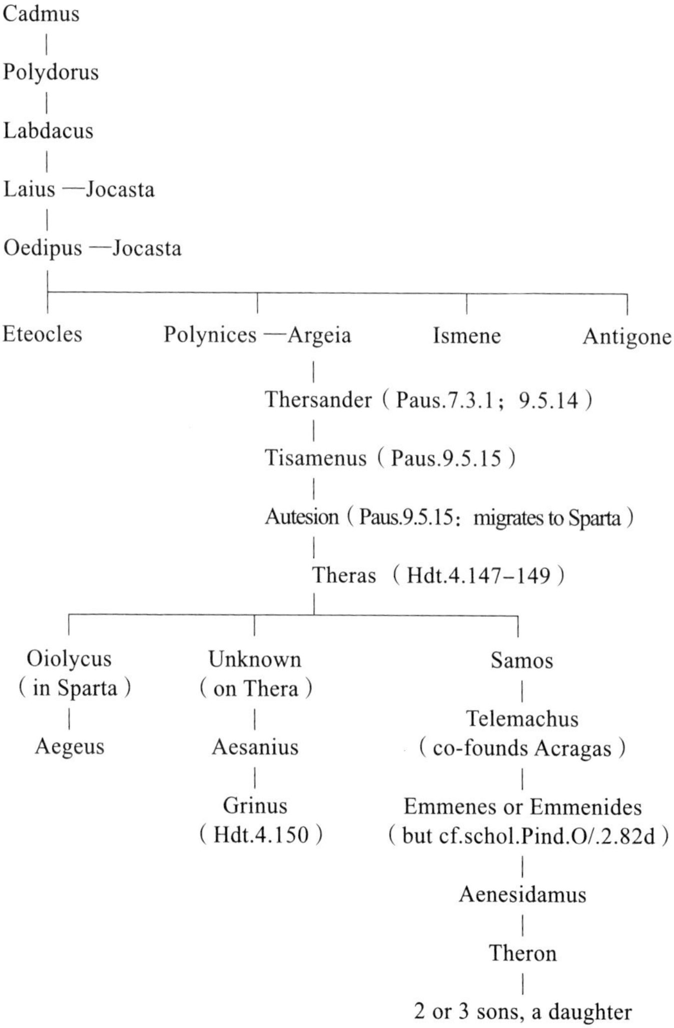

图 1：俄狄浦斯世族谱系（Genealogy of the family of Oedipus）

注：图 1 中的人名和地名（中英对照）

卡德摩斯（Cadmus）

波吕多洛斯（Polydorus）

拉布达塞斯（Labdacus）

拉伊俄斯 – 伊俄卡斯塔（Laius–Jocasta）

俄狄浦斯 – 伊俄卡斯塔（Oedipus–Jocasta）

厄特俄克勒斯 （Eteocles ）

波吕尼刻斯 – 阿尔吉亚（Polynices–Argeia）

伊斯墨涅（Ismene）

安提戈涅（Antigone）

忒耳珊得尔（Thersander）（Paus.7.3.1；9.5.14）

狄萨墨努斯（Tisamenus）（Paus.9.5.15）

阿特希翁（Autesion）（Paus.9.5.15：移民斯巴达）

忒瑞斯（Theras）（Hdt.4.147—149）

奥留克斯（Oiolycus）（在斯巴达）

埃勾斯（Aegeus）

未知（在锡拉岛）Unknown （on Thera）

埃萨尼乌斯（Aesanius）

萨莫斯（Samos）

忒勒马克斯（Telemachus），共同创立阿克拉加斯（co-founds

Acragas）

伊莫尼斯（Emmenes ）或伊莫尼德斯（Emmenides）（但参见 schol.Pind.O/.2.82d）

埃尼斯达姆斯（Aenesidamus）

忒隆 （Theron）

古希腊和拜占庭	罗马	欧洲中世纪与文艺复兴
约前 750—前 480 古风时期 史诗和抒情诗中的俄狄浦斯	前 753—前 731 共和国时期 前 735 罗马建国的传统日期	
前 480—前 323 古典悲剧时代的俄狄浦斯		
前 323—前 31 希腊化时期俄狄浦斯格言警句	前 2 世纪的俄狄浦斯（普劳图斯和特伦斯）；阿克齐乌斯的忒拜悲剧	
前 31—公元 324 罗马时期	前 31—公元 324 罗马帝国	
消失在古希腊文学中的俄狄浦斯	前 31—公元 14 奥古斯都时代的诗人笔下的俄狄浦斯 公元 1 世纪塞涅卡的《俄狄浦斯》；斯塔提乌斯的《忒拜战纪》	
325—565 年 古代晚期 希腊东部古希腊文学遗存	→	

（续表）

古希腊和拜占庭	罗马	欧洲中世纪与文艺复兴
		公元 325 年—6 世纪古代晚期 5 世纪卢克莱修斯·普拉西德关于斯塔提乌斯的评论
566—1453 年 拜占庭时期		7—13 世纪中世纪 12 世纪的《罗马忒拜》；《俄狄浦斯悲歌》
		14—15 世纪文艺复兴，薄伽丘的忒拜神话（1313—1375）
··>		15 世纪索福克勒斯手稿从君士坦丁堡回到意大利

注释： xix

1. 325 年第一次尼西亚会议，由东罗马皇帝君士坦丁召集在拜占庭召开（现在的土耳其）。君士坦丁死于 566 年。

2. 1453 年君士坦丁堡被土耳其人攻陷；奥斯曼帝国时期开始了。

符号说明：

↘——>表示从罗马帝国到欧洲中世纪的延续性。

·······>表示俄狄浦斯神话在拜占庭时期的传播，直接从希腊东部到意大利。

图 2：俄狄浦斯神话故事的时间线（Timeline: the history of the Oedipus myth）

xx

THRACE
Mt. Olympus
AEGEAN SEA
Mt. Parnassus
Delphi
Thebes
ARCADIA
Athens
Olympia
PELOPONNESE
Sparta

地图 1　希腊大陆

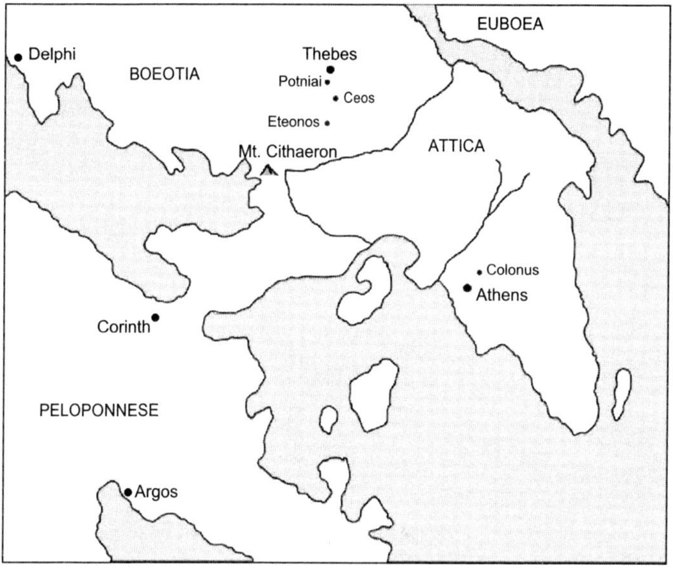

地图 2　皮奥提亚、阿提卡和伯罗奔尼撒半岛东北部。科俄斯（Ceos）和埃提奥诺斯（Eteonos）的确切位置不得而知。这张地图上的位置是近似的

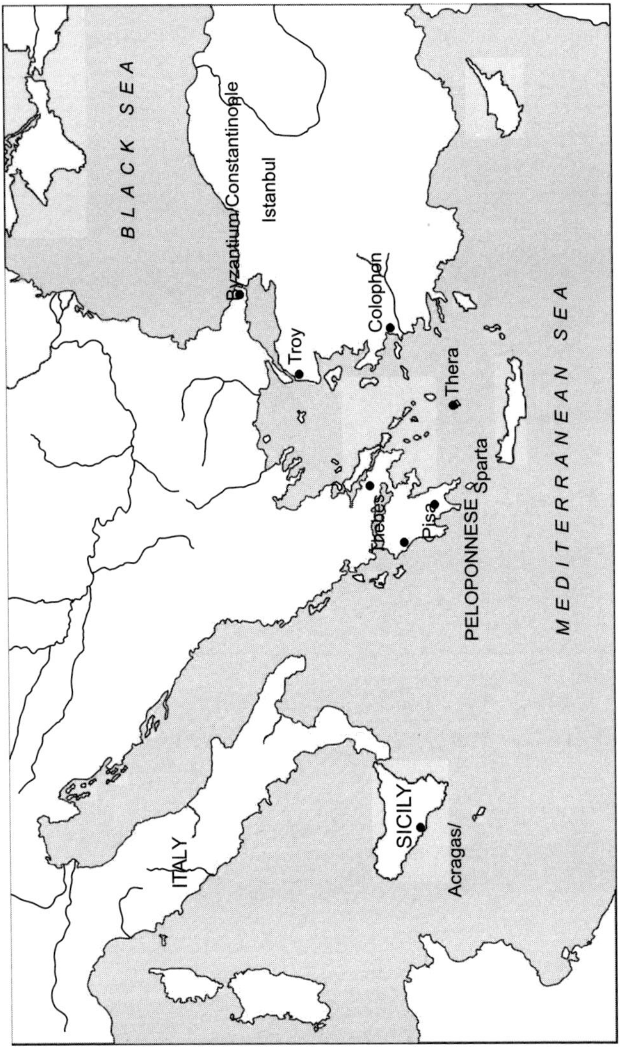

地图 3　意大利、希腊和小亚细亚

为什么是俄狄浦斯？

Why

Oedipus？

介绍俄狄浦斯

唐璜(Don Juan)、唐·吉诃德(Don Quixote)、浮士德(Faust)、哈姆雷特（Hamlet）、俄狄浦斯（Oedipus）——每一位角色都超越了他们故事的发源地，也超越了艺术、音乐和文学作品所演绎的故事主题。在西方人文世界里，他们具有非常特殊的地位，因为他们的命运代表了人类普遍而又极端的生存处境。在上述五个人物形象中，俄狄浦斯，这位古老的忒拜（Thebes）国王，或许是当今思想世界最大的王者。 3

神话是这位国王主宰思想世界的特殊方式。相较于科学理性与宗教启示，神话持续繁荣的奥秘在于它具有无穷的更新能力。人类的思维方式大体可以分为感性和理性。前者通常体现为文学艺术的表达，后者如科学和各种理论研究。德国哲学家汉斯·布鲁门贝格（Hans Blumenberg）认为，上述两种方式也正是“神话研究”的主要路径。[①] 本书将对俄狄浦斯神话三千年

---

① 关于这五个人物的分析，参见霍尔图森（Holthusen）1960；关于“神话研究”，参见布鲁门伯格 1985。

漫长历史的重述和演绎进行简要评述或概览。

文本的真实性问题

重述前人的作品是经典传承最为常见的一种方式，俄狄浦斯神话也不例外，但这种方式正是本书所要质疑的。“重述”只是在重复前人的基础上表达自己的立场和观点，例如西格蒙德·弗洛伊德（Sigmund Freud）对索福克勒斯（Sophocles）的《俄狄浦斯王》（*Oedipus the King*）的概括和总结（后文将有引用）。弗洛伊德对俄狄浦斯的研究主要集中在单纯的悲剧性心理，因
4 为在他的时代，悲剧性主题成为人们关注这部神话故事的重点。俄狄浦斯在古代并没有受到足够的重视，直到 17 世纪，俄狄浦斯神话才成为大众关注的对象。在弗洛伊德之后，“俄狄浦斯情结”与索福克勒斯的悲剧性主题更是非常明显地构成了一种相互重申和彼此印证的关系。

如果不以索福克勒斯的《俄狄浦斯王》作为这部神话唯一真实可靠的文本，那么我们就应该追述那些最早有关俄狄浦斯神话的原始记录。因此，本书的第一章将会整理和重述这些古老的文献，并将它们作为前悲剧时代俄狄浦斯神话故事的重要内容。然而，这些古老的文献是否可以代表真实的“俄狄浦斯”，

依然存疑。当希腊人从荷马（Homer）的《奥德赛》（*Odyssey*）中发现俄狄浦斯神话的故事线索时，已经过了数个世纪，而荷马史诗本身又是远古历史的产物，它的最终形成甚至可以追溯到公元前的第二个千禧年。

史诗，一定有一个开始的时刻——那是一个美好的日子。第一位诗人诵出了第一行诗句。当他的吟诵被不断重复之后，最初的意义开始褪色。随着史诗内容的记录和整理，那些最早进行口述的“作者”必然在传统中消失。诗歌如果不被重复，将无法流传，但诗歌如果不能适应时代的变化，也很难被人们继续传诵。无论从何而来，史诗的内容和含义常常远离它们的起点。没有变化就没有重复，没有重复就没有传诵。因为古老的文本早已失传。迄今为止，最早记录俄狄浦斯神话的是《奥德赛》，仅仅十行，但这一线索本身又是荷马“创作”的结果。任何创作都意味着对原始故事的加工和改编，俄狄浦斯神话也不例外。既然故事的源头无迹可循，俄狄浦斯“神话文本”的真实性问题也将永远没有定论。

有关俄狄浦斯的民间传说及其故事的各种变体（variant）一直持续到公元前5世纪，直到索福克勒斯完成了忒拜悲剧的三部作品。然而，由于索福克勒斯的三部悲剧创作于不同的时间和背景之下，[1]它们并不构成古典意义上“悲剧三部曲”。例如，在《安提戈涅》（*Antigone*）里，俄狄浦斯已经死去并被埋在了忒拜；在《俄狄浦斯在科洛诺斯》（*Oedipus at Colonus*）中，俄狄浦斯死在雅典（Athens）附近一个名叫科洛诺斯（Colonus）的小村庄；而在《俄狄浦斯王》的结尾，俄狄浦斯仍然活着，并且无法确定他是继续留在忒拜还是将被放逐。因此，即使是在公元前 5 世纪，俄狄浦斯神话也没有一个人们所认为的相对统一而固定的故事模型。

5 如果我们执着于探究俄狄浦斯神话的权威版本，那么我们必须意识到它不太可能是吟游诗人和诗歌传统所特有的形式。毫无疑问，它就像其他许多希腊神话一样，作为一种娱乐或训诫故事，被人们以散文诗的形式广泛传诵，其流传方式与诗歌颇为类似。俄狄浦斯神话故事的口头传统，不仅经久不衰，而且充满了对俄狄浦斯的英雄崇拜，并一直延续到公元前5世纪（参阅第二章）。

如果我们不打算纠结文本的真实性，那么该如何着手分析这个神话故事呢？第一个答案也许是关注俄狄浦斯这个人物的性格特征。然而，当我们观察这部神话演变的历史，却看到了

[1] 《俄狄浦斯王》的完整性有所欠缺，与另外两部悲剧相比，叙事结构的逻辑性与连贯性也存在某些细微的差异。——译注

俄狄浦斯性格的多变性。俄狄浦斯的性格特征需要符合故事讲述者的逻辑而非某种预先设定的结论。事实上，这个前提至关重要，因为无论通过什么样的艺术表现形式，无论是过去还是现在，俄狄浦斯都不可能存在于讲述者的故事结构之外。因此，在如何分析俄狄浦斯人物性格的问题上，我们不能局限于神话的分析方法，我们需要寻找其他视角。民俗学的研究显然最为恰当。之所以是民俗学，是因为俄狄浦斯的故事一直存在于民间口述历史中，并成为一种广为人知的民间传说。事实上，俄狄浦斯的故事已经被两位民俗学家安蒂·阿尔奈（Antti Aarne）和斯蒂思·汤普森（Stith Thompson）归类为民间传说类型的主题索引（编号为 931）。[①] 他们之所以将这一类型的民间传说命名为“俄狄浦斯”，是因为它们与俄狄浦斯神话具有明显的相似性。但是，这类民间传说的主角并不是索福克勒斯笔下那个“俄狄浦斯”，如果“他”一定要有一个名字的话，通常可以是“一个男孩”，或者诸如“杰克”（Jack）之类的。

① 安蒂·阿尔奈（Antti Aarne，1867—1925，芬兰民俗学家）和斯蒂思·汤普森（Stith Thompson，1885—1970，美国民俗学家）1881。

划分叙事主题

阿尔奈和汤普森所定义的民间传说中的俄狄浦斯类型由一系列主题构成，这些主题分别成为叙事的最小单位。**划分叙事主题**［*segmenting the narrative into motifs*］，作为民俗学研究的一种简单方法，可以很好地帮助我们对不同版本之间的“俄狄浦斯”的民间故事进行比较。即使用以分析古代神话的各种变体乃至整个神话历史，这种简单的方法也是非常有效的。

对于俄狄浦斯类型的民间故事，阿尔奈和汤普森给出了以下主题序列：

6 弑父预言

母亲乱伦预言

被遗弃的孩子阻止弑父预言的实现

慈悲的刽子手

被遗弃的孩子获救

被遗弃的婴儿在陌生宫廷里成长［约瑟夫（Joseph）、俄狄浦斯］

弑父预言无意中成为现实

母子乱伦

这些主题在索引中有通用的评估准则，它们不仅在民间传说中明确而具体，而且有着不同的表现形式。而完全相同的故事也可以发生在不同的人物身上，例如，一个关于约瑟夫的传说与俄狄浦斯完全相似。对此，我们可以根据汤普森的《民间传说的主题索引》(*The Motif-Index of Folk-Lore*)进行相互参照，在这本书中，我们可以看到相同的主题如何分别出现在不同的民间传说之中，而非局限于“忒拜的俄狄浦斯”神话。

如果我们希望用民间传说的俄狄浦斯类型去构想索福克勒斯《俄狄浦斯王》的神话主题，那么就需要界定这些主题在索福克勒斯的文本中的具体形式。如此，我们也就必须概括和突出索福克勒斯悲剧中的系列主题，并以此比较阿尔奈和汤普森所列举的民间传说中的一般性主题。下面所列，为索福克勒斯的悲剧主题（阿尔奈和汤普森没有提到的母题用加号标识）：

俄狄浦斯的父亲拉伊俄斯（Laius）接受弑父预言

为了阻止弑父预言成为现实，俄狄浦斯被亲生父母抛弃

+ 俄狄浦斯的残疾（被刺穿的脚踝）

慈悲的刽子手（忒拜的牧羊人）

柯林斯（Corinthian）的牧羊人拯救了俄狄浦斯

科林斯的国王波吕巴斯（Polybus）把俄狄浦斯抚养成人

+ 俄狄浦斯因醉酒的同伴嘲笑他为私生子而离开了柯林斯

母亲乱伦的预言 + 和俄狄浦斯接受弑父预言

俄狄浦斯无意中实现了弑父的预言

+ 俄狄浦斯破解了斯芬克斯（Sphinx）之谜，杀死了这个怪物

俄狄浦斯娶了他的母亲

+ 俄狄浦斯成为忒拜的国王

7 + 忒拜出现瘟疫，开始寻找谋杀拉伊俄斯的凶手

+ 俄狄浦斯发现了自己的罪行

+ 俄狄浦斯的母亲伊俄卡斯塔（Jocasta）自杀

+ 俄狄浦斯刺瞎了自己的双眼

将索福克勒斯悲剧中的主题与阿尔奈和汤普森的民间传说比较，最显著的区别是，俄狄浦斯杀死了斯芬克斯这个怪物以及他弑父罪行被发现后所带来的可怕后果。阿尔奈和汤普森没有写出故事的结尾，可能是因为这个结尾在民间传说中差别很大，与索福克勒斯的悲剧故事更是大相径庭。而阿尔奈和汤普森对俄狄浦斯杀死怪物的忽略，可以进一步说明，在俄狄浦斯

的民间传说中，这一主题其实并不存在。[①]

弗洛伊德与索福克勒斯

索福克勒斯的《俄狄浦斯王》的基本线索是俄狄浦斯对自己犯罪行为的发现过程。与各种民间传说比较，索福克勒斯的主题构思着重于单一的悲剧性，但有两条线索共同合成了这个悲剧故事的产生和发展：一条是俄狄浦斯想弄清楚自己究竟是谁的儿子，这仿佛是一个侦探故事；另一条是俄狄浦斯无意发现了自己过去的历史。二者相互交织，构成了我们看到的这部完整的悲剧。与其说索福克勒斯的故事结构与各种传说和史诗记载并不一致，毋宁说是对它们进行综合加工的结果，正如弗洛伊德所述：

> 俄狄浦斯是忒拜国王拉伊俄斯和伊俄卡斯塔的儿子，当俄狄浦斯还是一个婴儿的时候就被他的父母抛弃了，因为曾经有神谕警告拉伊俄斯，他的那个未出生的儿子将会杀害他。但这个婴儿也就是俄狄浦斯被救了出来，在另一个王宫里长大成人，

---

① 关于民间传说与古代神话之主题的比较研究，参见埃德蒙兹（Edmunds）1985 的详细介绍。

直到俄狄浦斯对自己的身世产生怀疑后去询问阿波罗，阿波罗的神谕警告他必须逃离家园，因为他命中注定要谋杀自己的父亲并娶他的母亲。在俄狄浦斯离家出走的路上，巧遇了忒拜的国王，也就是他的亲生父亲拉伊俄斯，在突发的争吵中，俄狄浦斯杀死了他的父亲。然后，俄狄浦斯来到了忒拜国，并破解了挡住他去路的斯芬克斯之谜。出于感激，忒拜人拥戴俄狄浦斯为王，并将国王的遗孀伊俄卡斯塔嫁给了他。俄狄浦斯长期在位，享有和平和荣耀，他与他的母亲互不知情，共同生育了两个儿子和两个女儿。后来，一场瘟疫暴发了，忒拜人再次询问神谕。索福克勒斯的悲剧就此展开。信使带回神谕的答复说，
8 只有找出杀死老国王拉伊俄斯的凶手并把凶手驱逐出忒拜，这片国土的瘟疫才会停止。[在此，弗洛伊德引用了索福克勒斯《俄狄浦斯王》中的第 108—109 行] 这出戏的情节无非就是一个揭露真相的过程，随着故事情节的延伸和不断增加的悬念……原来，俄狄浦斯自己就是杀害拉伊俄斯的凶手，而且他正是拉伊俄斯和伊俄卡斯塔的儿子。俄狄浦斯对自己无意中犯下的罪恶惊恐万分，他刺瞎了自己的双目，抛弃了自己的家园，远走他乡。神谕已经应验了。①

① SE 4：261-262.

“被警告远离他的家”实际上是弗洛伊德对阿波罗神谕的引申。前面提到的“信使”是伊俄卡斯塔的弟弟克瑞翁(Creon)。但这个并不重要。更有趣的是“挡住了他去路的斯芬克斯”,这个事件的叙述可能暗示俄狄浦斯在进入忒拜时已经产生了一种“俄狄浦斯情结”的意向,但这种意向在索福克勒斯的作品中并不存在。在索福克勒斯的悲剧中,与斯芬克斯相遇只是一个插曲。人们甚至推断,俄狄浦斯知道猜谜给他带来的挑战:要么回答,要么死亡!他接受了这个挑战。与弗洛伊德的解释不同,索福克勒斯并没有给出关于作为奖赏——俄狄浦斯可能迎娶守寡的王后——的任何暗示。当俄狄浦斯解开谜题前往忒拜国的时候,并不知道自己将要被拥戴为王并迎娶王后。可见,弗洛伊德的暗示和解释在索福克勒斯的神话故事里没有任何蛛丝马迹。而且,弗洛伊德故意忽略王后的羞愧和自杀。而这恰是索福克勒斯的读者或观众特别难以忘怀的悲剧性情节。

弗洛伊德是20世纪伟大的思想家,与其他研究者一样,他的引证和阐释非常精彩,但却不是绝对正确的权威。他或他们都是基于自我立场,将俄狄浦斯神话演绎成符合需要的故事“变体”,这当然在所难免,亦如我前文所言。弗洛伊德的研究结果仅仅与俄狄浦斯的心理意象有关,毋宁说是一种揣测,他并不关心那个英雄的母亲(或妻子)为什么自杀,他对俄狄浦斯自刺双目后的生活情景也不感兴趣，然而，在索福克勒斯的悲剧中，这些情节才最震撼人心，它们不断地被人们搬上艺术舞台。2004 年的夏天，在作者撰写本书时，《科洛诺斯的福音》（*The Gospel at Colonus*）——一部关于俄狄浦斯之死的索福克勒斯的悲剧，布鲁斯和福音版——正在纽约上演。

9 本书研究的范围

为了尽可能保持文献的真实性，本书对俄狄浦斯神话的考察将特别关注神话故事的各种“变体”。“变体”才是神话传承的内在力量，至于神话的原始形式或某个权威版本，本书并不刻意考据和探究。神话故事的变化当然与其寓意的变化密切相关，但如果人们以开放的心态去追索神话在漫长历史中的演变和发展，就不会预先设定某种寓意，无论是弗洛伊德还是其他人，开放的观念才是研究俄狄浦斯神话的首要原则。

这一原则涉及某些材料的例外。弗洛伊德并非解释俄狄浦斯神话的唯一权威，所有关于“恋母情结”（Oedipal）的说法都可以排除在他的理论之外。美国的棒球运动和其他很多现象都曾被人们解释为恋母情结，这些话题不在本书的讨论范围内。另外，如果索福克勒斯的《俄狄浦斯王》只是俄狄浦斯神话的众多版本之一——尽管它可能是最重要的版本，那么，就不会有人热衷于对这部悲剧的内容和形式进行各种改编。海因里希·冯·克莱斯特（Heinrich von Kleist）在1808年创作了一部《破碎的水罐》（*Der zerbrochene Krug* / "The Broken Pitcher"），讲述了这样一个故事：在18世纪荷兰的一个村子里，一名法官犯了罪。法官既是罪犯，却又必须履行司法调查的职责，他极力隐瞒真相，但终究纸包不住火，真相大白于天下。毫无疑问，这个故事的结构模型源于索福克勒斯的启示，其中，这位法官下肢畸形，让人联想到俄狄浦斯那只穿孔的脚踝，但显然，这不过是一种似是而非的联想。其他被认为具有索福克勒斯遗风的现代戏剧也与俄狄浦斯神话没有多少关联，例如，托尔夸托·塔索（Torquato Tasso）的《托里斯蒙多》（*Torrismondo*，1574）、费里德里希·席勒（Friedrich Schiller）的《墨西拿的新娘》（*Braut von Messina* / "The Bride of Messina"，1803），以及亨利克·易卜生（Henrik Ibsen）的《鬼》（*Gengangere* / "Ghosts"，1881）。

尽管本书通过排除的方法缩小了研究的范围，但仍然存在大量需要组织和讨论的材料。它们按时间顺序分为以下五个时期：神话起源及前悲剧时代的俄狄浦斯（第一章）；俄狄浦斯在公元前5世纪的悲剧角色（第二章）；罗马时代与中世纪的俄狄浦斯（第三章）；文艺复兴与启蒙运动中的俄狄浦斯（第四章）；19 世纪和 20 世纪的俄狄浦斯（第五章）。总体而言，在漫长的历史长河中，俄狄浦斯神话故事交织着两种状态：一是它稳定的延续性，二是它“死而复生”的现象。前者的代表是古罗马的塞涅卡（Lucius Annaeus Seneca），他笔下的《俄狄浦斯》沿袭了古希腊的悲剧结构，这种形式盛行于中世纪，文艺复兴时期也有很多模仿者，且有时仍然出现在戏剧舞台上，例如，泰德 · 休斯（Ted Hughes）在 1969 年改编的《俄狄浦斯》。在欧洲中世纪大约一千年的时间里，希腊悲剧以及悲剧中的俄狄浦斯几乎被人们完全遗忘了，直到 15 世纪和 16 世纪才被重新发现。自此，索福克勒斯的《俄狄浦斯王》成为这个神话的经典文本，而索福克勒斯与塞涅卡在传统悲剧中的地位也开始发生了反转。

本书是一次“传承历史”的尝试。古典学者用“传承”一词来指代人们在新的创作中对古代艺术作品的重新阐释和利用。但在神话领域，“历史传承”意味着将古老的故事带进现实的创造性作品。毫无疑问，俄狄浦斯比其他任何一部希腊神话都更具有这种创造性。自罗马时代以来，俄狄浦斯对于西方文学艺术的创作产生了很大影响，对于哲学思想的启示更是举足轻重，这些影响和启示在某种程度上甚至超过了阿喀琉斯

（Achilles）和奥德修斯（Odysseus）。虽然，好莱坞电影对特洛亚战争（Trojan War）中的英雄情有独钟，但不可否认的是，能够同时在古典与后古典时代被传颂的古希腊英雄，唯有俄狄浦斯。事实上，在希腊人以后的许多世纪里，俄狄浦斯，这位远古时代的国王，已经超越了他作为希腊人的生命史，他的影响方兴未艾，甚至可以说，他的暮年尚未开始。

关键主题

Key Themes

一、前悲剧时代的俄狄浦斯

从索福克勒斯到弗洛伊德，俄狄浦斯的故事源远流长，前 13
面只是做了一个概略的介绍。本章将从这部神话的源头说起，叙事的依据来自前悲剧时代的传说和史诗。在索福克勒斯的《俄狄浦斯王》和弗洛伊德的分析中，他们都只涉及两代人（一些学者认为俄狄浦斯的女儿的故事为后来人所杜撰），但在最早的起源里，俄狄浦斯神话涉及四代人。本章首先讨论这些传说的来源，然后从史诗传说中的俄狄浦斯转向另一个——作为英雄崇拜的俄狄浦斯，作为具有“强大死亡意识”的俄狄浦斯，以及作为人神之间的圣灵而存在的俄狄浦斯，他的魂灵需要在人间供奉并以此得到安宁和抚慰。对于常人来说，另一个俄狄浦斯具有某种成全或毁灭的力量。在人类英雄崇拜的历史起源中，有一种多代谱系的奇特现象，具有这种谱系的历史人物至少可以追溯到公元前 5 世纪。俄狄浦斯正是这类为数不多拥有多代谱系的古希腊英雄人物之一。

俄狄浦斯的祖父拉布达科斯（Labdacus）是一个模糊的人物，他的家族以拉布达赛德（Labdacids）命名。在希腊文学的古风时期（约前800—前480），有三部史诗讲述了这个家族的故事。其一是《俄狄波底亚》（*Oedipodeia*），记录了俄狄浦斯的生平，可能也包括了他父亲的故事（具体内容将在下文“拉伊俄斯”一节中展开）；其二是《忒拜战纪》（*Thebaid*），讲述了俄狄浦斯的儿子为了争夺王位而发生的冲突和战争；其三是《埃皮戈尼》（*Epigoni*），颂扬了俄狄浦斯儿子之后代的丰功伟绩。在希腊英雄时代的三部史诗中，有关拉布达赛德的神话反映了俄狄浦斯家族四代人的故事。荷马应该知道俄狄浦斯是特洛亚战争之前的英雄人物，他在《伊利亚特》（*Iliad*）中有两次提到了俄狄浦斯，在《奥德赛》中也提到过一次。可见，
14 除了特洛亚，古希腊英雄时代还有另一场战争，那就是俄狄浦斯的儿子为争夺王位而发生在忒拜的战争。赫西俄德（Hesiod）是希腊古风时期与荷马齐名的教谕诗人，从他的作品中，人们可能会得出一个结论：争夺王位之战才是拉布达赛德家族历史的高潮，而俄狄浦斯的悲剧故事只不过是这个高潮的前奏。

虽然古风时代有关忒拜神话的文献十分匮乏，但我们仍然可以从有限的材料中重建一个相对完整的故事文本。这个文本的故事性和悲剧性显然有异于埃斯库罗斯（Aeschylus）、索福

克勒斯和欧里庇德斯（Euripides）所创作的悲剧作品。重建的根据始于《奥德赛》（11.271—280）中所描述的俄狄浦斯短暂的一生。《奥德赛》中叙述的内容虽然十分简短，但已足够为我们提供一条故事线索，来帮助我们从其他诗歌和文献中去寻找证据，进而重新组建一个前悲剧时代的俄狄浦斯神话。这些文献主要包括：有关忒拜人的史诗片段、两位抒情诗人伊比库斯（Ibycus）和斯特西克鲁斯（Stesichorus）的只言片语，以及《伊利亚特》中有关俄狄浦斯的蛛丝马迹。在《奥德赛》中，奥德修斯讲述了他如何堕入冥界的故事，在那里，他看到了一些死去的女英雄，其中之一就是俄狄浦斯的母亲伊俄卡斯塔，她的名字在这里称埃皮卡斯特（Epikastē，271—280）：

我见到俄狄浦斯的母亲，美丽的埃皮卡斯特，

她本人不明真相，犯下了可怕的罪孽，

与自己的儿子婚配。儿子**杀死**［动词 *exenarizō*］父亲，娶了母亲。

神明们很快把事情的真相公之于世，

但俄狄浦斯在美丽的忒拜王国遭受苦难［*algea*］，

按照神明们的残忍**意愿**［*boulas*］统治着卡德摩斯人（Cadmeans）［Thebans］，

王后来到强大的守门神哈得斯（Hades）的居地，
她把绳索系上高高的房梁自缢，然后，
心怀**嗟怨**［*akhos*］，给儿子留下无尽的**苦难**，
为母亲们报仇的女神们一手制造的祸患。①

奥德修斯直接提到俄狄浦斯的文字只有三行：俄狄浦斯杀死了他的父亲；埃皮卡斯特无意中嫁给了她的儿子俄狄浦斯；神明将此事公之于世（272—274）。然后，奥德修斯又用了六行诗句来讲述故事引起的后果：埃皮卡斯特上吊自杀，俄狄浦斯承受着悲痛，继续在忒拜为王（275—280）。

奥德修斯的讲述虽然非常简略，但通过反复咏叹 *algea*［**阿勒戈伊**］——这位希腊神话中的忧伤之神——来表达俄狄浦斯的“悲伤”（woes，275，279），这里的咏叹似乎蕴含着某种特别的用意，意味着这是一个可以不断引申和演绎的话题。在《伊利亚特》的第二行，有一个用来表达阿开奥斯人（Achaeans）“痛苦”（countless woes）的词，它与表达俄狄浦斯的痛苦完全相同。这个词奠定了荷马史诗的中心主题。比较类似的是《伊利亚特》中另一个表示“痛苦”（sorrow）的词是 *akhos*［**阿基**

① 引自荷马《荷马史诗·奥德赛》，王焕生译，人民文学出版社，1997 年，第 210 页。——译注

斯]，但它仅在提及俄狄浦斯母亲的悲伤时使用了一次（279），而 *akhos* 也许是构成阿喀琉斯名字的首要部分。① 在特洛亚战争中，由于阿喀琉斯中途撤退使他的战友们遭受了特洛亚人的攻击，因此在某种意义上阿喀琉斯是导致希腊战士痛苦的主要原因。正如奥德修斯所描述，埃皮卡斯特的痛苦是俄狄浦斯悲伤的源泉。此外，拉布达赛德家族的悲伤主题还出现在古希腊诗人斯特西克鲁斯（Stesichorus）和伊比库斯（Ibycus）的抒情诗中。抒情诗与史诗不同，抒情诗更多用于合唱表演。在斯特西克鲁斯的《忒拜战纪》残篇中，*algea* 这个词再次出现。伊俄卡斯塔在对话中用它来描述自己正在遭受的令人难以承受的痛苦（无论是她自己，还是俄狄浦斯，抑或两者兼而有之）。伊比库斯则用俄狄浦斯的悲伤（*akhos* 的复数）来表达人类情感中一种极端绝望和痛苦的处境。②

奥德修斯所描述的俄狄浦斯的“悲伤”给我们提供了神话

---

① 与悲伤（*algea*）相同主题的复杂性：纳吉（Nagy，1979）1999：74—75，79—81。

② 斯特西克鲁斯 fr. 222 b.201，215 戴维斯（Davies）；伊比库斯（Ibycus）fr. S222 戴维斯。另外在赫西俄德《列女传》（*Catalogue of Women*）的一个片段中，俄狄浦斯有一个绰号 polykēdēs。这个单词的名词 ēdos，通常以复数的形式出现，意思是“麻烦”，更常见的意思是“葬礼”或“哀悼”。因此，这个词可以翻译为“许多麻烦”，其暗含的意思是，对于他给自己父亲和母亲造成的死亡感到无限悲伤（赫西俄德 fr.193.4 M—W）。

在古代诗歌中的主题思想。即使奥德修斯没有提到忒拜的那场瘟疫（在现有的文献中，这场瘟疫在索福克勒斯的《俄狄浦斯王》中第一次出现），但我们通过对照《伊利亚特》的主题，可以想象瘟疫已经隐含在他所提及的"悲伤"之中。也许正是因为奥德修斯的简略叙述，才为俄狄浦斯神话留下了想象和创作的空间，进而使我们能够在古希腊诗歌中反复看到它的演绎和变化。在整个故事链条中，埃皮卡斯特（这里被称作母亲）把她的痛苦传递给儿子俄狄浦斯，而俄狄浦斯又把他的痛苦传递给了他的儿女们（对此，我们将会在后面的文献中予以分析）。为埃皮卡斯特传递痛苦的使者是厄里倪厄斯（Erinyes）。[①] 她们是诅咒的化身，主要负责惩罚家庭中的谋杀犯罪。[②]（天神乌拉诺斯（Uranus）的生殖器被自己的儿子切断，而厄里倪斯［这里是单数］就诞生于乌拉诺斯被切断的生殖器的血液里，这一传说意味着厄里倪斯来自儿子对父亲的罪孽［赫西俄德，《神谱》，472］）在埃斯库罗斯的《欧墨尼得斯》（*Eumenides*）中，

---

① 在古希腊神明谱系中，厄里倪厄斯是一个不太重要的女性神明，"她"，有时是复数，指复仇三女神厄里倪厄斯（Erinyes）；有时又是单数厄里倪斯（Erinys）。——译注

② 大约是在第二个千禧年，人们在克诺索斯（Knossos）发现的一块石碑已经证明了这一点，文特瑞斯（Ventris）和查德威克（Chadwick）1956：127，306—307。

阿伽门农的儿子奥瑞斯忒斯（Orestes）被复仇女神追捕。在《奥
德赛》的开篇，讲述了奥德修斯的儿子忒勒马科斯（Telemachus）
害怕厄里倪厄斯向他寻仇的情形，在奥德修斯回家之前，倘若
忒勒马科斯屈服于那些乘虚而入的求婚者并同意将他的母亲嫁
给其中一位（这意味着对父亲犯下了不可饶恕的罪行）（2.134— 16
136）。复仇女神是一个典型的传递“仇恨”的使者，很符合俄
狄浦斯家族仇恨延续的神话，所以，当她（们）出现在俄狄浦
斯神话的古代文献中，并不令人感到意外（见下文）。

拉伊俄斯

奥德修斯并没有提到俄狄浦斯的父亲拉伊俄斯。在现存古代史诗的断章残卷中，这个人物也从来没有出现过。有学者认为，《俄狄波底亚》有关拉伊俄斯的故事是从后来的文献中发掘出来的，这个故事大意是说：在希腊西北部的比萨城（Pisa），佩罗普斯（Pelops）为了训练他的儿子克吕希帕斯（Chrysippus）驾驭战车，雇用了拉伊俄斯作为儿子的老师，后来，拉伊俄斯绑架并诱奸了他的儿子克吕希帕斯。最早将这个故事与《俄狄波底亚》联系起来的是一位身份不明的历史学家或神话学者佩

珊得尔（Peisander），[①]后来，又出现了很多的以佩珊得尔之名的断章残卷，也因此引出了一大堆学术上的争议。佩珊得尔在叙述中还提到了俄狄浦斯与欧律伽妮亚（Euryganeia）所生的孩子（欧律伽妮亚也许是俄狄浦斯的第二任妻子，下文将有讨论），由此可以判断佩珊得尔对史诗《俄狄波底亚》的熟悉和了解，同时，佩珊得尔也许还用了我们到今天为止永远也无法知晓的其他原始文献。但是，拉伊俄斯的故事究竟是直接来自《俄狄波底亚》还是另有出处，始终不得而知。此外，关于佩罗普斯对拉伊俄斯的诅咒，佩珊德尔又只字未提。这个以神谕形式出现的诅咒，在宙斯（Zeus）的支持下，对拉伊俄斯发出了警告：如果拉伊俄斯当了父亲，他将被自己的儿子杀死（参见下一章中埃斯库罗斯的《忒拜三部曲》）。

故事重建

奥德修斯只给我们讲了一个故事梗概，这个梗概与《忒拜战纪》和《俄狄波底亚》的内容大同小异。有两种方法可以为我们拓补奥德修斯的故事内容：一种是那些在有关忒拜史诗中

① *FGrH* 16 F 10。参考：德·科克（de Kock）1961 和 1962；劳埃德－琼斯（Lloyd-Jones）2002。

幸存的断章残句；另一种方法是推论，它允许我们提出故事起源的假说。

如果俄狄浦斯和伊俄卡斯塔（从现在起，我用公元前5世纪悲剧中的正式名字称呼她）的乱伦出于不知情，那么弑父自 17
然也不知情。如果俄狄浦斯不认识他的父母，那么他一定是在出生时就被遗弃，但在遗弃时是否被弄残并不确定。[①] 实情暴露似乎也是出于偶然。在索福克勒斯的笔下，德尔斐（Delphic）神谕并非这场悲剧明显的诱因。因为在德尔斐成为希腊的神谕中心之前，希腊神话和史诗已经源远流长。德尔斐在《伊利亚特》（9.404—405）和《奥德赛》（8.79—82）中分别被提到过一次，而在有关忒拜的史诗中也没有比这更多的内容。事实上，我们似乎很难从奥德修斯的故事梗概里推断出一个德尔斐的神谕。神谕也许是一个梦，是拉伊俄斯或伊俄卡斯塔的一个梦，又或者是忒瑞西阿斯（Teiresias，见下文）——这个著名的忒拜先知——用他的预言所揭开的事实真相。

此外，在奥德修斯的故事里也没有任何斯芬克斯的线索，但在索福克勒斯的笔下，在俄狄浦斯弑父之后与结婚之前的这

① 出于偶然，同时也是命运，俄狄浦斯被牧羊人拯救并在陌生宫廷里长大成人。为了摆脱弑父神谕，俄狄浦斯离家出走，却又不经意回到了他出生的地方。——译注

一段时间里，他遇到了斯芬克斯。这个情节，可以在《俄狄波底亚》的两篇史诗残卷中找到蛛丝马迹，其中一篇明确提到了斯芬克斯，大意是：大约在俄狄浦斯到达忒拜之前，斯芬克斯杀死了海蒙（Haemon，在《安提戈涅》中，索福克勒斯让海蒙“复活”，成了俄狄浦斯之女安提戈涅的未婚夫），海蒙是克瑞翁的儿子，克瑞翁是俄狄浦斯母亲的弟弟。但海蒙为什么被杀？是没能解开斯芬克斯的谜题吗？斯芬克斯真的是那个“谜语人”吗？残卷对此没有提供答案，不过，残卷关于克瑞翁的身份以及他所扮演的角色与其他文献的记载大致相同，拉伊俄斯死后，一直由克瑞翁担任忒拜国的摄政王，直到俄狄浦斯走马上任。

斯芬克斯

斯芬克斯，最早以菲克斯（Phix）的名字出现在赫西俄德《神谱》的怪物谱系中，她是“卡德摩斯的祸根”，也就是忒拜人（326）。对于斯芬克斯，赫西俄德没有说更多，既没有提到她的谜语，也没有提到俄狄浦斯。忒拜的斯芬克斯形象最早出现在瓶画中，但这些瓶画与希腊早期有关狮身人面像的艺术表现并不相同。忒拜的斯芬克斯可以追溯到埃及和（或）近东，这个怪物喜欢对年轻人进行追捕或猎杀。通常，斯芬克斯的形象包括狮子的身体、女性的头和翅膀。当人们看到这些形象出现在公元前6世纪的瓶画上，自然会将它们与俄狄浦斯神话故事产生联想，因为那时关于俄狄浦斯的传说和史诗已经在忒拜广为人知。但是，俄狄浦斯究竟如何将忒拜人从斯芬克斯的陷阱 18
中解救出来？却并无答案。大约在公元前540年，俄狄浦斯的形象第一次与狮身人面像的斯芬克斯共同出现在瓶画上，从画上看，俄狄浦斯是一个赤手空拳的解谜者。[1]现在流传下来的绝大多数瓶画大同小异，我们只能看到一个正在破解谜语的俄狄浦斯，而关于他的其他生活场景几乎不得而知。由此，我们是否可以推论，斯芬克斯之谜以及解谜的俄狄浦斯早已出现在忒拜的史诗之中？

一位名叫科林娜（Corinna）的女诗人为我们带来了另外一种推论和想象。她认为俄狄浦斯实际上是用武力杀死了斯芬克斯，同时还杀死了一只神出鬼没的狐狸。而在公元前5世纪的几幅瓶画中，俄狄浦斯也是用长矛刺向这个怪物。[2]由此，我们是否可以推论，与其他杀死怪物的希腊英雄一样，俄狄浦斯也使用了武器？事实上，这些稀有的证据可能反映了一种更早的传说，这种传说仍然属于忒拜史诗传统的一部分，如果史诗传统是可靠

① 莫瑞特（Moret）1984.1: 64—65; 克鲁斯卡帕夫（Krauskopf）1994: 5（40条）。
② 莫瑞特 1984.1: 83—84；克鲁斯卡帕夫 1994: 8—9（73—77条）。

的，那么就存在另一种杀死斯芬克斯的方式而非仅仅是解答谜题。然而问题似乎并非如此简单，事实上，俄狄浦斯杀死怪物的方式根本无法判定。因为，一方面我们无法证明，俄狄浦斯和斯芬克斯武力冲突的场景是不是出于瓶画家的想象；另一方面，瓶画证据和女诗人的说法（也许是公元前 3 世纪）也不足以支持在更早的史诗传统中已经出现了俄狄浦斯杀死怪物的记载。[①]

尽管有上述疑问，斯芬克斯在俄狄浦斯神话结构中的地位和作用仍然非常清晰。那就是，她为俄狄浦斯和伊俄卡斯塔的婚姻提供了契机。虽然，俄狄浦斯杀死了他的父亲——忒拜国王，但显然并不是因为国王缺席这件事情决定了他迎娶国王的遗孀，更不是因为他作为科林斯国（Corinth）的王储享有这种特权。为了让俄狄浦斯与王后结婚，索福克勒斯假想了一个前提：他必须赢得忒拜人的尊敬和感激。由于俄狄浦斯杀死了斯芬克斯——这个猎杀忒拜青年的怪物，作为奖励，忒拜人民把他们的王后嫁给了他。

谜中之谜

大约公元前 520—前 510 年，斯芬克斯之谜出现在一个刻有

① 莫瑞特 1984.1: 90。

铭文的花瓶残片中，这也许是迄今为止可以证明它存在的最早证据。而有关俄狄浦斯最有名的瓶画大约是公元前 470 年的一个杯子（图 3）。[1] 由于瓶画家在引用谜语时把它简略为两句话，从此使它家喻户晓。公元 2 世纪，阿塞纳乌斯（Athenaeus）的 19
《学术盛宴》（*The Learned Banquet*）记录了谜语的完整形式，而阿塞纳乌斯的信息又来源于公元前 4 世纪中期阿斯克勒皮亚德斯（Asclepiades）的作品《悲剧主题》（*Tragōdoumena*/“Subjects of Tragedy”）。谜语是这样的：

一种生物，在地上行走，
它变化多端，有时四只脚，
有时两只脚，有时还有三只脚；
它发出一种声音，
孤独地行走在陆地上，在天空中，在海洋里，
当它四脚行走时，速度最慢。[2]

---

① 莫瑞特 1984.1：41（36 条），55—56，175（87 条）；1984.2：23 片；50—51.1；克鲁斯卡帕夫 1994: 4（19 条）；6（48 条）。早期瓶画首次出版：克鲁泽（Kreuzer）1992：86—88（91 条）；但是，她并没有把铭文印在瓶画上，且这个谜仍然未解。所以我的“也许”是时间会给出答案。

② 阿塞纳乌斯（Athenaeus）10.83；以及 *Anth . Pal.* 14.64。

图 3：俄狄浦斯和斯芬克斯。雅典的红色图形杯。有部分谜语被引用。梵蒂冈，苏珊·埃德蒙兹绘制［Oedipus（here “Oedipodes”）and the Sphinx. Attic red figure cup. Part of the riddle is quoted（“and three”）. Vatican 16.541. Drawing by Susan Edmunds］

谜语的答案是男人，年幼时四肢爬行，成年后用两脚行走，第三只“脚”则是年老时拄的拐杖。阿斯克勒皮亚德斯可能是在《俄狄波底亚》中发现了这个谜语并在其《悲剧主题》中进行了引用。尽管它总是被称为“斯芬克斯之谜”，但是，这个谜题并非专属于斯芬克斯，它甚至也不是希腊的专有财产。[①]事 20
实上，这个谜语在许多地方都有记录，例如，苏门答腊岛、菲律宾群岛以及撒哈拉以南的非洲地区。[②]作为一项古老的文化遗产，这个谜语具有国际性，它广泛存在于人类的远古时代。人们不难想象，在某个时刻，一个诗人或叙事者突然有了这个稀奇古怪的想法——让斯芬克斯向忒拜人提出了这个谜语：要么回答，要么死亡。此外，斯芬克斯之谜的内容也不是唯一的。公元前 4 世纪，悲剧诗人忒奥德克狄斯（Theodectes）在他的《俄狄浦斯》中给了我们另一个谜题：“有两个姐妹，一个孕育着另一个，已经生下的她，然后又被她生下。”（fr. 4 Snell）答案是：白天和黑夜。

如果说，俄狄浦斯与斯芬克斯是希腊神话中独一无二的解

① 波尔齐格（Porzig）在 1953 年提出，这个谜题最先出现在古希腊语的母语印欧语系，但这个观点是不可信的。参考卡兹（Katz）即将出版的作品。

② 苏门答腊（Sumatra）：德玛斯特（Damsté）1917：231—232；菲律宾群岛（Philippine Islands）：哈特（Hart）1964: 233（878）；撒哈拉以南的非洲（Sub-Saharan Africa）：弗雷泽（Fraser ）1914: 171。

谜者和设谜者，那么，是什么理由启发人们给“狮身人面像”添附那样一个谜题？要回答这个问题，我们必须重新思考神话的叙事逻辑——当需要一个事件出现在弑父与乱伦之间，斯芬克斯之谜应运而生，这个谜题或许是为了强化某种戏剧性。事实的确如此，正如民间传说中那个经典的“赢新娘之谜”（Bride-Winning-Riddle）①。就像以公主名字命名的歌剧中的图兰朵（Turandot）一样，公主向她的求婚者们也设置了一个“要么回答，要么死亡”的谜题。在俄狄浦斯故事“变体”的某个节点，有人设置了这个谜题，斯芬克斯从此成为这个经典的谜语人。只是不同于“赢新娘之谜”，俄狄浦斯解谜之后得到的不是公主，而是一个作为他新娘的寡妇王后。

“神明昭告天下”

在奥德修斯的版本中，他并没有足够的时间去讲述俄狄浦斯和他的母亲是否生儿育女。但我们可以从中推断，这段不伦的婚姻很快被人知晓并被废除。俄狄浦斯随后经历了古希腊宗教活动中的某种赎罪仪式，在其心灵净化之后，他仍然可以继续担任忒拜国王。公元前 2 世纪，希腊旅行家鲍萨尼阿斯

① 舒尔茨（Schultz）1914: cols. 69—70；海恩（Hain）1966: 36—42；AT851A。

（Pausanias）在他的《希腊志》（*Description of Greece*）中，
记录了俄狄浦斯与他的第二任妻子欧律伽妮亚（Euryganeia）生
养孩子的事情（9.5.10）。鲍萨尼阿斯虽然没有直接引用史诗《俄
狄波底亚》里的记录，但显然参考了这部史诗残卷的相关内容，
同时，他可能还参考了奥纳西阿斯（Onasias）在大约公元前5
世纪中期创作的一幅画，画面是：作为母亲的欧律伽妮亚，表
情痛苦地看着在战争中相互残杀的儿子们。公元前5世纪，宗 21
谱学家费雷西底（Pherecydes）同样记述了俄狄浦斯的第二次
婚姻和他的后代，那是在经过了明确规定的一年（涤罪期？）
之后。[①]他的文献记载无疑来源于史诗和传说。

但在奥德修斯的讲述中，这场短暂的乱伦婚姻是一种罪行，

---

① 费雷西底在记录中说："克瑞翁给了俄狄浦斯王位和王后（拉伊俄斯的妻子、俄狄浦斯的母亲），他们生下了费瑞斯特（Phrastor）和莱昂特斯（Laonytus），莱昂特斯死于弥尼亚斯（Minyans）和伊尔格尼斯（Erginus）之手［这里的叙述有一个明显的漏洞］。大约一年以后，俄狄浦斯娶了佩尔费阿斯（Periphas）的女儿欧律伽妮亚，又生下了安提戈涅和伊斯墨涅（Ismene）。提丢斯（Tydeus）在泉水边杀死了伊斯墨涅，从此泉水就以她的名字命名。俄狄浦斯和欧律伽妮亚还生下了两个儿子波吕尼刻斯（Polynices）和厄忒俄克勒斯（Eteocles）。欧律伽妮亚死后，俄狄浦斯又娶了塞尼努斯（Sthenelus）的女儿埃斯塔米多萨（Astymedousa）。"（*FGrH* 3 F 95）关于这个版本，在许多方面都与众不同，参见辛加诺（Cingano）1992: 3—4，9—10。关于伊斯墨涅被提丢斯谋杀一事，公元前7世纪诗人米尼尔莫斯（Mimnermus）有所记录（fr. 21 W^2）；参考本书下一章索福克勒斯《安提戈涅》的相关部分。

虽然他们不是故意的。但伊俄卡斯塔足以羞愧而死。俄狄浦斯的境况有所不同，过失的罪行并不影响他的王位，只要他愿意赎罪，他的统治还可以继续，更无须弄瞎自己的眼睛。如果没有俄狄浦斯的自残和死亡，他的悲剧性将荡然无存，俄狄浦斯神话故事的魅力也将大打折扣。然而，人们对好好活着或继续活着的俄狄浦斯不感兴趣。

关于俄狄浦斯死亡的线索，荷马与赫西俄德给我们提供了另一种说法，这与索福克勒斯讲的悲剧故事相去甚远。在荷马史诗中，俄狄浦斯寿终正寝，最终老死于忒拜，他的葬礼仪式很隆重，在葬礼上安排了运动员的竞技比赛。这些描述与他继续统治忒拜的情形非常吻合。竞技比赛是古希腊纪念死者的一种方式，需要花费大量的人力物力。例如，在《伊利亚特》中，阿喀琉斯为他的朋友帕特罗克洛斯（Patroclus）举行了类似的葬礼（23.257—897）；在《奥德赛》中，其他人也为阿喀琉斯举行了类似的死亡仪式（*Od*. 24.85—92）。随着时间的推移，这种在葬礼上进行比赛的仪式演变为奥林匹克运动会，成为希腊化时期的一个重要节日。关于俄狄浦斯葬礼上的竞技比赛，《伊利亚特》进行了如下描述：欧律亚鲁斯（Euryalus），阿哥斯人（Argive）的领袖之一，在俄狄浦斯的葬礼上接受了来自特洛亚人的挑战（23.678—680）。

荷马还在书中介绍了欧律亚鲁斯的家谱：

他［特洛亚人］言罢，众人目瞪口呆，

只有欧律亚鲁斯站起来应战，他是一个神一样的凡人，

他是米基斯图斯（Mēkisteus）的儿子，国王塔劳斯（Talaus）之子，

在俄狄浦斯死[①]后，米基斯图斯来到了忒拜。

为了俄狄浦斯葬礼上的祭奠，

他在那里打败了所有卡德摩斯的［忒拜的］后代。

欧律亚鲁斯的父亲是米基斯图斯，他与俄狄浦斯的两个儿子——波吕尼刻斯（Polynices）和厄忒俄克勒斯（Eteocles）——是同辈人。所以俄狄浦斯大约生活在特洛亚战争之前两代人的时间。这个年表与建立在其他资料来源上的俄狄浦斯的家族谱系非常吻合（参见图1）。

赫西俄德在他的《列女传》中说，阿耳戈斯（Argos）国的国王是阿德拉斯特斯（Adrastus），阿德拉斯特斯的女儿阿尔吉亚（Argeia）参加了俄狄浦斯的葬礼（fr.192 M-W = 24 Loeb）。

① 这个单词“死”也许是指“死于战争”，在这种情形下，俄狄浦斯的眼睛自然不会失明，他将完成他英勇的使命。但这个词也可能仅仅指“死亡”。

后来，阿尔吉亚嫁给了俄狄浦斯的大儿子波吕尼刻斯。波吕尼刻斯被哥哥赶出忒拜国后，阿尔吉亚的父亲阿德拉斯特斯为了帮助波吕尼刻斯重新登上王位，成为讨伐忒拜联军的七位首领之一。
22 这场战争就是上面所提到的人们推测发生在“俄狄浦斯家族之间”的那场战争。对此，赫西俄德在其《劳作与时日》（*Works and Days*）中也有提到（156—169b）。

俄狄浦斯对儿子的诅咒

俄狄浦斯的两个儿子波吕尼刻斯和厄忒俄克勒斯在战争中相互残杀，其实是俄狄浦斯对他们诅咒的结果。失落的史诗《忒拜战纪》中有两个残篇描述了这一情景。俄狄浦斯发起诅咒的原因是儿子们对他的怠慢和不敬，一次是因为敬酒，另一次是因为分配祭肉。于是，俄狄浦斯向宙斯祈祷，希望他们自相残杀，同时还直接诅咒他们，虽然诅咒的内容在残篇中没有看到，但毫无疑问，他的诅咒与祈祷的内容应该一致。

当他看见（儿子们分给他的）那块祭肉（动物臀部），就把它扔在地上，然后说：

“唉，我的儿子们，这是给我送来了极大的羞辱啊……”

［这里，缺少一行或更多的文字］

于是，他向宙斯和诸神祈祷，

让他们彼此搀扶着下地狱去吧。[①]

据此，我们可以推测这样一个场景，有一头献祭后的牛将要分配给大家，儿子们完全不顾及俄狄浦斯作为长者和老国王的身份，将牛的臀部分配给他。[②] 按照古人的风俗，动物臀部被认为是不洁之物，不能分给尊者享用。不管儿子们的分配行为是否有意，对父亲俄狄浦斯来说都是一种羞辱。但是，他的儿子们为什么要给俄狄浦斯送去祭肉？是非送不可吗？他当时还是国王吗？这些细节不得而知。如果俄狄浦斯仍然是忒拜的国王，那么，上述情景（以及类似于其他残篇中所记录的俄狄浦斯夸张的诅咒）能够很恰当地融入到后来重构的故事之中（看起来，俄狄浦斯的愤怒似乎与他儿子母亲的身份无关。无论她是伊俄卡斯塔还是欧律伽妮亚，似乎都无关紧要）。或者，像索福克勒斯《俄狄浦斯王》的结局以及欧里庇得斯《腓尼基妇女》（*Phoenician Women*）中的情节，当弑父娶母的真相大白之后，

① fr. 3 Bernabé = fr. 3 Davies = fr. 3 Loeb.

② 关于献祭的“牺牲”（祭肉）部位分配的讲究和重要性，参见辛加诺 2003b。

俄狄浦斯生活在忒拜国的软禁之下，但仍然享有一些残余的权力？如果是这样，俄狄浦斯的儿子们已经开始了王位继承（从后来的资料中可知，似乎应该如此），但由于俄狄浦斯的愤怒，
23 王权无法顺利交接，俄狄浦斯的儿子们自相残杀，他们的死亡和新的摄政时期是这个家族权力斗争的高潮，但这个高潮似乎又推翻了前面所说的关于举行俄狄浦斯葬礼仪式的可能性。

接下来，我们再看另一个包含了俄狄浦斯诅咒的史诗残篇，它首先提出了俄狄浦斯被激怒的问题。为什么这些器皿也会引起他如此强烈的反应？

但是，宙斯诞生的英雄，金发的波吕尼刻斯

首先把漂亮的桌子放在俄狄浦斯的旁边，（还有）一只银制的酒杯，

（这只酒杯）属于虔诚的卡德摩斯家族。

然后，俄狄浦斯把酒斟满了那只漂亮的酒杯，

但当他意识到，这是他父亲的珍贵而荣耀的遗物，

巨大的痛苦降临了，随即开始了对两个儿子的诅咒，可怕的诅咒，

俄狄浦斯诅咒——没有逃过敏捷的厄里倪斯（Erinys）的眼神——儿子们不会在父亲的仁慈中得到遗产，

而是，分裂、冲突以及不可避免的战争……[①]

这个关于器皿问题的答案也许就藏在“他父亲的”这个短语里。俄狄浦斯可能不允许他的儿子们用他父亲的器皿敬奉他。不管是有意还是无意（这里又一次模糊），总之是违背了俄狄浦斯的意愿。激怒俄狄浦斯的事件并非儿子们具体“违反”了什么规定，而是用“他父亲的”遗物提醒了他杀害拉伊俄斯的罪行。当他认出了他父亲的酒杯，巨大的痛苦随之而来，这一“巨大的痛苦”正是由酒杯引发的痛苦回忆。诅咒因痛苦的回忆而产生，并引起了复仇女神厄里倪斯（单数）的关注和报复。厄里倪斯是转移仇恨和痛苦的使者，就像《俄狄波底亚》中的情景再现，同样是转移未来的仇恨和痛苦，只是这一次是由父亲转移给他的儿子们。

另一个有趣的问题是，根据上述两部史诗仅有的残篇，我们完全无法判断俄狄浦斯是否已经失明。残篇诗句中使用了一个感觉或知觉意义上的动词——“感到”或“意识到”（perceived），但显然，由此推出的结论也难以令人信服。[②]

① fr. 2 Bernabé = fr. 2 Davies = fr. 2 Loeb.

② 悲剧或喜剧的匿名片段模仿或戏仿了俄狄浦斯对儿子的诅咒，而这个场景中，他明显是一个盲人（adesp.F 458 Snell-Kannicht）。

“经由众神的毁灭性忠告”

前面讨论了《忒拜战纪》的两个残篇，我们可以看出，俄狄浦斯向宙斯的祈祷与他自己对儿子们的诅咒内容是一致的，
24 这对我们理解《奥德赛》中一个模糊的短语——“经由众神的毁灭性忠告”（through the destructive counsels［*boulas*］of the gods）——提供了一点线索。当奥德修斯从神的角度来讲述伊俄卡斯塔和她儿子的故事时，其意图并不明显。然而，随着史诗的流传，人们可能开始意识到，奥德修斯为我们理解俄狄浦斯的悲伤和苦难提供了双重视角。在人的层面，它是由伊俄卡斯塔导致的，或者更准确地说，是在厄里倪斯的帮助下，伊俄卡斯塔把自己的痛苦转移给了俄狄浦斯。但在神的层面，俄狄浦斯的苦难并非来自某种确定的神谕，如果我们拥有完整的《俄狄波底亚》，这一假定或许会得到证实。

的确，“经由众神的毁灭性忠告”这个短语是叙事主题的简略表达，就像前面提到的 *algea*［**悲伤**］一词。让我们再一次比较荷马《伊利亚特》开篇的内容，或许将受到启发，在此，我们将史诗的前几行呈现如下：

女神啊，请歌唱佩琉斯（Peleus）之子，
阿喀琉斯致命的愤怒，那一怒给阿开奥斯人带来了
无数的**悲伤**［*algea*］，把战士的许多健壮英魂
送往冥府，使他们的尸体成为野狗
和各种飞禽的肉食，从阿特柔斯（Atreus）之子、
人民的国王阿伽门农（Agamemnon）同神一样的阿喀琉斯最初在争吵中
分离时开始吧，就这样实现了宙斯的**愿望**［*boulē*］。[①]

阿喀琉斯的愤怒给希腊战士带来了无尽的悲伤。诗人说，“宙斯的**愿望**［*boulē*, *boulas* 的单数］实现了”。在《伊利亚特》中，希腊人知道，宙斯希望特洛亚人获胜（这是为了成全阿喀琉斯的母亲忒提斯（Thetis）的愿望，为了让希腊人尊重阿喀琉斯）。帕特罗克洛斯（Patroclus）之死激起了阿喀琉斯对特洛亚人的仇恨（帕特罗克洛斯是阿喀琉斯最亲密的朋友），为了给朋友报仇，阿喀琉斯重新拿起了武器。诗人反复吟诵这一段，仿佛是在提醒他的听众，诗中的故事和人物的命运受制于更高层面的因果律。对于俄狄浦斯的史诗形式，我们可以假设，也提供了一种

① 引自荷马《荷马史诗·伊利亚特》，罗念生、王焕生译，人民文学出版社，1994 年，第 1 页。——译注

类似的因果律，并通过这种因果律在人类当中传递痛苦。

25 七将之子；忒瑞西阿斯

波吕尼刻斯有一个儿子，名叫忒耳珊得尔（Thersander）。忒耳珊得尔跟随他的父亲流亡他乡，波吕尼刻斯死后，为了登上忒拜的王位，忒耳珊得尔重新组建了一支军队。这支军队的首领叫埃皮戈尼（Epigoni），他们是七将之子，他们在他们父辈失败的地方取得了胜利。这场战争构成了忒拜史诗主题的重要部分。后来，这次战争中的两位将领——斯特尼勒斯（Sthenelus）和狄俄墨德斯（Diomedes）——参加了特洛亚战争（《伊利亚特》，4.403—410）。而忒耳珊得尔也死于阿开奥斯人第一次进攻特洛亚的路上。有人再次认为，如果他们是伊俄卡斯塔的孩子，就意味着参加特洛亚战争的是他们的儿子或儿子 / 兄弟的下一代（参考：关于米基斯图斯，第 21 页）。

一位名叫阿波罗多洛斯（Apollodorus）的神话学者详细描述了埃皮戈尼领导的这场战争（3.7.2—4）。忒瑞西阿斯（Teiresias），这个俄狄浦斯神话故事中的重要人物，虽然没有在其他史诗或文献中出现过，但在这场战争之后扮演了一个重要角色。在忒拜军队被埃皮戈尼打败之后，这位先知带领忒拜人一起逃离了忒拜。当他们来到名叫蒂尔弗萨（Tilphusa）的一处山泉时，先知喝了泉水，然后死去。据说，鲍萨尼阿斯曾在这个名叫蒂尔弗萨的山泉附近看见过忒瑞西阿斯的坟墓（9.33.1）。埃皮戈尼发誓要把忒拜最好的战利品献给阿波罗，于是他把忒瑞西阿斯的女儿曼托(Manto)送到了德尔斐。另外，有一段关于埃皮戈尼的史诗残篇讲述了这位曼托的婚姻以及在科洛芬（Colophon）生活的故事（fr. 3 Bernabé=3 Davies=fr.4 Loeb）。

走近阿波罗

阿波罗第一次作为俄狄浦斯神话中的“使者”出现在斯忒西克鲁斯（Stesichorus，公元前 6 世纪）的一部史诗残篇中。在这段保存完好、连续 31 行的诗句中，波吕尼刻斯和厄忒俄克勒斯的母亲对忒瑞西阿斯说：“愿遥远的劳作者阿波罗神，不要努力去完成你所有的预言。”（209—210）而在索福克勒斯的《俄狄浦斯王》中，忒瑞西阿斯已经和阿波罗有了非常密切的联系。因为那时的希腊已经进入了“阿波罗化”（Apollonization）的神话时代。人们已经很难明确俄狄浦斯的母亲到底是伊俄卡斯塔还是欧律伽妮亚。如果是伊俄卡斯塔，斯忒西克鲁斯的说法 26

与本章根据荷马《奥德赛》所展开的内容就存在差异；如果是欧律伽妮亚，斯忒西克鲁斯的残篇则与《俄狄波底亚》完全一致。我们可以回想前面提到的奥纳西阿斯的那幅画，画中的母亲目击了她儿子们的死亡，这正如人们所料，在斯忒西克鲁斯的诗歌中，母亲的遭遇也是一样。

在斯忒西克鲁斯遗留的残篇中，忒瑞西阿斯预言了俄狄浦斯两个儿子的相互屠杀（211），但这个预言并没排除俄狄浦斯的诅咒，正如我们从《忒拜战纪》所知，忒瑞西阿斯可能只是在事实上证实了预言的后果。然而，无论是女画家奥纳西阿斯的作品还是忒瑞西阿斯的预言（他的预言保存得也不完全），都没有涉及俄狄浦斯的任何线索。事实上，斯忒西克鲁斯的作品似乎不是史诗，而是一首抒情诗，而且他将神话故事的重点重新放在了母亲和儿子的关系上。在欧里庇德斯的《腓尼基妇女》中，伊俄卡斯塔在目睹了儿子们的悲惨结局后自杀身亡（1455—1459），也许斯忒西克鲁斯的诗歌结尾正好描述了类似的情景。

俄狄浦斯以及俄狄浦斯和拉伊俄斯的祭拜

俄狄浦斯的英雄崇拜体现在三个层面。首先，他来自英雄的家族，就像赫西俄德在其《劳作与时日》中提出了关于人类五大种族（黄金、白银、青铜、英雄、凡人）的年代记事一样。英雄属于第四种族。这一段也提到了“俄狄浦斯家族之间”的那场战争。赫西俄德说，古典英雄大多在忒拜和特洛亚的战争中被部分毁灭了。第二，俄狄浦斯是那部遗失的史诗《俄狄波底亚》的主角，就此意义上，他是一个不折不扣的被历史记录的英雄人物。第三，他是一个被人们崇拜和祭祀的偶像。在古希腊的好几个地区，人们为他修建了祭祀的场所；在忒拜，人们也供奉着俄狄浦斯的儿子；在斯巴达，俄狄浦斯和他的父亲同时被人们祭拜。

正是这些民间的祭祀和供奉活动为索福克勒斯创作《俄狄浦斯在科洛诺斯》（*Oedipus at Colonus*）提供了启示和方向（具体内容我们将在后面进一步介绍和讨论）。在雅典，人们形成了对俄狄浦斯的一种特殊的英雄崇拜，并使这一神话的悲剧性达到了顶峰。在忒拜和斯巴达，虽然没有形成雅典式的悲剧典范，但俄狄浦斯神话所昭示的寓意同样耐人寻味。神话和祭拜在世界各地都有出现，人类学家已经观察到二者在功能上的相似性。[①]
俄狄浦斯的神话和祭拜构成了希腊宗教制度的重要部分。在俄 27
狄浦斯神话中，一个反复出现的主题是：跨越世代的痛苦诅咒。父亲的罪孽不仅会被儿子承受，而且还会降临到许多代之后。

① 列维–斯特劳斯（Lévi–Strauss）［1973］1976：第 8 章。

俄狄浦斯以及俄狄浦斯与他父亲的祭祀和崇拜活动将他与两位神明联系起来。一个是复仇女神厄里倪斯（有时被想象为单数，有时被想象为复数，即 Erinyes）；另一个是德墨忒耳（Demeter，德墨忒耳是古希腊神话中掌管人类农业以及男女结婚事业的女神，又称为丰饶女神）。起初，这两位女神与俄狄浦斯的祭祀并不相干，但后来他们产生了联系。当俄狄浦斯与二位女神产生联系之后，他们就共同构成了一个想象或观念上的“三位一体”。

以下引用一个关于俄狄浦斯在德墨忒耳领界受祭拜的故事：

当俄狄浦斯死后，他的朋友们打算把他葬在忒拜，但因为早年弑父娶母的不幸，忒拜人视他为不祥之物，也认为这是对忒拜国的不虔敬，于是阻止了俄狄浦斯的安葬。他的朋友们只好把他带到维奥蒂亚地区（Boeotia）［忒拜所在的希腊地区］里一个叫科俄斯（Ceos）的村庄，安葬之后，村里时常发生一些不幸的事情，村民们认为这一定与俄狄浦斯的坟墓有关，于是要求俄狄浦斯的朋友们把坟墓迁走。朋友们只好把俄狄浦斯的遗骸带到埃提奥诺斯（Eteonos）。这次他们打算秘密安葬，便趁着夜色把他的遗骸放在别人无法看见的德墨忒耳女神的神

> 龛里。当这件事暴露后，埃提奥诺斯的居民向神［阿波罗］求助，询问他们应该怎么办。神回答说，俄狄浦斯是应德墨忒耳女神的恳求而被埋在这里的，你们不应该拒绝女神的“恳求”。后来，这个神殿被命名为俄狄波底翁（Oedipodeion）。①

根据上述信息，俄狄浦斯虽然死在忒拜，但他已经失去了举行葬礼的资格，他甚至不能被安葬在自己的王国。一些不知名的朋友把他埋在位于忒拜东南部的科俄斯，但他的坟墓给当地人带来了不幸。之后他的遗体又被带到埃提奥诺斯，这是一个位于希腊东南部、靠近西忒隆山（Mt. Cithaeron）的小镇，最后在阿波罗的帮助下，俄狄浦斯才得以在德墨忒耳女神的领界安息。关于俄狄浦斯，这里还有更多关于被“阿波罗化”的传说，也是第一次在斯特西科鲁斯（Stesichorus）的作品中被注意到（公元前 6 世纪）。在古希腊，人们在同一地区同时供奉一
个英雄和一个神（或女神）的做法并不奇怪，它类似于在天主 28
教堂的礼拜寺里对不同圣人的祭祀和崇拜。俄狄浦斯作为女神的“乞援人”需要更多的解释。在索福克勒斯的《俄狄浦斯在科洛诺斯》中，年迈的俄狄浦斯来到雅典城外一个神圣的小树林，

① 这个故事来自里西马科斯（Lysimachus）382 *FGrH* F 2。里西马科斯是公元前 3—前 2 世纪埃及亚历山大的一位历史学家。

这里是复仇女神厄里倪厄斯的领地，此时，俄狄浦斯突然意识到这是他最后的安息之地（84—110），但是，作为一个外乡人，他不得不表明自己的身份以恳求雅典居民允许他留下来（275—291，487）。在埃提奥诺斯地区的传说中，俄狄浦斯一而再地被拒绝安葬，从他的家乡忒拜国到异乡科俄斯，最后在阿波罗的帮助下才被安葬在德墨忒耳女神的领界。

还有两个线索可以印证俄狄浦斯的安葬与德墨忒耳女神的关系。一个是刚刚提到的索福克勒斯的悲剧作品《俄狄浦斯在科洛诺斯》。在戏剧展开的空间部分，诗人提到了“德墨忒耳山丘”（1600）。另一个是安德罗提翁（Androtion）的历史记录。安德罗提翁是公元前4世纪阿提卡（Attica）的历史学家和“地方志编纂家”（Atthidographers），对俄狄浦斯在科洛诺斯的“乞援人”形象，他有以下记载：“俄狄浦斯被克瑞翁（Creon）驱逐出忒拜后，来到了阿提卡，居住在一个被称为骑士山（Hill of the Horseman）［科洛诺斯］的地方。他是女神德墨忒耳和普里奥克斯（Poliouchos）［希腊城邦守护神雅典娜的别称］神殿上的‘乞援人’，雅典娜……”[①]可见，对于俄狄浦斯最后的安葬问题，安德罗提翁的记载与前面提到的埃提奥诺斯地区的传说

---

① 324 *FGrH* F 62。普里奥克斯/雅典娜的出现在索福克勒斯的《俄狄浦斯王》中没有得到证实，但目前的证据并没有减少这种不一致。

是可以互相印证的。

俄狄浦斯的祭拜与另一位女神厄里倪厄斯的关系更为密切，他们之间存在两种关联方式。一种是形式上的并置（juxtaposition）。在《俄狄浦斯在科洛诺斯》中，俄狄浦斯死在科洛诺斯，被安葬在供奉厄里倪厄斯［当地人为了讨好厄里倪厄斯，称呼她为“欧墨尼得斯”（Eumenides），意思是“慈悲女神”（42，487），或“塞姆那伊”（Semnai），意思是“可怕的”或“受尊敬的女神”（90，100，458）］的一个小树林里。（在索福克勒斯的悲剧中，俄狄浦斯为了表达对儿子的愤怒，借“厄里倪厄斯”之名对波吕尼刻斯进行诅咒，一次是单数，一次是复数：1299，1434。）在雅典，有一个俄狄浦斯的崇拜者将他的坟墓安放在一座名叫阿瑞帕古斯（Areopagus）的山丘上。根据鲍萨尼阿斯的记录，在阿瑞帕古斯山丘上厄里倪厄斯（“厄里倪厄斯虽然被雅典人称作塞姆那伊，但赫西俄德仍然称她厄里倪厄斯”）的圣殿里的确有一座俄狄浦斯的纪念碑（1.18.6—7）。这个崇拜者像对待圣人的遗物一样，将俄狄浦斯的遗骸从忒拜带到了这里。但在索福克勒斯的故事中，俄狄浦斯是自己在流亡中来到了雅典郊区，然后死在那里。显然，俄狄浦斯在阿瑞帕古斯接受祭拜的传说与索福克勒斯的悲剧存在矛盾，对此，鲍萨尼阿斯应该十分清楚，但他故意“选择”把俄狄浦斯

安葬在忒拜，并引用荷马（关于俄狄浦斯的葬礼的记载）来支
29 持自己的立场，这意味着鲍萨尼阿斯并不赞同索福克勒斯对俄狄浦斯神话传说的“改编”。进而暗示俄狄浦斯在科洛诺斯被祭拜的不真实性。

俄狄浦斯与厄里倪厄斯的另一种关联是他们具有内在精神意义的“复仇性”。拉伊俄斯的诅咒被俄狄浦斯的谋杀“唤醒”，俄狄浦斯又在他的儿子身上“激活”了内心的厄里倪斯。在埃斯库罗斯的悲剧残篇中，也许是他的俄狄浦斯［但被最近的编辑拉特（Stefan Radt）归为“不确定”一类（fr.387a）］在普提里埃（Potniai）杀死了拉伊俄斯。根据鲍萨尼阿斯的记载，在一个靠近忒拜名叫“昆斯”（Queens）的地方，有一个以德墨忒耳和她的女儿科雷（Korē）命名的城镇（Paus. 9.8.1），而这里的厄里倪厄斯同样受到人们的祭拜（Eur. *Or*.317—318；参见 *Phoen*.1124—1125）。因此，俄狄浦斯在神明的注视下杀死了自己的父亲，而被触怒的女神也将迅速对他进行惩罚。后面我们将引用品达（Pindar）的一段诗歌来进一步说明。

作为神明的厄里倪厄斯在科洛诺斯、阿瑞帕古斯以及其他许多地方都受到祭拜，而被这位复仇女神附体的特定的个人——俄狄浦斯和拉伊俄斯，也同样受到人们的祭拜。公元前 5 世纪，历史学家希罗多德（Herodotus）在他的《历史》（*Histories*）

中用相当长的篇幅讲述了斯巴达人对这两种类型的厄里倪厄斯的崇拜（4.147—150，参见 Paus. 9.5.14—15）。这个故事还涉及他们遥远的下一代，借助族谱可以更好地理解（参见图 1）。波吕尼刻斯留下了一个儿子，这个儿子的孙子移民到了斯巴达。在这个孙子之后的第四代（或者更晚），他们的孩子出现了死产（stillbirths）现象，后来，这个家族的后裔修建了一座寺庙，用以祭拜俄狄浦斯和拉伊俄斯的厄里尼厄斯，因为他们相信，他们家族受到的诅咒可以追溯到这两位遥远的祖先。

这个家族的另一个后代叫忒隆（Theron），他曾经是西西里（Sicilian）城阿克拉加斯（Acragas）——现在的阿格里真托（Agrigento）——的一个僭主（参见图 1）。公元前 476 年，忒隆在奥林匹克战车比赛中大获全胜，为此，品达为他写了一首颂歌。他用俄狄浦斯神话阐释了一个永恒的主题，即人类悲欢的交替与轮回。品达说，这就是命运：

> 虽然拥有来自诸神的财富
> 但也带来了一些痛苦，命运又一次回头，
> 曾经被注定的预言，儿子杀害拉伊俄斯，
> 邂逅他，以及在德尔斐的神谕，
> 很久以前就实现了。

看吧，刻薄的复仇女神
在相互屠杀中消灭了他好战的后代［波吕尼刻斯和厄忒俄克勒斯］。
波吕尼刻斯失败后，他那被流放的儿子忒耳珊得尔
在后来的竞技和战斗中获得了荣誉……

（《奥林匹亚》［*Olympian*］，2.35—45）

在引述了忒耳珊得尔的胜利与光荣之后，品达的诗歌直接跳跃到眼前的凯旋者忒隆。品达关于弑父的说法是目前讨论的重点，诗人将俄狄浦斯的弑父事件——这里指唤醒了拉伊俄斯内心的“复仇女神”——与儿子们的死亡直接联系起来。

民间对俄狄浦斯的祭拜与两位女神——德墨忒耳和厄里倪厄斯——密切相关。在科洛诺斯，他们的祭祀场地非常邻近。在普提尼埃，他们共同构成了一个祭拜群。德墨忒耳被波塞冬（Poseidon）强暴以后，她甚至可以化身为厄里倪厄斯（Apollodorus 3.6.8）。因此，在某种意义上，俄狄浦斯、德墨忒耳和厄里倪厄斯构成了一个“三位一体”的祭祀图腾。但有趣的是，在索福克勒斯的笔下，德墨忒耳极其简略，几乎无从体现其与俄狄浦斯神话或其宗教崇拜的关系。民间之所以将她与俄狄浦斯祭拜联系起来，更多是基于她的神秘形象以及她与

厄里倪厄斯的亲密关系。

俄狄浦斯的神话及人们对他的祭拜表现出惊人的连贯性。复仇女神特别观照了拉伊俄斯和伊俄卡斯塔非正常死亡的悲伤，并让他们的儿子遭受了惩罚，同时也回应了俄狄浦斯作为一个父亲的怒火和诅咒，使他的儿子——波吕尼刻斯、厄忒俄克勒斯，以及后来的几代人——如奥忒西翁（Autesion）、埃格迪斯（Aegids）——遭受各种苦难。为了避免家族厄运的延续，后辈们不得不通过祭拜的方式抚慰他们祖先的亡灵。然而，古希腊人似乎并不乐意去接受神话与现实生活的区别，假如忒隆的孩子或孙子刚好在雅典看到索福克勒斯《俄狄浦斯王》的演出，他或她一定会认为悲剧的主人公就是他们遥远的祖先，因为俄狄浦斯的确在历史上真实存在过，而不是一个虚构的神话人物。

小结 31

在索福克勒斯看来，俄狄浦斯承受意外降临的悲剧和命运才是这个神话最为本质的精神。但是，前悲剧时代的俄狄浦斯并不仅仅是一个“悲剧的存在”，他是拉布达赛德（labdacid）家族的纽带。这个家族前三代的故事可以分为两部分，即《俄狄波底亚》中拉伊俄斯和俄狄浦斯，以及《忒拜战纪》中俄狄浦斯的儿子们。他们的故事是连续的，自拉伊俄斯开始，拉布达赛德家族遭受的痛苦和佩罗普斯的诅咒一直延续，祭拜的故事跟随诅咒的脚步一同走进了俄狄浦斯神话悠久的历史。对此，品达的看法最乐观：他认为这个家族的苦难也不是一以贯之，幸福快乐的后辈也大有人在。然而，总体而言，我们仍然看到了这个家族复仇力量的传递性。从悲观的角度，似乎可以确信，复仇女神（厄里倪厄斯）就像潜藏在拉布达赛德家族精神血脉里的基因，虽然偶尔也出现一位像忒隆那样的成功人物，但忒隆的后代仍然担心厄运会在某一天突然降临，就像埃格迪斯家的“死产”现象，灾难或许已经改头换面。

二、公元前5世纪：悲剧舞台上的俄狄浦斯

公元前6世纪期末，以悲剧为媒介的戏剧形式开始在雅典 32
出现，这种形式将俄狄浦斯神话推入了一个崭新的轨道。希腊悲剧在后来的中世纪几乎销声匿迹，但文艺复兴使它们重新焕发了生机。与史诗相比，这种新的戏剧形式高度浓缩，将故事情节集中在一天之内呈现。对于即将上演的悲剧情节，观众通常早已知晓。舞台上需要对发生在当天之前以及更早时候的某些事件进行说明，因此需要一个专门的角色负责解释。

作者	作品形式	题目 fr: 作品仅幸存残篇 ti: 作品仅幸存标题	世纪（指公元前，除非另有说明）
埃斯库罗斯	悲剧	《欧墨尼德斯》 《七将攻忒拜》 残篇：《拉伊俄斯》 残篇：《俄狄浦斯》 残篇：《斯芬克斯》	5
安德罗提翁	阿提卡地方史	残篇：《阿提斯》	4

（续表）

作者	作品形式	题目 fr: 作品仅幸存残篇 ti: 作品仅幸存标题	世纪（指公元前，除非另有说明）
佚名	诗史	残篇：《埃皮戈尼》	6
佚名	诗史	残篇：《俄狄波底亚》	6
佚名	诗史	残篇：《忒拜战纪》	6
科洛芬的安提马科斯	诗史、挽歌	残篇：《忒拜战纪》 残篇：《吕德》	5
33 阿波罗多洛斯	神话集	私人收藏	公元 2
阿里斯托芬	喜剧	《阿开奥斯人》	5
亚里士多德	哲学	《诗学》	4
阿斯克勒皮亚德斯	神话集	残篇：《特拉戈·多墨那》	4
阿斯提达马斯	悲剧	题目：《安提戈涅》	4
阿塞纳乌斯	会饮文集	《学术盛宴》	公元 2—3
科琳娜	抒情诗	未知	不确定
犬儒学派的第欧根尼	悲剧	题目：《俄狄浦斯》	4
欧里庇得斯	悲剧	残篇：《安提戈涅》 残篇：《克里西普斯》《奥瑞斯忒斯》 残篇：《俄狄浦斯》 《腓尼基妇女》《乞援人》	5
希罗多德	历史	《历史》	5

（续表）

作者	作品形式	题目 fr: 作品仅幸存残篇 ti: 作品仅幸存标题	世纪（指公元前，除非另有说明）
赫西俄德	教谕 谱系学	《劳作与时日》 《神谱》 残篇：《列女传》	8
荷马	诗史	《伊利亚特》 《奥德赛》	8
伊比库斯	抒情诗	无标题	6
希俄斯的伊翁	赞歌	《酒神赞歌》	5
吕希马库斯	历史	《忒拜战纪》	3—2
梅勒忒斯	悲剧	题目：俄狄波底亚	4
弥涅耳墨斯	抒情诗集	无标题	7
尼卡库斯	格言警句	无标题	公元 1
鲍萨尼阿斯	地理志	《希腊志》	公元 2
佩珊德尔	历史或神话学	无标题	未知
毕达哥拉斯	谱系学	无标题	5
菲利普	格言警句	无标题	公元前 1— 公元 1
品达	合唱抒情诗	《奥林匹亚神》	5
索福克勒斯	悲剧	《俄狄浦斯王》 《安提戈涅》 《俄狄浦斯在科洛诺斯》 残篇：《埃皮戈尼》	5

（续表）

作者	作品形式	题目 fr: 作品仅幸存残篇 ti: 作品仅幸存标题	世纪（指公元前，除非另有说明）
斯忒西克鲁斯	合唱抒情诗	无标题	6
忒俄得克特斯	悲剧	残篇：《俄狄浦斯》	4
诺克勒斯	悲剧	题目：《俄狄浦斯》	5

图 4：俄狄浦斯神话的古希腊文献资源（Greek sources for the Oedipus myth）

34 如前一章所述，诗歌体裁主要有史诗和抒情诗，俄狄浦斯神话大多在史诗中出现。继品达之后，抒情诗几乎不再以俄狄浦斯的故事为创作题材。虽然古典史诗在公元前5世纪仍然流行，但有关俄狄浦斯的故事已经不再以史诗的体裁记叙，而既有的史诗成为俄狄浦斯悲剧创作的素材，悲剧家在他们的作品中反复引用和改编。埃斯库罗斯说过一句著名的话，他的戏剧不过是荷马宴会上的残羹冷炙。如果“荷马”意味着所有古希腊史诗的源头，那么埃斯库罗斯的说法并非言过其实。而今，他的有关俄狄浦斯的三部悲剧也只有残篇留世（对此，下文将有讨论）。科洛芬的安提马科斯（Antimachus of Colophon）在公元前5世纪编写了一部新的《忒拜战纪》，大约有70行流传下来，遗憾的是，没有任何一行涉及俄狄浦斯的故事。大约是为了纪念已故的妻子或情人，这位安提马科斯还写了一首叙事挽歌（这是一种过时的、类似抒情诗的诗歌体裁），这首挽歌名为《吕德》（*Lydē*），其中讲到了包括俄狄浦斯在内的几位神话英雄。另外有两行残篇与后面我们要讨论的欧里庇得斯的《腓尼基妇女》有关，讲了一个非常有趣的关于俄狄浦斯青少年时期的主题。

整个悲剧时代，以俄狄浦斯为主角的几部作品，目前只有索福克勒斯的《俄狄浦斯王》和《俄狄浦斯在科洛诺斯》完整传世。而仅仅残留的“俄狄浦斯”标题的悲剧作家，至少还有四位。[①] 在索福克勒斯先后创作的两部悲剧中，《俄狄浦斯王》广为人知，《俄狄浦斯在科洛诺斯》和《安提戈涅》往往被人忽略。除了少数古典学者，其他读者几乎不了解索福克勒斯的后面两部作品，但这并不影响他的崇高地位。自文艺复兴以来，索福克勒斯的声誉经久不衰，即使有其他作品幸存下来，也无法与他相提并论。不难想象，索福克勒斯创作的“俄狄浦斯”与整个悲剧时代的神话传说并非完全一致。对此，我们可以从其他创作者遗失的标题、残篇以及有关神话的记录进行比较，尤其是从现存有关俄狄浦斯之子的三个悲剧中进行推断。当然，通过比

① 埃克阿乌斯（Achaeus）、菲勒克里斯（Philocles）、诺克里斯（Xenocles）、尼可马克斯（Nicomachus）。如果有，参见 Snell 1971 文献记录、标题和残篇。

较这些文献，也使我们进一步领略了索福克勒斯《俄狄浦斯王》的独特魅力，为什么只有它可以成为一部永恒的经典。

埃斯库罗斯的忒拜三部曲

公元前 467 年，埃斯库罗斯创作了《拉伊俄斯》《俄狄浦斯》《七将攻忒拜》，三部悲剧幸存的内容大约只有三分之一。萨提尔戏剧（satyr play）是三部曲之后的一部较短的喜剧，
35 在这种情况下是《斯芬克斯》。从上述三部悲剧的名称可以看出，埃斯库罗斯与其他史诗作者一样，讲述了一个多代相传的神话故事。同时，他的悲剧也符合传统史诗的主题，即家族的诅咒及诅咒的延续。在《七将攻忒拜》中，诅咒被反复提及，大约出现了 20 次。与诗史内容不同的是，埃斯库罗斯把德尔斐的神谕直接安排在剧情里面，并由歌队演唱出来。歌队由忒拜国的妇女组成，她们唱道：“啊，这不幸的家族啊，新灾难与旧灾难不幸地混合。”她们继续唱道：“我想说那昔日的恶孽，虽然很快便遭受惩罚，但他仍然延续第三代，阿波罗曾对拉伊俄斯预言三次，在大地中央的皮托神示所德尔斐（Pytho / Delphi），认真告诫，他只有无后地结束生命，才能拯救自己的

城邦。但他陷入了甜美的迷误，为自己生育了死亡的根由……”[①]（740—752）。“犯罪”（transgression）既是指拉伊俄斯对神谕的漠视，也是指拉伊俄斯对佩罗普斯儿子的诱奸，这是拉伊俄斯最初激发诅咒的行为。

上述内容可以在欧里庇得斯的《腓尼基妇女》中找到关联，欧里庇得斯有许多残留的手稿，其中一份手稿的序言部分引用了以下神谕：

> 拉伊俄斯，拉布达赛斯之子，你祈求子孙后代的祝福。
>
> 你会得到一个可爱的儿子，但这将是你的厄运，
>
> 在你儿子手上放弃生命吧。因为这样就满足了
>
> 宙斯——克罗诺斯（Cronus）之子，听命于佩罗普斯可恨的诅咒，
>
> 你诱拐了他的儿子，
>
> 他要把这一切诅咒给予你。

佩罗普斯为什么诅咒拉伊俄斯？本书前一章已经讲述了这个故事。拉伊俄斯诱奸了佩罗普斯的儿子克吕希帕斯，克吕希

① 引自埃斯库罗斯等《古希腊悲剧喜剧全集》第 1 卷，王焕生译，译林出版社，2015 年，第 252 页。——译注

帕斯因羞愧而自杀，于是佩罗普斯诅咒拉伊俄斯，诅咒的内容正如前面所引用的神谕。拉伊俄斯的娈童行为本身并不构成犯罪，但他使用了武力并导致这个男孩自杀，由此引发了佩罗普斯的诅咒。①

在欧里庇得斯《腓尼基妇女》的开始部分，是伊俄卡斯塔回忆那个诅咒的情景。剧中的拉伊俄斯不时收到神谕的提醒（17—20），就像伊俄卡斯塔在《俄狄浦斯王》中经常被提醒一样（711—714），但索福克勒斯并没有提到神谕和诅咒的原因，即拉伊俄斯的强奸行为。在欧里庇得斯《腓尼基妇女》手稿序言所引用的神谕里面，包含了宙斯对诅咒的同意和支持，因此这个神谕已经将人的诅咒和神的处罚结合起来了。正如俄狄浦斯对他儿子的诅咒，我们也可以推断宙斯的支持和同意（参见前一章有关《忒拜战纪》中讨论的两个片段）。

36 在埃斯库罗斯《拉伊俄斯》结尾时，拉伊俄斯最终死在了自己儿子的手里，由此实现了佩罗普斯的诅咒及宙斯对他的处罚，这一处罚已由阿波罗向他透露。②同时，这部悲剧还对我们了解俄狄浦斯的幼年生活提供了一个参考（fr.12 Radt）。至于俄狄浦斯后来的故事发展，我们可以从埃斯库罗斯《七将攻忒拜》

① 关于古希腊的娈童参见霍尔珀林（Halperin）1990，1996。

② 在史密斯（Smyth）1963 的文献中，没有包括这个残篇。

中的另一个场景推断出来：

> 他们如此尊敬的那个人，
> 与城市的众神（在雅典卫城上）分享同一个祭坛
> 他们出席集会
> 只为表达对俄狄浦斯的尊敬，
> 是谁让我们摆脱了劫掠这片土地的［斯芬克斯］？
>
> 尽管他心智正常，
> ［现在］却悲痛欲绝［algos］
> 不幸的婚姻与狂怒的心
> 应验了他的两个厄运。
> 用杀害父亲的双手
> 刺瞎了自己比孩子还珍贵的眼睛。[①]

对于俄狄浦斯乱伦的婚姻，这部悲剧的其他部分有更明确的叙述（例如，928—929）。但以上这一段最早为俄狄浦斯刺瞎双眼提供了证据，这是两个厄运中的第一个，它以俄狄浦斯发现自己的罪行作为先决条件。第二个厄运是他对自己儿子们

① 我参照了霍奇森（Hutchinson）的译本和注释，1985：772—784。

的诅咒。

因他们供养的食物而发怒，
他送给他的儿子们该死的诅咒，
唉，毒舌的诅咒，
让他们手持武器
在某一时刻瓜分
他的财富。

最后，歌队唱道：“我现在害怕，担心那跑得飞快的厄里倪厄斯正在把它变成现实。”（785—791）这里，如果歌队指
37 的是在《俄狄浦斯》中被夸张的诅咒，那么诅咒的原因——儿子们没有提供令人满意的食物——一定也被夸大了，俄狄浦斯的罪行败露和他的自残应该发生在更早的时候，但这也许是埃斯库罗斯故意安排的。因为戏剧需要夸张，诅咒可以让冲突达到高潮，并为下一出戏《七将攻忒拜》埋下伏笔。

在《俄狄浦斯》这部残篇中，埃斯库罗斯讲述了俄狄浦斯之死（参见 975—977）和他被埋葬在忒拜（参见 1004）的故事。俄狄浦斯的诅咒和厄里倪厄斯虽然无处不在，但罪魁祸首的拉伊俄斯并没有被人遗忘。正如信使报告说，“阿波罗占领了这

个城市的第七道门”，厄忒俄克勒斯和波吕尼刻斯正在相互残杀，他们在“履行俄狄浦斯后代的诅咒，那诅咒最初来自老朽、荒唐和愚蠢的拉伊俄斯”（800—802）。这里提到了阿波罗唤醒拉伊俄斯所忽视的神谕，强调佩罗普斯对拉伊俄斯的诅咒是一个神圣的惩罚，正如上文所引用的有关神谕的主题。

埃斯库罗斯的三部曲重述了俄狄浦斯家族的古老传说，印证了家庭诅咒及其代代相传的史诗传统。（埃斯库罗斯在这三部曲中所表现出来的艺术独创性和主题原创性不在本文讨论之列）埃斯库罗斯似乎想以厄忒俄克勒斯和波吕尼刻斯的死亡来终结整个忒拜悲剧，不过，我们通过对《七将攻忒拜》中的一段文字的微妙解释可以推断出，七将之子的埃皮戈尼仍将延续他们家族的故事（也就是品达在其作品中所叙述的这个家族的连续性）。有人引用第740—752行（上文引用）的内容，暗示忒拜城邦将被毁灭的命运，然而埃斯库罗斯并未让这个结局在《七将攻忒拜》里发生，埃皮戈尼必须担负着忒拜的痛苦继续“远行”。然而，针对这一段，其他几个悬置的迹象似乎也可以成立，并以此表明拉布达赛德家族的故事线索已经结束。总之，埃斯库罗斯以这种方式讲完了他的俄狄浦斯，并将古老的传说融入了他的悲剧之中。

欧里庇得斯

埃斯库罗斯的悲剧三部曲，是第一部也是最后一部关于拉布达赛德家族三代神话的故事作品。[1]而索福克勒斯和欧里庇得斯则根据自己的需要，选取了神话的不同部分进行了改编与组合，类似的还有公元前 415 年诺克勒斯（Xenocles）创作的《俄狄浦斯》。对于佩罗普斯对拉伊俄斯的诅咒，欧里庇得斯也许在《克吕希帕斯》（*Chrysippus*）幸存的几段中夸大了它的戏剧性，
38 但他的《俄狄浦斯》（虽然是残篇）却与埃斯库罗斯和索福克勒斯的基本相似。下面将要讨论的残篇之一是欧里庇得斯的《安提戈涅》，对于俄狄浦斯眼睛失明，他给出了另一个说法，这个说法与索福克勒斯所讲述的自残行为完全不同。从欧里庇德斯《安提戈涅》的残篇中可以得知：安提戈涅嫁给了海蒙并生了一个儿子梅昂（Maion）。以上内容，索福克勒斯作为序文放在了他的《安提戈涅》的手稿中［参见希吉努斯（Hyginus）《传说集》（*Fabulae*），72］。但在索福克勒斯的剧本中，安提戈涅与海蒙在结婚之前已经先后死去。

① 关于欧里庇得斯的拉布达赛德神话的总体概览参见阿莱昂（Aélion）1986：29—92。

《腓尼基妇女》(*Phoenician Women*)是欧里庇得斯在公元前412年之后完成的悲剧，它的一些内容乃至全部情节都可能是主观创作的结果。大约在公元前425—前422年期间，欧里庇得斯的《乞援人》(*Suppliants*)讲述了阿哥斯妇女的故事，这些妇女是“七将”的妻子和母亲，当她们得知丈夫和儿子被杀后，试图找回他们的尸体安葬，并请求雅典国王忒修斯(Theseus)为他们祈祷。

《腓尼基妇女》

欧里庇得斯对俄狄浦斯神话的构思非常宽广，甚至比埃斯库罗斯的忒拜三部曲更加宏大。在悲剧的结尾，欧里庇得斯安排了一场腓尼基妇女的合唱，剧名《腓尼基妇女》也由此而来。在这部类似于《七将攻忒拜》的独立悲剧中，欧里庇得斯延伸了整个忒拜国的神话传说。作为腓尼基(Phoenicia)的提尔人(Tyre)，他们是忒拜人母性氏族的远亲，因为忒拜的创始人卡德摩斯是腓尼基国王阿革诺尔(Agenor)的儿子。腓尼基妇女称忒拜人为卡德米恩(Cadmeans)，而卡德米恩人正是阿革诺尔的后代，又被称为阿革诺瑞德斯(Agenorids)。腓尼基妇女将阿革诺尔的曾祖母伊娥(Io)看成是她们自己与忒拜人共同及最早的祖先。在她们眼中，现在即将在城外作战的忒拜人是他们“播种的种族”（race of the Sown Men，795），这个种族来自卡德摩斯播种的龙牙。[1]

然而，腓尼基妇女本身并不像悲剧的主角那样属于神话人物，而仅仅是欧里庇得斯根据需要安排的戏剧角色。她们是家乡提尔送给阿波罗神的活祭品，前去德尔斐神庙侍奉阿波罗，当波吕尼刻斯进攻忒拜时，她们正好路过这里。剧情安排看起
39 来纯属巧合，但她们象征着忒拜神话与阿波罗神谕之间的联系。同时，她们无所不知，也非常了解俄狄浦斯家族的诅咒以及他们儿子之间的复仇大战。正如她们的预言：“这座城市像笼罩着地狱火焰般厚厚的云层，战神阿瑞斯（Ares）很快就会知道，他给俄狄浦斯的儿子们带来了复仇的苦难。”（250—255）腓尼基妇女和其他人还经常提到俄狄浦斯的诅咒。在这出戏的某个部分，俄狄浦斯说，他继承了拉伊俄斯的诅咒（佩罗普斯对拉伊俄斯的诅咒？拉伊俄斯对俄狄浦斯的诅咒？）并把它传给了他的儿子们（1611—1612）。也有评论家认为，欧里庇得斯作品里的这些内容可能是后来人的插补，但无论是否属实，在古希腊神话传说中，这种跨代延续的诅咒观念又一次得到

①传说卡德摩斯奉父之命寻找妹妹欧罗巴，后来他在森林中发现一条恶龙，经过残酷的搏斗，卡德摩斯杀死了恶龙。后来在雅典娜的指示下，将巨龙的牙齿播种在地里，种出了一支无敌战队，他们一起创建了一个新的城市——忒拜。——译注

了印证。

欧里庇得斯在《腓尼基妇女》中讲述的故事与其他悲剧家存在很大的差异。比如，伊俄卡斯塔并没有上吊自杀，俄狄浦斯在七将攻城的时候也还活着。伊俄卡斯塔作为两个儿子之间的调停人，类似于斯特西科鲁斯在《忒拜战纪》中所描述的那个母亲的角色，但无法确定她的确切身份。她也许是奥纳西阿斯（大约公元前 5 世纪中期，上一章已有提及）在画中表现的欧律伽尼亚，画面上的欧律伽尼亚绝望地看着儿子们相互残杀。在埃斯库罗斯和索福克勒斯的笔下，伊俄卡斯塔在七将攻城前已经死亡。欧里庇得斯也许是故意将没有乱伦的欧律伽尼亚与乱伦的伊俄卡斯塔混淆，最后让伊俄卡斯塔在她儿子们的尸体旁边自杀。欧里庇得斯让俄狄浦斯继续活着，直到安提戈涅把他从宫殿里救了出来。宫殿里的俄狄浦斯生活在软禁之下，受尽了儿子们的羞辱（63—68，874—877），但伊俄卡斯塔一直陪伴着他。安提戈涅拒绝与克瑞翁的儿子海蒙结婚，并愿意与她的父亲一起流亡。安提戈涅对克瑞翁非常不满，因为克瑞翁拒绝在忒拜埋葬她的哥哥波吕尼刻斯，但欧里庇得斯笔下的安提戈涅并没留下来违抗克瑞翁的命令，也没有偷偷为哥哥主持葬礼，这与索福克勒斯的《安提戈涅》完全不一样。当俄狄浦斯流亡到科洛诺斯，便认定这里是他生命的最后归属地（1703—

1707），但这个情节通常被认为是悲剧家们的虚构。

欧里庇得斯与传统史诗的不同不仅体现为主要人物的性格差异，而且还创造了一个崭新的角色，即克瑞翁的儿子墨诺厄修斯（Menoeceus）。为了赢得忒拜神明的欢心，墨诺厄修斯自愿以自杀的方式向战神阿瑞斯献祭。在此，当我们谈到墨诺厄修斯的时候，有必要停下来讨论一下，那就是诗人对于既有的
40 传说是否享有创新的自由。学者们通常把墨诺厄修斯这个角色视为欧里庇得斯的一个“创造”。但就神话传说而言，纯粹想象的创造与基于已有材料且受制于这些材料的发挥存在本质的区别，后者就是我所称之为的变体。在有关的忒拜的神话传统中，克瑞翁有三个儿子。有人认为这三个儿子都是同一个主题，即“自我牺牲”的变体。[①] 我们在欧里庇得斯的悲剧里看到了这种自由发挥的典范。对于历史或神话故事的演绎，在一个给定的传统范围内保持适度的开放和变化，也许是更加明智的做法。

为了还原俄狄浦斯的故事，欧里庇得斯在《腓尼基妇女》的开场白里让伊俄卡斯塔讲述了俄狄浦斯的弑父行为。“她”，或欧里庇得斯的版本讲述的一些细节虽然看起来微不足道，但可以从中推断出与索福克勒斯相关情节的差异。她说：“儿子

① 辛格诺 2003a：72 n. 15；格里菲斯（Griffith）1999：350—351（在 1302—1303）。

杀死了父亲，把战车交给抚养他长大的科林斯国王波吕巴斯。”（44—45）对此，在安提马科斯《吕德》幸存的两行残句中，俄狄浦斯说：“波吕巴斯，这些马是我从敌人那里夺来的，我把它们给你，作为我报答你的养育之恩。”（fr.70 W²）[①] 如果没有安提马科斯上述文献的印证，人们也许会怀疑这又是欧里庇得斯的一次“发明”。回顾《奥德赛》中对俄狄浦斯一生的总结，人们会发现，那个指代俄狄浦斯杀死拉伊俄斯的动词可能比最初看起来更加明确（*exenarizō*，第 14 页）。它的字面意思是“剥夺在战斗中杀死的敌人”（to strip a foe slain in battle）。当荷马笔下的英雄们这样做的时候，意味着夺走敌人的马匹。因此，奥德修斯的总结也许隐含了俄狄浦斯夺走马匹这个行为，后来它们在欧里庇得斯和安提马科斯的笔下被明确地表述出来。

俄狄浦斯带着敌人的战利品回到了科林斯，看起来，他并没有为杀害拉伊俄斯感到不安。伊俄卡斯塔说俄狄浦斯早已知道波吕巴斯不是他的父亲。她说：“要么是他自己发现的，要么是从别人那里知道的。”（33）此外，伊俄卡斯塔还讲述了

① 欧里庇得斯的“战车”和安提马科斯的“马”之间的区别表明，两者并没有相互借鉴，而是遵循了不同的传统。非常有趣的是，同样的弑父情节出现在佩珊德尔（参见第一章）以及《大马士革尼古拉斯的历史》（*Histories of Nicolaus of Damascus*，公元前 1 世纪），*FGrH* 90 F 8。

俄狄浦斯去德尔斐是为了调查他的身世，但就在他去德尔斐的路上，杀害了他的父亲。不过，伊俄卡斯塔始终没有提到索福克勒斯悲剧里的那个神谕。对于欧里庇得斯的这种写法，以及它对索福克勒斯的理解，我们将在下文讨论。

41 **欧里庇得斯的《俄狄浦斯》**

如果悲剧家的某一个剧本并非属于情节连贯的三部曲之一，那么他就可以在他每一部独立的悲剧中使用不同的文献资源（索福克勒斯的作品也将证明这一点）。因此，我们不能根据欧里庇得斯的《腓尼基妇女》去推断其《俄狄浦斯》残篇之外的内容。换言之，这个悲剧的完整结构和情节在事实上无法重建。尽管残篇中的某些内容显示，它们来源于不同版本的神话传说，但重建的目的依然难以实现。例如，欧里庇得斯在《腓尼基妇女》中让俄狄浦斯自己刺瞎了双眼，但在其《俄狄浦斯》的残篇中，拉伊俄斯的一个仆人如是说：

把波吕巴斯之子按倒在地，

我们让他睁开眼睛，毁坏他的瞳孔。

（fr.541 Kannicht = 84 Austin）

据此，如果俄狄浦斯可以被称为“波吕巴斯的儿子”，那么在他发现自己是拉伊俄斯的儿子并娶了自己的母亲之前，就已经双目失明了。但另一个版本认为俄狄浦斯失明是在他当上国王之后发生的事情。从《俄狄浦斯》残篇中可以推断，刺瞎双眼是对俄狄浦斯杀害拉伊俄斯的惩罚，并由拉伊俄斯以前的侍卫执行。虽然，这些侍卫现在是新国王俄狄浦斯的宫廷人员，但他们对拉伊俄斯仍然忠诚。俄狄浦斯被惩罚的事件到底发生在什么时候呢？埃特鲁斯坎人（Etruscan）留下了一只瓮，也许可以给我们另外一个答案。埃特鲁斯坎人是意大利西北部埃特鲁斯坎地区的古老民族，公元前 2 世纪，一只瓮上的浮雕描绘了这样的场景：士兵们正在刺向俄狄浦斯的眼睛。其中有两个小男孩，可能是他的儿子，还有一个女人，也许是伊俄卡斯塔。[①]于此推断，在罪行被发现之前，俄狄浦斯已经当了一段时间的国王，在这段时间里，他和伊俄卡斯塔有了年幼的孩子。之后，他被发现，或者说是自我发现原来自己就是杀害拉伊俄斯的凶手。根据故事的发展，当俄狄浦斯发现自己就是那个弑父者时，他自愿接受了士兵的惩罚。

① 罗伯特（Robert）1915. 1：307；卡拉斯科普夫 1974：97；卡拉斯科普夫 1994：9（85 条）。

欧里庇得斯在其《俄狄浦斯》中对男主角双目失明的安排引人质疑，但这也许又是一个新的变体。这一变体却另有出处。一位古代学者——也是一位《腓尼基妇女》的评论家——保存了前面引用的残篇，他认为俄狄浦斯的双目失明是一个谋杀者被诅咒的结果。而另一个关于这个悲剧的注释或评论说，波吕巴斯为了不让俄狄浦斯知道那个可怕的预言，弄瞎了他的眼睛。总之，在俄狄浦斯神话的年代记事表中，俄狄浦斯双目失明这个主题有很多版本，这些版本并没有一个确定的结论可以指向任何一位作者或任何一部作品。比如，在前一章所引用的《奥
42 德赛》中，完全没有提到俄狄浦斯是否双目失明的问题；而在另一个古老的文献中，我们又可以确定俄狄浦斯的双眼完好，并一直“陪伴”到他走到了生命的尽头。

那么，问题来了。俄狄浦斯的眼睛是否失明的问题，为什么会成为这部神话被关注的重点？不管俄狄浦斯何时因何事而失明，我们先从象征主义的角度找找答案。在希腊神话中，眼睛可以象征生殖器，在发生性犯罪的情况下，眼睛可以替代身体被冒犯的部位而成为被惩罚的对象。在荷马《伊利亚特》中（9. 453—456），英雄菲尼克斯（Phoenix）说，当他和他父亲的情妇发生关系后，他的父亲为了报复，召唤了厄里倪厄斯，使他失去了生育能力。但在其他更常见的神话版本中，菲

尼克斯并没有失去生育能力，而只是眼睛失明了（阿里斯托芬［Aristophanes］的《阿开奥斯人》［*Acharnians*］，421；Apollodorus 3.13.8 ）。眼睛失明的寓意在有关奥瑞昂（Orion）和菲纽斯（Phineus）的神话故事中也有体现。奥瑞昂是一位猎手，他强奸了奥伊诺皮翁（Oinopion）的女儿，奥伊诺皮翁为了给女儿报仇，弄瞎了奥瑞昂的眼睛。国王菲纽斯错误地认为他的儿子与继母有染，于是弄瞎了儿子们的眼睛（Apollodorus 3.15.3；参见 Soph. *Ant*. 971—973，对此，有另一种说法，是继母弄瞎了他们的眼睛，但没有说明原因）。[①] 上述故事，进一步印证了俄狄浦斯“自刺双目”这个主题的象征意义。这种象征意义是独特的，对此，意大利学者朱利奥·吉多瑞兹（Giulio Guidorizzi）称之为“象征意义的剩余”（surplus of symbolic significance，[②]“意义剩余”是文学艺术理性阐释之外的含义，包括以感性化出现的非理性的原始体验和欲望）。当我们基于神话文献的相互比较以及更广阔的视角，作为一种对性犯罪的惩罚，俄狄浦斯自刺双目似乎更符合因惩罚而失明这个通常意义的象征，虽然该主题的表达方式存在一些不同的变体。

① 关于因性犯罪而被刺目的系列事例参见德弗罗（Devereux）1973；参考巴克斯顿（Buxton）1980。

② 贝蒂尼（Bettini）和吉多瑞兹（Guidorizzi）2004：104。

此外，在最近出版的欧里庇得斯的作品里出现了《俄狄浦斯》的另一个残篇，它也许可以证明这部神话还有另一个显著的变体。在这个残篇中，伊俄卡斯塔在讲到妻子对丈夫的责任时，明确表达了她将跟随俄狄浦斯去流亡的意愿：

> 这是令人愉快的……如果她的丈夫遇到了挫折，妻子应该与他一起共同承受，分担他的痛苦和快乐。你和我——现在你犯了罪，我要容忍你的罪，帮助你承受苦难；对我来说，陪伴你，并不是什么太残酷而无法忍受的事情。①

如果这段话出现在弑父和乱伦被发现之后（在俄狄浦斯的亲属知道真相之前，俄狄浦斯已经发现自己是杀害拉伊俄斯的凶手），那么，很明显，俄狄浦斯即将离开忒拜。就像公元前
43 5 世纪的其他文献记载，伊俄卡斯塔也说过她将陪俄狄浦斯一起被流放。她既没有像荷马和索福克勒斯笔下那样自杀，也没有如《腓尼基妇女》中所写的那样，一直留在忒拜看到她的儿子们（厄忒俄克勒斯和波吕尼刻斯）相互残杀。相反，伊俄卡斯塔扮演了安提戈涅的角色，陪伴俄狄浦斯一路流放，正如我们

① fr. *545a 坎尼兹特（Kannicht），由科拉尔得（Collard）等译，1995—2004，2: 119；参考科拉尔得（Collard）2005：61—62。

在索福克勒斯的《俄狄浦斯在科洛诺斯》中所看到的那样。

索福克勒斯与俄狄浦斯神话

有关忒拜的神话，索福克勒斯创作了三部悲剧，现在我们通常把它们称为悲剧三部曲，但在古希腊时代，人们并未把它们看成是一个整体意义上的三部曲。不仅如此，索福克勒斯的每一部悲剧各自保持着与神话传说的独特关系，即使是他的残篇《埃皮戈尼》，这部缺乏传说和文献的作品也是如此。[①]三部曲中最为核心的是《俄狄浦斯王》，它集中描写了俄狄浦斯的性格特征和变化、他的自我意识和身份寻找，以及弑父罪行的暴露，进而将整个故事浓缩为一部简短而紧凑的悲剧。这部悲剧以俄狄浦斯自刺双目而结束。俄狄浦斯接下来的命运，观众只能猜想，但就悲剧的完整性而言，无关紧要。（这种开放式的结尾正是索福克勒斯创作另一部悲剧的契机）于是有了另一部悲剧的诞生。《俄狄浦斯在科洛诺斯》讲述了俄狄浦斯双目失明之后的流放生活以及他生命终结的故事。如果我们把前后两部悲剧中的主人公放在一起，感觉并不违和，但也并非必须如此。索福克勒斯将俄狄浦斯之死的故事浓缩为一个独立的

① frs.** 185—190 拉特；劳埃德 - 琼斯（Lloyd-Jones）翻译，1996：72—77。

单元和文本，在很大程度上是想与其他剧本中的俄狄浦斯区别开来。在其另一部悲剧《安提戈涅》中，对俄狄浦斯儿子之间冲突的处理也体现了他独立的意旨。事实上，自从忒拜史诗流传以来，悲剧家就开始思考和创作俄狄浦斯后代的故事主题。埃斯库罗斯最早将它们间接地搬上戏剧舞台，但他专注于俄狄浦斯其中一个儿子波吕尼刻斯的葬礼，女儿安提戈涅（之后相关悲剧就以她的名字命名）承担了埋葬哥哥这一任务。借鉴这种方式，索福克勒斯将故事的焦点转移到了另一个人物——俄狄浦斯的女儿安提戈涅——身上，重点讲述了她一个人如何勇敢地与摄政王克瑞翁作斗争。在俄狄浦斯家族故事中，安提戈涅一直属于边缘人物，索福克勒斯对她进行重点刻画，可与汤姆·斯托帕（Tom Stoppard）的《罗森格兰兹与吉尔登斯吞已死》（*Rosenkrantz and Guildenstern Are Dead*）遥相呼应。① 在斯托
44 帕的这部戏剧中，莎士比亚的《哈姆莱特》中的两个次要人物成了主角。在索福克勒斯创作《安提戈涅》之前，无论是有关

① “罗森格兰兹和吉尔登斯吞已死”是一部戏仿作品，以莎士比亚《哈姆莱特》中的罗森和吉尔两个边缘人物为中心。罗森和吉尔是《哈姆莱特》中已经注定死亡的人物，但斯托帕在奇思异想中让观众“看着他们死去”，寓意深远。汤姆·斯托帕曾获托尼奖，是荒诞派的代表人物之一，他的作品与塞缪尔·贝克特的《等待戈多》（*En attendant Godot*）和尤涅斯库的《秃头歌女》（*the bald prima donna*）齐名。——译注

忒拜的史诗残篇，还是古风时代留下的抒情诗，几乎没有安提戈涅的信息，但索福克勒斯的悲剧，使安提戈涅成为希腊神话中为数不多的堪与俄狄浦斯相提并论的几个重要人物之一，这在19世纪和20世纪有关希腊神话人物的想象中是非常罕见的。也由此可见，索福克勒斯在俄狄浦斯神话历史上的影响力以及他创作安提戈涅这个人物的特殊意义。

索福克勒斯的《俄狄浦斯王》

毫无疑问，《俄狄浦斯王》是整个“俄狄浦斯神话”作品的代表。本书的第四章、第五章将讨论这部悲剧对于现代艺术和思想产生的深远影响。但是，本书并没有计划以专章讨论这部悲剧作为悲剧的学理解释，也不打算加入关于这部悲剧确切寓意的争论队伍。对此，查尔斯·西格尔（Charles Segal）在其《俄狄浦斯王：英雄主义的悲剧及其知识的局限》（*Oedipus Tyrannus: Tragic Heroism and the Limits of Knowledge*）一书中概述了上述解释和争论。[①] 本章的重点关注是，在属于悲剧家们自己的时代里，这部悲剧与俄狄浦斯神话传统之间的关系，以及索福克勒斯在处理某些主题方面的特点。

一场瘟疫正在降临，这是《俄狄浦斯王》故事的开端。这

① 西格尔（Segal）2001。

样的结构在俄狄浦斯神话传统中首次出现。公元前429年，一场瘟疫降临雅典，且在两年后又卷土重来。索福克勒斯以瘟疫降临忒拜作为开篇，是不是在对雅典曾经真实发生过的那场瘟疫表达纪念？对此，学者们经常争论，并试图通过这种方式确定这部悲剧创作的时间。类似于这种对现实场景的“模仿”，荷马早在《伊利亚特》的第一卷就使用过，单词 *algos*［**阿勒戈斯**］——这位代表痛苦的女神在《伊利亚特》和《奥德赛》以及其他有关俄狄浦斯神话的故事线索中都有所提及。回到索福克勒斯的这部悲剧中，俄狄浦斯说他承担了每个忒拜人各自感受到的所有“痛苦”（62—64）[①] 二者相似之处在于，在《伊利亚特》中，诗人说阿开奥斯人的领袖阿伽门农是导致灾难的祸首；而俄狄浦斯也将被证明是忒拜瘟疫发生的根由。但不同的是，在《伊利亚特》中，阿波罗是给阿开奥斯人带来瘟疫的神明；而在《俄狄浦斯王》中，索福克勒斯既没有给我们指出谁是制造这场瘟疫的神明，也未说明瘟疫在这个特定时间降临的原因。

索福克勒斯的这部悲剧从俄狄浦斯家族三代传说提炼加工而成，因此它放弃了追溯拉伊俄斯之前的家族诅咒。当忒瑞

① “……你们的痛苦远远比不上我的。/ 你们的悲哀只有一份，/ 只为自己，不为别人，/ 而我的悲伤，则同时 / 既为着城邦，又为我和你。”参见索福克勒斯《古希腊悲剧喜剧全集》第2卷，张竹明、王焕生译，译林出版社，2015年，第8页。——译注

西阿斯告诉俄狄浦斯，他父母会因为那个“沉重骇人的诅咒”（terrible-footed curse）将他赶出这片土地时（417—418），他仅仅暗示了一次，但并未直接提到复仇女神厄里倪厄斯。“沉重骇人的诅咒”这个形容词使人想起用以描述厄里倪厄斯的一个复合词——他人的脚（other-*pous*）。在这一点上，俄狄浦斯的名字本身是一个复合词“**脚**”［*-pous*］的意思（肿胀的脚），45
由此可能表明他与那可怕的女神存在一种特殊的亲缘关系。[1]索福克勒斯一直把俄狄浦斯视为诅咒的根源，但现在它也许应当被视为一种法律上的报应。后来，来自德尔斐的神谕说，只有把杀害拉伊俄斯的凶手赶出忒拜，这场瘟疫才会结束。当俄狄浦斯接到这个神谕时，他却颁布了一条惩罚匿名传播神谕者的法令。在剧中，歌队唱道，这是一个可怕的诅咒（295）。但当俄狄浦斯第一次怀疑他可能就是杀死拉伊俄斯的凶手时，发布了同样的命令（744，参见 820）。

瘟疫发生只是一个契机，俄狄浦斯需要咨询德尔斐的神谕，神谕的回应是提醒他召唤忒瑞西阿斯。忒瑞西阿斯原本是神话中一个先知的原型，在希腊城邦家喻户晓。他生活在索福克勒斯时代，是一个可以根据种种迹象对未来进行预测的专家。[2]在

① 埃德蒙兹（Edmunds）1981b。
② 布尔克特（Burkert）1985：111—114。

俄狄浦斯以及他儿女们的神话故事中，忒瑞西阿斯一直扮演着先知的角色。[①] 但在有关拉布达赛德家族的任何神话传说和古代文献中，却从来没有被人提及，难道这仅仅只是偶然？但是，斯忒西克鲁斯却是一个例外，他把忒瑞西阿斯视为“神一样的先知”（the god-like seer，fr.222b.227 Davies）。而索福克勒斯，同样称他为“神一样的先知”（298）。在《俄狄浦斯王》中，忒瑞西阿斯的出现有一个特定的、戏剧性的动机（282—289），但是，他可能不仅仅是索福克勒斯基于剧情的需要，而更可能是对希腊神话传统的一种尊重。

根据现有的古希腊历史的相关记载，俄狄浦斯神话传说应该先于德尔斐神庙出现，所以，那个最早说出俄狄浦斯“弑父娶母”预言的人，一定不是阿波罗，而是忒瑞西阿斯。既然预言使得俄狄浦斯在婴儿时期就承受了命运的诅咒和痛苦，那么这位先知的“贡献”应该在悲剧发生的源头占有一席之地。在这部悲剧中，忒瑞西阿斯最先出场，但并不是因为人们期望他预测未来，而是俄狄浦斯向他咨询一个曾经被他指控犯罪的人的身份。忒瑞西阿斯回应俄狄浦斯的态度有些敷衍，可能是因为心不在焉，另有所顾，俄狄浦斯最终否认了忒瑞西阿斯对那

① Aesch. *Sept*. 24–27；Soph. *Ant*. 988–1090；Eur. *Phoen*. 834–960，1589–1591；*Bacch*. 347 etc.

位犯人提出的指控。然后，先知回到了他惯常预测未来的角色，好像是漫不经心地说出俄狄浦斯的命运，他说："然而，今天将生你，也将毁灭你。正是这好运害了你。"（442）此外，忒瑞西阿斯也说出了俄狄浦斯将会失明，被流放，并可能客死他乡的预言（417—421，454—456）。索福克勒斯通过这种方式让忒瑞西阿斯出场，确定了这个悲剧所预设的故事主线和情节发展，这种安排完全是索福克勒斯的想象和原创，与俄狄浦斯之死以及死后埋葬在忒拜的神话传统截然不同。在俄狄浦斯被放逐这一幕结束后，忒瑞西阿斯就再也没有出现过。在俄狄浦 46
斯询问克瑞翁关于忒瑞西阿斯的问题之后，他再也没被人提及。出于剧情的目的和安排，忒瑞西阿斯已经完成使命，必须离场。

俄狄浦斯为了寻找杀害拉伊俄斯的凶手，不得不召唤忒瑞西阿斯，不过他似乎并不怎么相信这位先知的话，他甚至怀疑先知和克瑞翁相互勾结，密谋夺权。俄狄浦斯认为，克瑞翁企图取代自己成为国王，于是让忒瑞西阿斯指控自己是杀害拉伊俄斯的凶手。俄狄浦斯的怀疑引起了克瑞翁的愤怒，克瑞翁的姐姐伊俄卡斯塔不得不介入和调停他们的猜疑和冲突。为了安慰俄狄浦斯，伊俄卡斯塔首先对先知的预言发表了自己的看法，她说，没有一个人真正拥有预测未来的能力。为了证明自己的观点，伊俄卡斯塔向俄狄浦斯讲述了拉伊俄斯得到的神谕以及后来发生的事情：神谕说，拉伊俄斯将被自己的亲生儿子杀死。拉伊俄斯相信了这个神谕，他的儿子出生三天之内，就被刺穿脚踝，抛弃荒野（707—725，参见 853—856），因此，这个儿子不可能长大成人。阿波罗的仆人——那些传递神谕的男女祭司——都不知道这个真相。可见，先知的预测是错误的，拉伊俄斯实际上是被强盗所杀。以上伊俄卡斯塔的讲述出现在剧情的中间，其中的一个细节引起了俄狄浦斯的注意，并把他的调查引到了一个新的方向。伊俄卡斯塔说，拉伊俄斯是在一条三岔路口被杀害的（716），俄狄浦斯立刻问她这个地方所在的位置及相关细节，因为俄狄浦斯知道自己正是在三岔路口杀死了一个长者，他开始怀疑这个长者就是拉伊俄斯！这里，有人可能会说，索福克勒斯的故事情节又回到了神话传统的线索之中。俄狄浦斯开始向伊俄卡斯塔讲述自己年轻时离开科林斯的故事，先是为了弄清自己的身份去德尔斐咨询神谕，然后为了逃避可怕的神谕而离家出走，直到在伊俄卡斯塔所描述的三岔路口杀死了一个老人和他的所有随从（771—833）。

根据以上情节，这部悲剧在细节上存在三点漏洞。第一，伊俄卡斯塔既然已明确提到了那弃婴的脚踝被刺穿过，那么，无论是俄狄浦斯留下的疤痕——这是伊俄卡斯塔所说的非常重要的线索，还是对他名字——“肿胀的脚”（Swoolen-foot）——

的联想，这些明显的证据都有意无意地被忽略了。当后来人们发现疤痕可以印证俄狄浦斯的身份时，真相已经揭晓（1031—1036）。索福克勒斯千方百计用其他方面的证据绕过疤痕和名字的联系，也许是有意延长真相发现的过程，为了让所有剧情的安排都服务于拉伊俄斯谋杀案件的重构。第二，俄狄浦斯向神谕咨询自己的身世，但神谕却只告诉他说他将要杀害自己的父亲（787—993，994—996），没有直接回答俄狄浦斯的身世，似乎是故意不让他知道自己的父母是谁。在俄狄浦斯看来，他 47
的父母可能就是科林斯的波吕巴斯和梅洛普（Merope）。俄狄浦斯直接得到的这个神谕最早来自索福克勒斯的悲剧，索福克勒斯就是这个神谕的“创造者”。后来，俄狄浦斯同时发现了自己的身份和罪行，这不仅意味着他必须承认自己的罪行，也使他意识到，自己试图反抗神谕的努力已宣告失败。俄狄浦斯的自我发现不仅包含了一种自我意识的觉醒，而且也是一种心理负罪。对于这种负罪，在欧里庇得斯或安提马科斯的笔下，俄狄浦斯无须承受，因为他们故事里的俄狄浦斯并没有得到这个神谕。[1]（1328—1330）“这一切都是因为阿波罗”，这句话意味着人们对神谕的真理性毋庸置疑，不能背叛。第三，当俄狄浦斯开始怀疑自己是杀害拉伊俄斯的凶手时，他唯一的脱罪希望是那个幸存的目击证人——拉伊俄斯的随从。根据伊俄卡斯塔的回忆，随从说他们遭遇了一伙强盗的侵犯（715—716，842—843）。如果真的是一伙强盗（这里使用了复数，意味着不止一个），那么，单独行动的俄狄浦斯杀死的就不应是拉伊俄斯。

在俄狄浦斯发现自己身份并以此确认自己罪行的过程中，最为关键的是那个唯一幸存的随从或牧羊人，人们期望他可以证实或否认俄狄浦斯谋杀了拉伊俄斯。为了配合这个角色，这位幸存者只能有一段零碎的、不按时间线发展的历史。他出生于拉伊俄斯家族，因此是一个家奴，但他一生的大部分时间在西塞隆山（Mt. Cithaeron）和周围地区放羊（1123—1128）。然而，在俄狄浦斯去德尔斐咨询神谕的路上，这位家奴又成了拉伊俄斯的随从，这似乎意味着他暂时不再是一个牧羊人（752—

① 在索福克勒斯的这部悲剧中，“歌队问道：你这做了可怕事情的人啊，怎么这样忍心弄瞎了自己的眼睛？是哪一位神怂恿你的？俄狄浦斯回答说：是阿波罗，朋友们，是阿波罗成全了我的这些灾难，我的这些痛苦、痛苦的灾难啊”。参见索福克勒斯《古希腊悲剧喜剧全集》第2卷，张竹明、王焕生译，译林出版社，2015年，第98页。——译注

756，800—813）。虽然俄狄浦斯认为他在十字路口杀死了所有的人（813），但这位随从不知怎么脱逃了，而且还把拉伊俄斯的死讯带回了忒拜。后来，这位随从一直待在忒拜城里，直到俄狄浦斯的到来。俄狄浦斯杀死了斯芬克斯，当上了忒拜国王之后，这位目击者请求伊俄卡斯塔把他送回乡下，继续他从前的牧羊人工作，伊卡斯塔同意了（758—763）。现在，这位牧羊人必须从乡下被传唤回来，作为谋杀拉伊俄斯一事的目击证人（765—766）。就在他到达忒拜之前，科林斯国的一个信使送来了国王波吕巴斯死亡的消息。

科林斯的信使是另一个在结局中起关键作用的角色，索福克勒斯也给了他一段故事。信使来到忒拜，报告俄狄浦斯的父
亲波吕巴斯已经死亡。此时，俄狄浦斯仍然相信波吕巴斯是他 48
的父亲，这意味着神谕的一半是错误的。但他仍然害怕另一半，也就是与母亲乱伦的事，信使试图安慰他，并告诉俄狄浦斯，他实际上并不是波吕巴斯和梅洛普的儿子，而是由这位信使本人亲自带回科林斯王国的一个弃婴。那时，这位信使也是基泰戎山上的一个牧羊人，他从一个忒拜的牧羊人手里得到一个婴儿，这个婴儿正是俄狄浦斯（1026—1044，1133—1157）。忒拜的牧羊人，因涉及谋杀拉伊俄斯的案情，已经被俄狄浦斯召回。当科林斯的牧羊人来到忒拜，彻底揭开了俄狄浦斯身份的真相，

原来他就是自己亲生父母丢弃的那个婴儿。俄狄浦斯生下来的第三天，伊俄卡斯塔把他交给忒拜牧羊人，并命令杀死他，忒拜牧羊人出于怜悯，饶了这个婴儿，把他交给了科林斯的牧羊人（1161—1181）。

忒拜牧羊人和科林斯信使在同一时间到达俄狄浦斯的宫殿，这一巧合促成了真相的发现。但有趣的是，巧合之中还有两个巧合。巧合之一，在十字路口发生争吵斗殴的唯一幸存者，碰巧就是接受伊俄卡斯塔的命令去抛弃俄狄浦斯的牧羊人；巧合之二，科林斯的信使恰好又是那个忒拜牧羊人托付收养俄狄浦斯的那个牧羊人。牧羊人的双重身份令人难以置信，这种幼稚的智商与顽固的坚持判然有别，但最终是为了让俄狄浦斯做出正确的结论，至于是真实还是偶然等其他诸如此类问题，则留给文艺批评家们去分析和争论。索福克勒斯在这部悲剧中刻意延长和丰富了真相的发现过程，而不是像《奥德赛》中那样直截了当地说，“众神立刻让人们知道了真相”（参见 14 页）。或者，如在欧里庇得斯和安提马科斯的作品里，俄狄浦斯至少更早地知道了波吕巴斯不是他的亲生父亲。关于故事中的“发现”，用亚里士多德的话说，“我所说的发现就是‘识别’，可以被定义为‘对于善意或敌意从无知到知的转变’”[①]。亚里士多德高度评价了索福克勒斯对这个情节的处理，这一评价对文艺复兴时期人们接受和认同这部悲剧产生了巨大影响。本书第四章将讨论这一话题。

索福克勒斯的悲剧明确捍卫了神谕的真理性，而这些神谕正是拉伊俄斯、伊俄卡斯塔和俄狄浦斯试图否认和抗拒的。在剧情发展的过程中，伊俄卡斯塔和俄狄浦斯曾对神谕表现出一种轻蔑的态度。索福克勒斯同时代的希腊人对于德尔斐神殿和神谕并不陌生，他们非常认同神谕通过阿波罗、女祭司和神殿侍从等向拉伊俄斯和俄狄浦斯传达他们的 *moira*［**命运**］（376—377，713）。[②]公元前 405 年，阿里斯托芬（Aristophanes）在 49
他的喜剧《蛙》（*Frogs*）里，对俄狄浦斯的命运安排了一场讽谕式的争辩，争辩的结论是，俄狄浦斯是“天生的一个悲剧，因为在他出生之前，阿波罗就预言他将杀死他的父亲……”

---

① “发现，如该词本身所示，指从不知到知到转变，即使置身于顺达之境或败逆之境的人物认识到对方原来是自己的亲人或仇敌。”引自（古希腊）亚里士多德《诗学》，陈中梅译注，商务印书馆，1996 年，第 89 页。——译注

② 俄狄浦斯出现在西塞罗的《论命运》（*De Fato*/*On Fate*，公元前 44 年）一书中，作为斯多葛学派哲学家克里希波斯（Chrysippus）用作命运的例子之一（约前 280—前 207，30，33）；克吕希波斯与那个被拉伊俄斯强奸的男孩同名（参考第 16 页）。

（1183—1185）。[①]这种命运具有压倒一切的趋势，它凌驾于任何人和神的意志之上。在这个意义上，索福克勒斯的悲剧常常被认为展现了一种命运的力量。同样，俄狄浦斯的民间故事也被归类为“命运的传说”[②]。就连弗洛伊德在分析《俄狄浦斯王》时也如是说：

> 他的命运使我们感动，只是因为它可能也是我们的——因为在我们出生之前，神谕也给我们施加了与他一样的诅咒。也许，这是我们所有人的命运，把我们的第一次性冲动导向我们的母亲，把我们的第一次仇恨和第一次杀人冲动导向我们的父亲。[③]

如果仅仅把命运看成是俄狄浦斯神话与索福克勒斯悲剧所蕴含的观念和全部意义，那么这种认识和理解可能过于简化和肤浅。阿波罗不是毁灭俄狄浦斯的使者，而是他的先知。在德尔斐神谕的神学谱系中，只有宙斯知道什么是命中注定（151）。

---

①阿里斯托芬，《古希腊悲剧喜剧全集》第7卷之《蛙》，张竹明、吴焕生译，译林出版社，2015年，第118页。——译注

②阿尔奈和汤普森1981：325。

③《梦的解析》（*The Interpretation of Dreams*，1900）= SE 4: 262。参考《精神分析导论》（*Introductory Lectures on Psychoanalysis*，1915—1916）= SE 15：208。

宙斯将命运的信息传递给阿波罗，阿波罗又通过他在德尔斐的
女祭司传话。索福克勒斯虽然在悲剧主题中表达了拉布达赛德
家族承受命运的真理性，但纵观舞台上所发生的一切，几乎没
有任何事情完全是由命运一手造成的。俄狄浦斯一意孤行，独
自寻找凶手，自命不凡地以他作为人的智商和能力来对抗忒瑞
西阿斯作为先知的预言。尽管一开始，他怀疑这是克瑞翁篡权
的诡计并被自己的怀疑所误导，但这一怀疑恰恰体现了他的骄
傲和自负。俄狄浦斯的这种性格特点，是他与生俱来的一部分。
我们在戏剧开始时已经看到，当克瑞翁给他带回神谕时，俄狄
浦斯惶恐而又不以为然的反应，充分体现了他心理上的狂妄、
傲慢和患得患失。荷尔德林（Hölderlin）（更多的内容参见第五章）
说，俄狄浦斯对杀父凶手这项调查的投入，远远超出了那个关
于瘟疫的神谕所指示的政治责任（事实上，在悲剧的过程中，
瘟疫被完全遗忘了）。随后，俄狄浦斯对忒瑞西阿斯和克瑞翁
勃然大怒，也暴露了他作为一位君王的唯我独尊和喜怒无常，
如果我们结合他在十字路口的争吵中杀死拉伊俄斯和随行四人
的残暴行为，也不妨把他看成是那一类可能犯下滔天罪行的独
裁者，而这，恰恰隐含了另一种意义上的命中注定。俄狄浦斯 50
或可被视为典型的暴君，他的故事不过是上演了一出暴君的兴
衰史。类似的描述出现在索福克勒斯同时代人希罗多德的《历史》

中。[①]后来，的确有人将索福克勒斯的《俄狄浦斯王》命名为《暴虐的俄狄浦斯》（*Oedipus Tyrannus*），即使是为了区分它与《俄狄浦斯在科洛诺斯》，这个标题看起来也似乎更符合剧情。基于以上分析，俄狄浦斯看起来并不是一个贤德的君王，即使没有犯罪，他也应该垮台。

现在我们回到有关忒拜牧羊人与科林斯信使的多重巧合问题。我们不能把它们看作是命运的捉弄，而是作为一部悲剧作品被安排的戏剧要素，这种要素以特定的方式同步产生了剧情的发现和反转，而这正是亚里士多德在其《诗学》中所高度评价和欣赏的戏剧结构。尽管索福克勒斯同时代的观众都知道俄狄浦斯将会发现什么，而且也知道这些“发现”意味着他王权的终结，但他们不知道俄狄浦斯将如何完成这个“发现之旅”。就像观赏其他悲剧家的作品一样，观众在剧院里既是为了体验俄狄浦斯悲惨的命运，也是为了欣赏索福克勒斯独特的艺术创作。

索福克勒斯的《俄狄浦斯在科洛诺斯》

在民间故事和神话传说中，预言总会应验，而预言之所以应验，是因为人们知道故事的结局。[②]从这个角度来看，俄狄浦

① 埃德蒙兹 2002。

② 普罗普［1944］1983：83。

斯的“命运”是一种推论的必然结果，这种必然性存在于故事中一系列事件的相互串联和并置，是一种导向特定结论的必然的叙事进程。索福克勒斯的《俄狄浦斯在科洛诺斯》完美诠释了预言与故事情节的关系。这场悲剧将年迈的俄狄浦斯——一个从忒拜流放多年的盲人乞丐——带到雅典附近的一个村庄。起初，俄狄浦斯不知道自己身在何处，当他发现自己正坐在复仇女神欧墨尼得斯（Eumenides）的小树林里时，他突然开始祈祷：

> 面带死亡的女神们，从现在开始，我坐在你们的位置上
> 我在这片土地上屈膝，
> 请不要对我和菲比斯（Phoebus）［阿波罗］无礼，
> 当他预言了我的许多灾难之后，
> 也说到了我最终的安息之地，
> 当我来到最后一个地方， 51
> 我会得到一个死亡女神的座位和一个陌生人的居所……
>
> （84—90）

原来，当俄狄浦斯收到关于弑父和乱伦的神谕时，阿波罗还附加了一个预言。这个预言说俄狄浦斯将在忒拜以外的某个地方结束他的一生，这个地方就是欧墨尼得斯的神圣的小树林，

欧墨尼得斯虽然也是复仇女神，但她们代表了厄里倪厄斯积极和光明的一面。[1]据说，先知忒瑞西阿斯在《俄狄浦斯王》中“与阿波罗一样”（284—285），也知道俄狄浦斯最后将离开忒拜，但他不知道——或者至少没有说——俄狄浦斯将在科洛诺斯的一个小树林里结束生命。俄狄浦斯在向女神祈祷时说的预言在《俄狄浦斯王》中并不存在，在其他史诗、传说中似乎也没有明确出现过，这很可能是索福克勒斯的虚构。这种虚构属于戏剧作品中合乎逻辑的推理方法，即根据结果的需要发明一个预言。

索福克勒斯把俄狄浦斯的死亡安排在科洛诺斯，是完全虚构还是传说的变体？这里再一次出现了关于诗人是否享有神话创新的自由问题，对此，我们在前面讲到欧里庇得斯的创作时已经讨论过了。如前一章所述，俄狄浦斯被埋葬在忒拜城外某处的看法已经得到了各种文献的证实。然而，不同于他埋葬在忒拜城之外的记载，关于他死于忒拜城之外的说法，目前只在索福克勒斯的这部悲剧和阿提卡的地方历史学家安德罗提翁的作品中才有所提及。如果这位历史学家的记录来自索福克勒斯，那么索福克勒斯仍然是俄狄浦斯死于科洛诺斯的唯一“见证人”，索福克勒斯看起来就更像是一位发明家。但是，如果安德罗提翁的记录与索福克勒斯毫不相干，那么就可以认为索福克勒斯

① 埃德蒙兹 1996：138—142。目前讨论的部分内容根据这些文稿改编。

并没有创造新的神话，而是在一个已经存在的神话传说的基础上进行了适当加工，就像我们前面讨论的欧里庇得斯的创作问题。安德罗提翁的记录如下：

> 后来，伊俄卡斯塔意识到自己嫁给了儿子，就上吊自杀了。俄狄浦斯被克瑞翁流放，他来到阿提卡，居住在一个被称为骑士山（Hill of the Horseman，即科洛诺斯地区）的地方。他向女神德墨忒耳和雅典娜/普里奥克斯（Poliouchos）祈求圣地的庇护。当他被克瑞翁强行带走时，雅典国王忒修斯成为他的保护者。俄狄浦斯临死前，要求忒修斯不要把他的坟墓告诉任何一个忒拜人，因为克瑞翁要虐待他，甚至，连他的尸体也不会放过。[1]

安德罗提翁的这段记录与索福克勒斯悲剧故事的差异，远远超出了人们对《俄狄浦斯在科洛诺斯》的想象或误解。首先，
安德罗提翁完全没有提到索福克勒斯悲剧中的两个角色——伊 52
斯墨涅和安提戈涅，而只是提到了俄狄浦斯可能被克瑞翁带走或被虐待的情形，这一点与索福克勒斯的剧情很不一样。其次，克瑞翁带走俄狄浦斯的动机不同。安德罗提翁认为克瑞翁是要虐待他，但在索福克勒斯笔下，克瑞翁是为了战争的需要，打

① *FGrH* 324 F 62.

算把他埋葬在忒拜附近，从而成为某种象征。此外，根据安德罗提翁的记述，俄狄浦斯在科洛诺斯的乞援对象不是欧墨尼得斯，而是德墨忒耳和雅典娜/普里奥克斯。[①]最后，安德罗提翁认为，临死前，俄狄浦斯已经在科洛诺斯居住了相当长一段时间，而索福克勒斯让他恰好在到达科洛诺斯的那一天死去。因此，关于俄狄浦斯生命结束的情形，安德罗提翁的叙述看起来更符合阿提卡地区的神话传说，他的结论不同于索福克勒斯的悲剧创作。不过，任何神话传说总是存在不同的版本。人们普遍认为，索福克勒斯关于俄狄浦斯死亡地点的说法也是有根据的，只是他为了自己的创作目的改变了传统的叙述方式。

将欧墨尼得斯的小树林作为俄狄浦斯死亡和埋葬的具体地点，这在俄狄浦斯神话和宗教传统中并非偶然。索福克勒斯在很大程度上认为科洛诺斯的欧墨尼得斯就是厄里倪厄斯，他之所以没有直接称欧墨尼得斯为厄里倪厄斯，是因为在科洛诺斯地区，厄里倪厄斯的名字不在祭拜之列。事实上，有关厄里倪厄斯的祭拜早已模糊不清，就像俄狄浦斯的坟墓，就算真的是安葬在科洛诺斯，时间久远，沧海桑田，也是无迹可寻。厄里倪厄斯的名字在这部悲剧中第一次出现在第1299行，当波吕尼刻斯被弟弟赶出忒拜城时，波吕尼刻斯却因此责怪他的父亲。

① 参见埃德蒙兹 1981b：224 n. 12。

他说，你的厄里倪斯（单数）就是祸根。然后，他又说“感谢这位父亲和他的厄里倪厄斯”（1434），波吕尼刻斯说他必须回到阿耳戈斯的军队中去，等待攻打忒拜，但这条复仇之路注定不平坦。波吕尼刻斯两次提到了厄里倪斯或厄里倪厄斯，但提及的情形有所不同。第一次是因为兄弟之间反目成仇，第二次是对他的未来感到绝望，虽然他已经在阿耳戈斯集结了攻打忒拜的军队，但对未来并没有信心。波吕尼刻斯甚至确信，失败是唯一的命运。俄狄浦斯不仅拒绝支持任何一方——因为先知预言说胜利属于俄狄浦斯支持的那一方（1332—1333），还诅咒了他的两个儿子相互残杀（1372—1376，1383—1396）。因此，当波吕尼刻斯第二次提到俄狄浦斯的厄里倪厄斯时，他已经听到了父亲对他们的诅咒。

诅咒的原因与诗史《忒拜战纪》中的记述也不完全一样。在《忒拜战纪》中，这个诅咒的原因是多样的，既有波吕尼刻斯把拉伊俄斯的物品放在俄狄浦斯的身边，有意无意地引起他痛苦的回忆；也有儿子们在祭祀之后送给他一块令人无法容忍的祭肉（祭祀之后分配的动物臀肉）。而在《俄狄浦斯在科洛诺斯》中，儿子们的错误在于对俄狄浦斯没有尽到赡养义务，甚至拒绝给他提供基本的食物，最后让他成为一个流浪的乞丐。
他的女儿们不得不承担起儿子们应该扮演的角色（俄狄浦斯的 53

供养问题是该剧的一个主题）。俄狄浦斯对儿子们的恨与他对女儿们的爱形成了强烈而鲜明的对比。虽然，儿子和女儿角色的反转导致了俄狄浦斯情感上的反转，但或许是过于期望自己的血脉延续，他仍然更关心他儿子们的命运。

由于俄狄浦斯的愤怒和诅咒，尽管以家族为背景，但仍然体现了更广阔而深远的意义，[①]所以他所发出的诅咒是“神圣的声音”（550，1351；参见 1428）。事实上，所有研究者认为，诅咒的效力并非来自某种人类的能力，而是来自一种全新的力量，即俄狄浦斯作为欧墨尼得斯的伙伴被人类共同祭拜之后所产生的一种人格化的诅咒（关于诅咒的搭配、滋养及厄里倪斯，参见 Aesch. *Sept* 785ff.）。诅咒是一件预期或提前描述的事情，但在舞台上，俄狄浦斯已经是一个在他死后将被祭拜的英雄。[②]然而，当他和女儿们告别时，那一刻他又变成了人类。弗拉基米尔·普罗普（Vladimir Propp）是苏联民俗学家，叙事学的代表人物，他的《从民间传说看俄狄浦斯》（“Oedipus in the Light of Folklore”）是 20 世纪研究俄狄浦斯最基础性的成果之一，他在书中写道：“俄狄浦斯与女儿们分别的场景是所有悲剧中最令人感动的一幕。那一刻，俄狄浦斯变成了真正的人类，

① 参见戴利（Daly）1990：138 及 n. 43 关于动词 *mēniō*。

② 这段到这一点和上一段改编自埃德蒙兹 1996：128—130。

人类从此进入了欧洲历史。”[①]

索福克勒斯的《安提戈涅》

公元前401年，《俄狄浦斯在科洛诺斯》在雅典公开上演。这是索福克勒斯有关忒拜悲剧中的最后一部，也是唯一有年代可考的一部。这部悲剧演出时，很多人都已经看过他的《安提戈涅》。因此，在《俄狄浦斯在科洛诺斯》的结尾处，索福克勒斯间接提到了早年的《安提戈涅》，其中写道，争夺王位失败后，波吕尼刻斯打算回到阿耳戈斯去集结军队攻打忒拜。同时，波吕尼刻斯还向他的姐妹请求，如果父亲的诅咒应验了，希望他的姐妹能够为他举行体面的葬礼，这样，她们将再一次拥有自己的美名（1405—1410）。后来，只有安提戈涅独自一人埋葬了波吕尼刻斯，她违背了克瑞翁禁止在忒拜埋葬她哥哥的法令，因此付出了自己的生命。

关于俄狄浦斯女儿们的故事传说差别很大。在《安提戈 54
涅》中，为了突出安提戈涅的悲剧性，索福克勒斯没有安排妹妹伊斯墨涅参与埋葬哥哥的行动。但在其他悲剧作家的剧本里，波吕尼刻斯的两个妹妹都参加了葬礼。这个版本来自希俄斯（Chios）的伊翁（Ion），他是索福克勒斯的同时代人，在他遗

① 普罗普（1944）1983：118。参考埃德蒙兹1985：38—40。

失的酒神颂歌中，厄忒俄克勒斯的儿子劳达马斯（Laodamas）活活烧死了他的姑姑安提戈涅和伊斯墨涅，理由大概是因为他痛恨她们忠诚于他的叔叔波吕尼刻斯（fr.740 *PMG*）。在欧里庇得斯《安提戈涅》的残篇中，女主角继续活着而且还与克瑞翁的儿子海蒙秘密生养了一个孩子。此外，对于伊斯墨涅还有一种说法，根据公元前 7 世纪古希腊著名的哀歌诗人弥涅墨斯（Mimnermus）的文献记载，杀死伊斯墨涅的是提丢斯（Tydeus），这个说法被后来的瓶画所证实（fr.21W²）。[①] 但是，有关俄狄浦斯孩子们的说法，弥涅墨斯是否一定早于索福克勒斯，仍然不足以准确判断。这里通常又涉及悲剧家们如何看待尊重传统与如何创新的关系问题。

然而，在对待神话传统的根本问题上，索福克勒斯仍然是保守的。他在《安提戈涅》中仍然维持了家族的"多代神话"与悲剧"世代相传"这两个经典主题。无论是索福克勒斯笔下的安提戈涅，还是舞台上的合唱歌队，无不感受到一种笼罩在整个拉布达赛德家族的悲剧氛围。这一点直接反映在克瑞翁逮捕安提戈涅和伊斯墨涅的场景中，此刻歌队唱道："我看到拉布达赛德家族的痛苦层层叠叠，从古至今，它们堆积在死亡之

① 关于这一点，是"希腊神话中更令人困惑的情景之一"，参见甘茨（Gantz）1993：512—514。

上。”他们谈到了这个家庭的痛苦循环，无法解脱，“因为某些神降临在了他们身上”（591—594）。当看到安提戈涅就要被带往地下墓穴，在那里她将被活埋时，人们明白她是在为她父亲的罪恶付出代价。她说，她的父亲和拉布达赛德家族的命运是她最在意和最痛苦的地方（856—862）。索福克勒斯的保守立场也反映在他与史诗传统的一致性方面，如果我们根据安提戈涅与伊斯墨涅的对话进行推测，俄狄浦斯死后也可能被埋葬在了忒拜（49—52）。

但另一方面，索福克勒斯显然又是创新和不拘一格的。他在《安提戈涅》中设定了一个女主角，她的妹妹和哥哥是拉布达赛德家族的最后一代，歌队唱道：那姐妹俩是这个家族的最后一线希望，却又将神祇的镰刀割断了（597—600）。安提戈涅曾经提到过哥哥波吕尼刻斯的婚姻，但没有提到他的儿子（869—871）。

公元前 4 世纪的俄狄浦斯及其后来的命运 55

自公元前 4 世纪到公元前 3 世纪，俄狄浦斯神话继续在悲剧舞台上演。梅利忒斯（Meletus）——这位苏格拉底的控告者，大约在公元前 399 年——也就是苏格拉底被判处死刑的那一年——带来了一部史诗《俄狄波底亚》。狄奥迪克底斯的斯芬克斯之谜在前一章已提到。公元前341年，埃斯提达玛斯（Astydamas）创作了一部新的《安提戈涅》，其他一些悲剧家所创作的俄狄浦斯也已经得到证实。不过，名气最大的还是犬儒学派（Cyni）的第欧根尼（Diogenes），他创作的俄狄浦斯与他的生活方式一样惊世骇俗。他认为俄狄浦斯和伊俄卡斯塔的婚姻没有任何道德瑕疵，这个非道德主义的俄狄浦斯一直是人们争论的话题。除了上述新创作的剧本，既有的忒拜悲剧仍然继续上演，而索福克勒斯的《安提戈涅》比他的《俄狄浦斯》更受雅典观众的喜爱。

在古希腊文学史上，悲剧是俄狄浦斯神话的最后时刻，这一古典时期通常结束于公元前323年。此后，在希腊化时期，无论是那些伟大的诗人，还是那些一般的文艺创作者，几乎不再用俄狄浦斯来表达他们创作的主题。有关忒拜的神话，民间只流传一些相关的格言警句，俄狄浦斯和他的孩子们成为人们生活中随手引用的对象。在这些简短的格言、警句或叙述中，最长的一篇也只有八行文字，它出自菲利普（Philip）之手，只是简要追溯了忒拜王国的兴衰，称它为“永远可怜的城市”（city always pitiable，*Anth. Pal*. 9.253.7），这种对忒拜神话的整体性评价，早在欧里庇得斯的《腓尼基女人》的合唱歌词中看到。

在这个王国的悲惨历史中，俄狄浦斯的故事只是众多事件之一。再后来，这个神话开始丧失它悲剧的严肃性，甚至被人戏谑恶搞。公元前 1 世纪，一个叫尼卡尔库斯（Nicarchus）的人写了一个警句，他说，斯芬克斯之谜的答案是：一个被动的同性恋者。[1]

小结

公元前 5 世纪到公元前 4 世纪期间，悲剧成为传播俄狄浦斯神话的新媒介。几位不太出名的悲剧诗人和三位重要的悲剧家——埃斯库罗斯、索福克勒斯和欧里庇得斯——先后创作了拉布达赛德家族的系列神话。埃斯库罗斯的创作时间最早，也最为接近古代史诗传统的内容。在他的三部曲里，他首先把三代之中的每一代放在每一个独立的作品中，让复仇女神厄里倪厄斯推动情节的发展。欧里庇德斯的忒拜悲剧在神话主题的构成上表现出多样性的特点，并给我们提出了神话传统的主题创新问题。然而，那些主题真的是欧里庇得斯的创造发明吗？这
个问题也许永远无解。索福克勒斯的三部悲剧有时也提出了同 56
样的问题。但无论答案是什么，这个问题都应该在两个方面加以区分，一是完全虚构；二是在传统文献的基础上有所创造和

① 帕森斯（Parsons）1999；卡茨的书即将出版。

变化。在戏剧艺术上，悲剧家们的倾向总是一致的，他们都喜欢聚焦于个人之间的冲突，如俄狄浦斯与忒瑞西阿斯、克瑞翁与俄狄浦斯、俄狄浦斯和他的儿子们、安提戈涅与克瑞翁、波吕尼刻斯和厄忒俄克勒斯。比较而言，索福克勒斯的作品对现代观众具有更大的吸引力，大概是因为他能够把故事情节集中安排在某个关键时刻，即主角必须知道那一刻要做什么，然后去做。例如，当俄狄浦斯听到杀害拉伊俄斯凶手的神谕、安提戈涅面对克瑞翁的法令、俄狄浦斯得知自己的死期即将来临，等等。然而遗憾的是，这些伟大的艺术成就延续的历史并不长久，它们在后来的希腊文学中几乎销声匿迹，但在其短暂消失之后，却又成了拉丁文学世界里绵延数个世纪的宝贵财富。

三、罗马与中世纪：拉丁语时代的俄狄浦斯

随着罗马时代的到来，拉布达赛德家族的神话在文学作 57
品中被赋予了两种崭新的意义。首先是古希腊文学第一次成为罗马人的经典文本。受过教育的罗马人不仅会说希腊语，而且还可以阅读古希腊的文学作品，包括忒拜史诗和诗人的悲剧作品在内。例如，在西塞罗的一篇哲学对话中，他的兄弟昆图斯（Quintus）明确谈到了他特别欣赏《俄狄浦斯在科洛诺斯》中的开篇演讲。[①] 其次，罗马人直接模仿希腊的戏剧形式，创造了新的忒拜史诗。因此，人们对“罗马的俄狄浦斯”的研究倾注了特殊的意义，其目的在于探寻拉丁文本与古希腊悲剧之间的关系，有时也涉及拉丁语的前世今生。公元前四五世纪，在悲剧舞台之外，俄狄浦斯神话还有大量的口述传统，很多西西里人和斯巴达人都相信他们是俄狄浦斯的后裔，他们通常会用口

① 参见西塞罗《论道德的目的》（*De Finibus/On Moral Ends*），5.3，这部作品创作于公元前45年，但他把对话的背景放在了公元前79年的雅典。

述诗歌的方式说起他们遥远的祖先。但到罗马时代，这种传统已经消失，另一种记录口述诗歌变体的传统开始形成。

58

作者	作品形式	题目 fr：幸存残篇 ti：幸存标题	时间 （世纪）
阿基乌斯	悲剧	无标题引用	公元前 2
米兰的安波罗修斯	赞美诗	以第一行诗句命名的独立赞美诗	公元 4
佚名	挽歌	《俄狄浦斯悲歌》	公元 12
佚名	神话 “俄狄浦斯的故事”	?	?
薄伽丘	神话	《论名人的不幸》 《论著名的女人》 《异教神谱》	公元 14
西塞罗	哲学对话	《道德的目的》 《命运》	公元 1
普瓦捷的希拉里	赞美诗	以第一行诗句命名的独立赞美诗	公元 4
许吉努斯	神话	《传说集》	公元 1
尤利乌斯·凯撒	悲剧	《俄狄浦斯》	公元前 1
卢克莱修斯	评论	关于斯塔提乌斯“忒拜战纪”的评论	公元 5
普拉西德	诗史	《忒拜战纪》	公元前 1

（续表）

作者	作品形式	题目 fr：幸存残篇 ti：幸存标题	时间 （世纪）	
奥维德	诗史	《变形记》	公元 1	
普劳图斯	喜剧	《布匿人》	公元前 2	
庞狄科斯	诗史	《忒拜战纪》	公元前 1	
普洛佩提乌斯	挽歌	无标题诗歌	公元前 1	
“梵蒂冈第二神话作家”	神话	无标题	?	59
塞涅卡	悲剧	《俄狄浦斯》 《腓尼基妇女》	公元 1	
斯塔提乌斯	诗史	《忒拜战纪》	公元 1	
特伦斯	喜剧	《安德利亚》	公元前 2	
德尔图良	基督教论战	《谢罪》	公元 2 世纪末	

图 5：罗马和中世纪的俄狄浦斯神话（Roman and medieval sources for the Oedipus myth）

耐人寻味的是，最先让罗马人了解到俄狄浦斯神话的居然是一出喜剧。公元前 2 世纪上半叶，特伦斯（Terence）的喜剧中有这样一句台词，一个奴隶在反驳他主人的批评时说：**“我是达乌斯，不是俄狄浦斯”**（*Davus sum*，*non Oedipus*）。这里提到的俄狄浦斯指的就是那个斯芬克斯的解谜人（《安德里亚》［*Andria*］，194）。后来，这句台词作为俚语流传开来。另一位喜剧诗人普劳图斯（Plautus）也提到了古希腊的**“皮奥夏人之谜”**［*enigmi beoti*］（Boeotian riddles，《布匿人》［*Poenulus*］，443），皮奥夏人发明的谜语与斯芬克斯之谜的难度差不多（皮奥夏是忒拜所在的希腊地区）。这些对谜题片段通俗的使用意味着俄狄浦斯神话的确广为人知。在公元 2 世纪后期，忒拜神话开始进入罗马社会更大规模的戏剧舞台。在阿基乌斯（Accius）现存的 40 多个书目中，有 7 个与忒拜主题相关，尽管其中没有一个是直接以俄狄浦斯的名字命名的。通常认为，忒拜神话中最重要的人物是俄狄浦斯，阿基乌斯的故意忽视值得我们思考，但他本人没有给出明确的理由。另外，忒拜神话在拉丁时期有一个特别奇怪的现象，那就是它倾向于重返希腊古风时期的“三代”叙事模式，俄狄浦斯不过是其中的众多角色之一。

第一个创作俄狄浦斯悲剧的罗马人是尤利乌斯·凯撒（Julius Caesar，前 100—前 44）。这是他年轻时的作品，但不知何故，后来这部作品被收录在奥古斯都（Augustus）的名下，并禁止出版。这部作品可能只在凯撒大帝的小众朋友圈内流传，其他人应该没有机会读到它，因为它仅仅在苏埃托尼乌斯（Suetonius）的《凯撒》（*Divus/ Julius* 56.7）传记中被提到过。大约在凯撒写这部悲剧的时候，学者瓦尔罗（Varro）出版了一本《梅尼帕讽刺诗集》（*Menippaean Satires*，前 81—前 67），其中有一首名叫《奥狄波迪厄斯忒斯》（“Oedipothyestes”），遗憾的是这首诗只幸存了一句，这一句讲述了迪厄斯忒斯（Thyestes）同类相食(cannibalism)的罪行,并把它与俄狄浦斯的“弑父和乱伦”相提并论。瓦尔罗用这种方式表达这个神话主题也许是为了讽刺犬儒学派哲学家第欧根尼的生活方式。不过，第欧根尼不屑与他计较，他分别创作了《迪厄斯忒斯》（*Thyestes*）和《俄狄浦斯》（参见 55 页）。[1]

在瓦尔罗与塞涅卡（公元 1 世纪）的作品问世期间，有关拉布达赛德家族的神话故事并不多见。在奥古斯都执政早期，大约公元前 26 年以前，普罗佩提乌斯（Propertius）创作了一首诗，其中描述了伊俄卡斯塔在两个儿子之间进行斡旋的情景（2.9.49）。这似乎又让我们回到了上一章里所提到的希腊古风时期的经典画面，说明这些前悲剧时代的作品仍在影响着罗马人。普罗佩提乌斯还为一个名叫“林叩斯”（Lynceus）的人写了一首诗（2.34.33—46），诗句里提到了安提马科斯（参见第二章图 4），这又一次提醒人们，古希腊的俄狄浦斯仍然拥有罗马读者。“林叩斯”显然是一个昵称，他也是一位诗人，创作了《忒

① Fr. 347，以上内容参见 Cèbe 1990。

60 拜战纪》。另外，一位叫庞狄科斯（Ponticus）的主教也写过一部《忒拜战纪》，而奥维德的《变形记》（*Metamorphoses*）第三卷专门讲述了忒拜神话在前拉布达赛德时期的故事，这些故事中的人物有卡德摩斯、阿克特翁（Actaeon）、塞墨勒（Semele）、忒瑞西阿斯、巴克斯（Bacchus）和彭透斯（Pentheus）。尽管庞狄科斯没有专门提及俄狄浦斯的神话，但他为忒拜创造了“俄狄浦斯的”（Oedipodionian /of Oedipus）这个巨大的文化符号，对于他和他的读者来说，忒拜这座城市几乎已经成为俄狄浦斯的代名词（*Met*.15.429）。

塞涅卡的忒拜悲剧

自罗马帝国建立至中世纪，以拉丁语创作的俄狄浦斯悲剧仅有三部，其中两部来自著名的哲学家塞涅卡。塞涅卡是斯多葛学派的代表人物，大约在公元1—65年期间担任尼禄皇帝的顾问。塞涅卡同时也是一位诗人，他创作了悲剧史诗《俄狄浦斯》。塞涅卡创作的《俄狄浦斯》的故事结构主要来自索福克勒斯的《俄狄浦斯王》。[1] 故事的开头，也是忒拜城发生了一场

① 关于塞涅卡的悲剧与索福克勒斯的《俄狄浦斯王》进行一个系统性比较，参见米勒（Miller）1917：564—569。

瘟疫，然后是克瑞翁从德尔斐带回了神谕，这些情节看起来与索福克勒斯的《俄狄浦斯王》大致相同。塞涅卡的故事结构遵循了古希腊悲剧的经典模式，但其中也有一长段内容完全偏离了既有的轨道。在索福克勒斯的剧情中，俄狄浦斯和忒瑞西阿斯就追查凶手的方法发生了一场激烈的争执，但塞涅卡却用占卜的方式替代了这场争吵。占卜是通过观察动物内脏的变化来确定凶手，具体做法是，他们杀了一头白色的公牛和一只小母牛。失明的忒瑞西阿斯借助他女儿曼托的眼睛，通过对两头牛内脏的变化进行判断。曼托这个名字曾出现在古希腊史诗《埃皮戈尼》（*Epigoni* fr. 3 Bernabé = fr. 3 Davies）的文本中，但在现存的有关公元前 5 世纪的忒拜悲剧中却从未被提及。忒瑞西阿斯在观察了内脏之后，却发现那个指示忒拜人去发现凶手的神谕并未明确显现出来，所以杀害拉伊俄斯的凶手仍然无法确定。于是，忒瑞西阿斯又改用招魂术，他开始召唤死者拉伊俄斯的灵魂。俄狄浦斯派克瑞翁去监督忒瑞西阿斯的招魂仪式。仪式结束后，克瑞翁带回了一个可怕的结果，拉伊俄斯的灵魂说，现任国王俄狄浦斯正是那个杀害他的凶手，而且还与他的母亲结了婚。

塞涅卡的这部悲剧一共有 1061 行，其中，关于占卜和招魂这两个仪式的篇幅很大（299—402，530—658），加上酒神巴克斯（Bacchus，狄奥尼索斯）合唱的悲歌（403—511），总共占了全剧篇幅的三分之一。占卜和招魂仪式结束以后，塞涅卡的悲剧又回到了索福克勒斯的结构上，但对伊俄卡斯塔的自杀时间和方式作了不同的处理，伊俄卡斯塔的自杀时间发生在俄狄浦斯自刺双目之后，而且是用剑自刺身亡而非自缢而死。此外，在这部剧中的合唱部分，塞涅卡没有局限在悲剧的具体事件中，而是将神话的背景延伸至更久远的忒拜王国（参考俄狄浦斯自
61 己的视角，29—31），但这一视角也并非塞涅卡的独创，大约与塞涅卡同时代的菲利普，在其有关忒拜的格言警句（55 页）中已经表达过这种意象：“在歌队的眼中，她们看到忒拜城围绕着诸神的愤怒，那是拉布达赛德斯家族自古以来的命运。”（709—763）

塞涅卡与索福克勒斯的最大区别在于他们对主人公性格的不同描述。在塞涅卡这部用拉丁语写成的悲剧中，俄狄浦斯已经不是索福克勒斯笔下那个居高临下的王者。事实上，那个神谕一直困扰着他。他说：“我被一切吓坏了，我无法相信自己。”（*cuncta expavesco meque non credo mihi*）此刻，他相信，命运正千方百计地跟他作对（28）。对命运的恐惧，是塞涅卡在这部悲剧中想要表达的重点。有一个明显的矛盾加剧了塞涅卡所谓的命运问题，一方面，歌队唱着斯多葛主义的声明：“我们被命运驱使，我们屈服于命运。”（*agimur fatis*，*cedite fatis*，

980—994）另一方面，人们又讨论着毁灭、神话及主人公的命运。尤其引人注目的是，为了让这部悲剧能够被当时的罗马人接受，塞涅卡特别突出了对俄狄浦斯恐惧心理的刻画。

塞涅卡的《腓尼基妇女》是一部有664行的残篇，内容差不多一分为二。从第1行至第362行，故事场景发生在忒拜城外的乡村，故事内容以索福克勒斯的《俄狄浦斯在科洛诺斯》为参照（但可能也不完全）；后半部分发生在忒拜城，内容来自欧里庇得斯的《腓尼基妇女》。塞涅卡以这种组合的方式将被放逐的俄狄浦斯与“七将攻忒拜”时期的伊俄卡斯塔——那位痛苦的母亲——安排在一个故事结构里。俄狄浦斯虽然渴望死亡，但他的精神状态与他的前身——索福克勒斯悲剧中的角色——截然不同。他一直被自己的罪恶感纠缠，甚至担心自己会强奸女儿安提戈涅，女儿是他困境中的向导和对话者（50）。他说：“我要逃离我自己。”（*me fugiō*，216）接下来，与《俄狄浦斯》中的情节相似，主人公开始不断反省和追问自己的内心。一位从忒拜来的信使打算为俄狄浦斯的儿子们说情。尽管他没有像古希腊史诗和索福克勒斯的悲剧中那样发出诅咒，但他不仅拒绝调停，而且希望他们兄弟开战，彻底毁灭忒拜。塞涅卡将拉布达赛德斯家族的罪行解释为违反了罗马人特有的**虔敬**［*pietas*］的美德，这种美德是指家庭成员之间的爱、责任和

尊重。在这部悲剧里，这种虔敬的美德是缺失的，安提戈涅是
唯一的例外。俄狄浦斯问她：“我所生养的人可以虔敬吗？”
62 （*aliquis est ex me pius*，82）安提戈涅认为兄弟之间的战争是“不
虔诚的”（290）。俄狄浦斯嘲笑那位信使，并问道：“我是那
个教授律法和虔诚之爱的人吗？”（330—331）

后来，安提戈涅不知何故回到了忒拜，并鼓励她的母亲主动阻止这场战争（403—406，414—418）。后来，安提戈涅直接冲到两位哥哥的军队之间，要求他们停火，并发表了一篇充满激情的演讲：“如果你们还有**虔敬**［*pietas*，455］的美德，请为你们的母亲放弃这场战争。”伊俄卡斯塔说，厄忒俄克勒斯会为权力付出一切代价，他的统治就是他的惩罚（645—664）。遗憾的是，就在伊俄卡斯塔似乎已经说服了波吕尼刻斯停战的时候，塞涅卡的这部《腓尼基妇女》没有了下文，对于后面发生的故事，我们不得而知。

斯塔提乌斯的《忒拜战纪》

将俄狄浦斯神话带到中世纪的第三部作品是斯塔提乌斯（约公元45—96年）的《忒拜战纪》。《忒拜战纪》是一部十二卷本的史诗，主要讲述了俄狄浦斯的两个儿子为了争夺忒拜王权

而进行的战争。在希腊和拉丁文学史上，它是众多《忒拜战纪》之一，也是唯一一部完整幸存下来的史诗。

开篇第一卷，斯塔提乌斯以“俄狄浦斯的麻烦之家”（*Oedipodae confusa domus*，16）为主题。故事的开端描述了俄狄浦斯居住在一个地下室里（49—50），他正在诅咒儿子们对他的忽视和怠慢（56—87）。狄西福涅（Tisiphone）这位复仇女神是厄里倪厄斯家族中的成员，听到了俄狄浦斯的诅咒，就急忙赶去忒拜，于是，厄忒俄克勒斯和波吕尼刻斯立马受到了来自这“疯狂家族”（*gentilis furor*，126）的复仇诅咒和打击。斯塔提乌斯似乎觉得仅有狄西福涅的加入还不够，于是让拉伊俄斯的鬼魂出现在厄忒俄克勒斯的梦中，拉伊俄斯撕开自己喉咙上的伤口，并将鲜血流在厄忒俄克勒斯的身上。厄忒俄克勒斯得到这个噩梦的预兆后，就开始着手准备战斗（2.120—133）。拉伊俄斯还出现在诗史的第四卷（604—645），他对忒瑞西阿斯的招魂术再次表示感谢（这里与塞涅卡的剧情相似），并希望知道这场即将开始的战争最后会是怎样的结果。安提戈涅在城墙上观看即将开始的战斗，并从拉伊俄斯生前的随从那里收到了一份关于敌军的七位首领的详细报告（7.244—373）。伊俄卡斯塔在安提戈涅和伊斯墨涅的陪同下进入了七将的阵营。这时伊俄卡斯塔仍然活着，虽然很明显，她在诗史的序幕中已

经死去（1.72）。伊俄卡斯塔几乎说服了波吕尼刻斯与她一起回
63 去与厄忒俄克勒斯进行谈判。但是，提丢斯（攻打忒拜的七将之一）阻止了波吕尼刻斯，复仇女神厄里倪斯趁机抓住了她的机会（7.470—563）。克瑞翁的儿子墨诺厄修斯自杀了，原因是不希望看到忒拜因内战而毁灭，他为拯救忒拜不惜牺牲了自己（10.756—782）。上述情节类似于欧里庇得斯的《腓尼基妇女》（参考38页）。

俄狄浦斯并不是这部史诗的主角，涉及他的内容主要在第一卷，之后还出现过两次。第一次是在史诗的第八卷。战争的间歇，忒拜人举办了一次庆祝活动。俄狄浦斯由安提戈涅陪同参加了庆祝宴会，自从失明和遁世以来，这是俄狄浦斯第一次公开露面。他假装支持厄忒俄克勒斯，只是为了多了解一些战争的情况（8.240—258）。俄狄浦斯第二次出场是在史诗的第十一卷。战争结束后，俄狄浦斯在安提戈涅的陪同下走上战场，看到儿子们相互残杀的惨状，情不自禁扑倒在他们的尸体上，表达了自己的悔恨（11.580—633）（这一幕在中世纪产生了很大的影响）。而伊俄卡斯塔则用拉伊俄斯留下的那把剑自杀身亡（11.634—647）。

第十二卷，也就是这部诗史的最后一卷，讲述了阿耳戈斯的妇女安葬她们的丈夫和儿子的故事。在波吕尼刻斯的军队

中，那些被杀害的士兵的妻子和母亲来到忒拜，一个幸存的士兵告诉她们，克瑞翁拒绝埋葬她们的丈夫或儿子，并建议他们去寻求雅典国王忒修斯的帮助（12.105—176）。在这里，斯塔提乌斯重述了欧里庇德斯《乞援人》中的相关片段（参考38页），具体如下：波吕尼刻斯的妻子阿尔吉亚用双手拨开人群，走向她丈夫的尸体（12.177—348）；安提戈涅走出城门，寻找她的哥哥；后来她与阿尔吉亚一起，把波吕尼刻斯的尸体拖到一个正在燃烧的火葬地，原来这个正在燃烧的忒拜人正是她的另一个哥哥厄忒俄克勒斯。她们看到火堆上移动的木头和分裂的火焰，相信他们的哥哥之间的争斗即使死后也不会善罢甘休（12.349—446）。阿尔吉亚的出现完全不符合忒拜史诗和希腊悲剧的传统，而这正是斯塔提乌斯的一个创新，这里仍然涉及本书第二章所讨论的欧里庇德斯关于神话的自由创新问题。在这一卷的最后，阿耳戈斯的妇女们前往雅典，找到了忒修斯，忒修斯同意帮助她们。在克瑞翁即将处死安提戈涅和阿尔吉亚之前，忒修斯即时赶到忒拜，并杀死了克瑞翁。战斗很快就结束了，忒修斯为那些被杀害的阿耳戈斯士兵举行了葬礼（12.540—796）。

在斯塔提乌斯笔下，这个忒拜神话又意味着什么呢？狄西福涅在这部史诗中无处不在，她的强大影响力已经超出了那个遵循连锁反应（chain-reaction）的复仇女神厄里倪斯。在埃斯库罗斯的忒拜三部曲中，厄里倪斯起源于人类并作用于人类世界，而斯塔提乌斯笔下的狄西福涅毋宁是一种更为抽象、更为宏大的精神力量，它以一种斯多葛模式（Stoic model）在这部史诗中尽情发挥作用。在剧本的开篇，斯塔提乌斯就明确表达了俄狄浦斯家族的罪恶性，忒拜就是一个“有罪的”存在。对于忒
64 拜的命运，早在欧里庇得斯的《腓尼基妇女》中即有体现，我们仿佛可以从歌队的歌声中听见拉布达赛德家族疯狂的愤怒，他们的怒火终将在波吕尼刻斯和厄忒俄克勒斯的相互残杀中彻底耗尽。① 随着忒修斯的出场，另一个斯多葛模式的新世界开启了。

俄狄浦斯在中世纪

忒拜诗歌以希腊文和拉丁文同时传播的情形终究难以持续。随着罗马帝国的衰落，古希腊的语言和文化开始消失，这种现象首先发生在帝国管辖的边缘地区。自公元 4 世纪起，希腊语就不再被用于西方教会的祷告和礼拜仪式，拉丁语从此取而代

① 关于阿耳戈斯，忒拜和雅典作为忒拜神话的原型，参见维西（Vessey）1982：576—577。

之。普瓦捷的希拉里（Hilary of Poitiers）和米兰的安波罗斯（Ambrose of Milan）用拉丁语写出了那个世纪里的第一首赞美诗。奥古斯丁（Augustine）记述了他在北非上学时学习希腊文法的痛苦，他说他从未熟练掌握这门语言，不得不借助希腊基督教作家的翻译进行阅读。[①] 随着意大利人的野蛮入侵，以及在公元 476 年的最后一位罗马皇帝的倒台，帝国的教育体系彻底崩溃，希腊语的传播和学习也随之终结。自公元 5 世纪以后，希腊文原著几乎销声匿迹，在欧洲西部大约一千年的时间里，除了一些与世隔绝的地方，几乎没有人读过索福克勒斯或其他任何古希腊的文学作品。即使是那些知识渊博、对古希腊文明非常熟悉的拉丁语作家，也没有机会读到原文。多亏了塞涅卡和斯塔提乌斯，尤其是后者，他的诗史使俄狄浦斯神话的基本信息得以幸存和流传。从手稿数量和分布情况可以看出，斯塔提乌斯的《忒拜战纪》的阅读量远远超过了塞涅卡的两部悲剧。[②]

塞涅卡是中世纪读者非常欣赏的道德哲学家，但丁也称他为“道德的塞涅卡”（moral Seneca）[《地狱篇》(*Inferno*), 4.141]。基督教神学家德尔图良（Tertullian，约公元 160—240 年）在谈

① 关于礼拜仪式，帕尔梅（Palmer）1989: 58; 关于奥古斯丁，布朗（Brown）1967：38，271—273，412。

② 雷诺兹（Reynolds）1983：378—381，394—396。

到塞涅卡时说塞涅卡“常常站在我们这边”（*saepe noster*，《护教篇》［*Apology*］，20），因为他实际上是使徒保罗（Apostle Paul）的通信员。塞涅卡与德尔图良伪造的书信集在中世纪一度非常流行。[①] 中世纪有关塞涅卡的评价非常适合理解他的悲剧。早期人文学者洛瓦托·德·洛瓦蒂（Lovato de Lovati，1241—1309）在帕多瓦（Padua）发现了一份塞涅卡的新手稿，这是塞
65 涅卡悲剧作品命运的转折点。这份手稿包含了对塞涅卡悲剧内容的注释和韵律的解释，这些注释和解释成为中世纪读者第一次把悲剧作为悲剧阅读的方法和工具。与洛瓦蒂同时工作的一位英国多明我会修士尼古拉斯·特雷维特（Dominican Nicholas Trevet）独立地写了一篇关于塞涅卡悲剧的评论文章（1308—1321）。对塞涅卡最感兴趣的是薄伽丘（Boccaccio，1313—1375），他表达了自己对《俄狄浦斯》的理解。[②]（见下文）

与塞涅卡不同的是，斯塔提乌斯是中世纪读者的最爱。他后来出现在但丁《神曲》的《炼狱篇》（*Purgatory*）的第 21—

① 关于基督徒塞涅卡，施密特（Schmidt）1978：66 和席尔得（Tschiedel）1978：78。在这一段落中，我引用了施密特和席尔得所引用的章节，以及布鲁赫（Blüher）1978: 138—139 和罔克（Wanke）1978: 174 等文献来获取关于安东尼·德·维拉古特（Antoni de Vilaragut）的信息。

② 直到 1388 年，塞涅卡的悲剧才被译成现代语言，即加泰罗尼亚语（Catalan）。译者是安东尼·德·维拉古特（Antoni de Vilaragut）。

22 章。斯塔提乌斯说自己虽然接受了洗礼，但仍然只是一个秘密的基督徒，正是因为这种畏缩行为和表里不一的信仰，他才在炼狱里住了好几个世纪。[①] 12 世纪中期，一位不知名的法国诗人以一种新的浪漫主义风格改编了斯塔提乌斯的《忒拜战纪》，使之具有了当代气息，这就是《罗马的忒拜》（*Roman de Thèbes*）。目前，《罗马的忒拜》有三个版本流传于世，有五份具有代表性的手稿幸存了下来，但它们之间没有关联性，以至于后来的编辑技术也无法重现原始手稿的全貌。19 世纪末，人们最后一次尝试进行原始文本的重建。[②]

斯塔提乌斯的《忒拜战纪》还激发人们创作了一首流行歌曲：《俄狄浦斯悲歌》（“Lament of Oedipus” / “Planctus Oedipi”）。这首悲歌在中世纪的十五份手稿中被发现，其中一些含有背景音乐（下文有讨论）。俄狄浦斯相关知识的另一个来源是中世纪关于《忒拜战纪》的评论。大约在公元 400 年，卢克莱修斯 · 普拉赛多斯（Lactantius Placidus）为斯塔提乌斯

① 但丁在炼狱里见到了斯答秋（斯塔提乌斯），斯答秋说：“……我在诗中写到希腊人进兵到了对贝（忒拜）的河流以前，我已经受了洗礼；但是我因为害怕，只是秘密地做了一个耶教徒，在许多年之间，我仍旧装作一个异教徒。这种畏缩的行为使我在第四圈里跑了四百多年。”引自但丁《神曲》，王维克译，人民文学出版社，1980 年第 2 版，第 287 页。——译注

② 康斯坦斯（Constans）1890。他的版本有 10230 行。下面我引用了科莱（Coley）1986 所翻译的康斯坦斯的版本。

的《忒拜战纪》之第一卷写了一篇序言，在这篇序言里，他重新讲述了俄狄浦斯的故事。这篇序言在很大程度上为后来编写《罗马的忒拜》（*Roman de Thèbes*）的诗人们提供了极其重要的素材，他们就同一主题引用卢克莱修斯的文字大约超过了500行。[①]

长期以来，卢克莱修斯的这篇序言被认为已经失传，人们仅仅知道作者在第一卷书评之第61行有所提及，但现在却可能出现在与书评无关的两个完全不同的手稿中。无论学者们如何判定这些段落的真实性，显而易见的是，这篇原始的序言提供了或许可以称之为俄狄浦斯标准的中世纪生活的图景。它不仅给予了诗人创作《罗马的忒拜》的灵感和素材，而且也让俄狄浦斯的生活信息广泛分布在以下文本中，包括：一份“梵蒂冈第二神话作者”（Second Vatican Mythographer）的手稿（佚名）、一份有关“俄狄浦斯故事”的米兰手稿（佚名）、一份用古老的爱尔兰语写成的《忒拜的毁灭》（*Togail Tebe/ Destruction of Thebes*）（佚名），以及薄伽丘的《异教神谱》（ *Genealogie*

① 卢克莱修斯·普拉赛多斯这个名字应该加引号，参见卡梅伦（Cameron）2004：313—316。

deorum gentilium/Genealogy of the pagan gods）。[①] 上述文献的
内容与希腊版和罗马版的俄狄浦斯略有不同，包括以下方面： 66
仆人们把婴儿时期的俄狄浦斯倒挂在树上（图 6）；拯救俄狄浦
斯的是波吕巴斯；古代的狮身人面像已经被人遗忘，她或他已

图 6：被发现双脚倒挂的俄狄浦斯。中世纪的手稿。普林斯顿·加勒特女士，128，fol. 4v.，普林斯顿大学图书馆提供（Oedipus discovered hanging by his feet. Medieval manuscript. Princeton Garrett MS 128, fol. 4v. Courtesy of Princeton University Library）

① 埃德蒙兹在 1982 年提出的这一观点已被庞兹（Punzi）1995：175—230 证实，正如庞兹所指出的（同上书：218），我应该把古爱尔兰的《忒拜的毁灭》（Togail Tebe）也包括在内。庞兹讨论了序言被证实的两种可能，正如在我的文章中（218—225）所说，长期以来这篇序言被认为已经失传。

经变成了一个模糊的、想象中的 *monstrum*［**怪胎**］（图 7）；[1] 伊俄卡斯塔通过俄狄浦斯脚上的伤疤发现了他的身份（图 8）。这些细节，有时与其他文献相互印证，有时是《罗马的忒拜》中的一部分。总之，俄狄浦斯的各种支离破碎的信息就这样被传递给了中世纪的另一代作家们。其中，关于俄狄浦斯双脚倒挂于树上的主题在文艺复兴时期延续了下来，并挑战了现代的学术观点，成为 20 世纪众所周知的俄狄浦斯神话的一部分。而上述关于俄狄浦斯罪行暴露的方式也出现在安德烈·纪德（André Gide）和让·谷克多（Jean Cocteau）所创作的戏剧作品中。

中世纪的俄狄浦斯还依附在其他人的名字和传说之中。其中，犹大（Judas）和教皇格列高利（Pope Gregory）的故事，与俄狄浦斯非常相似，它们以传说、诗歌和布道等方式讲述和流传。虽然，在严格意义上，这些故事与俄狄浦斯神话及其古代文献之间的历史关系非常牵强，但可以肯定的是，通过斯塔提乌斯和有关斯塔提乌斯的评论，俄狄浦斯神话故事的传播并未受到影响。犹大和教皇格列高利的故事将在后面进一步介绍。

① 对狮身人面像正确的解释，梅斯里（Messerli）2002：131 给出了几个实例。

图 7：俄狄浦斯与斯芬克斯。在法国巴黎国家图书馆的中世纪手稿（Oedipus and the Sphinx. Medieval manuscript in Bibliothèque Nationale, Paris. Bibliothèque nationale de France）

68

图 8：伊俄卡斯塔通过俄狄浦斯脚上的伤疤认出了他的真实身份。中世纪的手稿。摩根图书馆（Jocasta identifies Oedipus by scars on his feet. Medieval manuscript. Morgan Library, G. 23, fol. 9v）

《罗马的忒拜》 69

《罗马的忒拜》的作者是法国的一位（或几位）写宫廷浪漫剧的匿名诗人，他（们）也许直接援用了斯塔提乌斯的《忒拜战纪》，但也可能只是参考了斯塔提乌斯这部作品的摘要部分。这（几）位诗人自然也引用了卢克莱修斯为斯塔提乌斯第一卷写的序言（前面讨论过）。《罗马的忒拜》开篇正是卢克莱修斯所描述的一幅俄狄浦斯标准的中世纪生活图景。总体而言，《罗马的忒拜》省略了斯塔提乌斯的许多内容，叙述了一个集武力和爱情于一体的错综复杂的宫廷故事，也展现了封建时代的等级秩序和法律责任。剧本热衷于描写华丽的服饰和精美的家具，当然还有漂亮的女人。伊斯墨涅和安提戈涅的服装是公元 12 世纪的最新款式。有趣的是，在俄狄浦斯神话从古老庄严的悲剧沦为浪漫娱乐故事的漫长岁月里，斯塔提乌斯一直保持着他秘密的基督徒身份。这部作品巧妙地回避了对基督教或其他异教的宣传，除了地名，没有提到任何基督、圣母玛利亚或圣徒的名字。[①] 但其中一个次要角色——俄狄浦斯的女儿伊斯墨涅——又打破了这个规则。在她的情人阿提斯（Ates）死后，她修建

① 关于这首诗里的宗教，参见格劳特（Grout）1977。关于这首诗作为一篇完整的优秀短文，参见布鲁门费尔德－科辛斯基（Blumenfeld-Kosinski）1997：19—30。

了一座修道院并成为一名修女（6471—6508）。《罗马的忒拜》还讲述了一些稀奇古怪的事情，比如，有一只宠物雌虎，它喝下了装满铜锅的酒（4284—4302）。除了阿提斯和伊斯墨涅的爱情，还有厄忒俄克勒斯与萨拉曼得瑞（Salamandre）、帕提诺菲斯（Parthenopaeus）与安提戈涅等错综复杂的情感关系。这些人物故事，斯塔提乌斯恐怕做梦也难以想象。此外，这部《罗马的忒拜》还增加了一个全新的剧情，即“红色大流士”（Daire le Roux/Darius the Red）一章，其内容大量结合了封建时代的法律术语和宫廷里罗曼蒂克的故事。[①]

在“红色大流士”这一章里（根据诗歌版本的不同，这部分有900到2500行），一位年轻的忒拜骑士被波吕尼刻斯俘获，为了利用他，波吕尼刻斯承诺以土地相送，让这位骑士作为人质返回忒拜城，并伺机交出他的父亲，即那位“红色大流士”男爵占据的塔楼。大流士不同意这一叛国行为，虽然他认为所有支持厄忒俄克勒斯的忒拜人都已经成了叛国者，但他必须严
70 格遵守他们两兄弟之间最初达成的协议。大流士的儿子带着各种各样的礼物回到波吕尼刻斯那里，其中包括一个有盖子的杯子，盖子上装有一个黄色宝石的旋钮，“就像斯塔提乌斯书里

① 关于红色大流士（Darius the Red）这一段，参见伯士威尔（Baswell）2000：36—39。

所说的那样”（7820—7824）。但是，斯塔提乌斯的书里并没有这位红色大流士，也没有什么黄色宝石的旋钮。这些淘气的诗人当然知道这一点，也许他们觉得斯塔提乌斯已经不合时宜，而俄狄浦斯的悲剧性只属于古希腊。接下来的剧情是厄忒俄克勒斯出现在法庭上，大流士针对厄忒俄克勒斯的地位问题发表了意见。大流士认为，厄忒俄克勒斯的王位是不合法的，并建议他和他的哥哥波吕尼刻斯进行谈判。大流士的劝告激怒了厄忒俄克勒斯，他用棍子打大流士的头，大流士被激怒，认为自己完全有理由向厄忒俄克勒斯复仇，于是，他让他的儿子——那个骑士——给波吕尼刻斯送信，说他将自愿放弃占领的塔楼，但厄忒俄克勒斯的军队开始围攻且抢占了塔楼，俘虏了大流士，士兵们用铁链拉着大流士来到厄忒俄克勒斯面前，厄忒俄克勒斯本来打算当场处决他，但被劝说先听听他的辩解。一个叫奥提斯（Otes）的人替大流士辩护，克瑞翁反驳了奥提斯的辩护。站在一旁的伊俄卡斯塔建议她的儿子最好放过这位大流士。随后，安提戈涅带来了一个她哥哥无法拒绝的理由：她带来了大流士的女儿，因为厄忒俄克勒斯追求她很久了，大流士的女儿没有答应他。于是，伊俄卡斯塔宣布了交换条件：厄忒俄克勒斯把大流士还给女儿，女儿成为厄忒俄克勒斯的爱人。厄忒俄克勒斯接受了上述条件，因为这个交易正好符合他的想法，其他贵族们也纷纷附议，因为他们中的大多数都站在奥提斯和大流士的一边。最终，大流士获得了自由。在这一章即将结束时，大流士的儿子还在波吕尼刻斯的手中，军队要求处决他，但波吕尼刻斯“表现得很高尚”（8597），他释放了这位年轻的骑士。

《罗马的忒拜》之于俄狄浦斯神话意味着什么？埃里希·奥尔巴赫（Erich Auerbach）对这部作品有一个特别恰当的评价：“它是一幅封建骑士时代的自画像，带着那个时代的习俗和观念，表达了宫廷里的浪漫生活。”① 斯塔提乌斯所创作的剧情冲突，不仅提供了演绎各种浪漫故事的可能性，而且还探索了封建时代下兄弟之间的原始契约，以及他们与他们的各种分封家臣之间错综复杂的社会关系。

从斯塔提乌斯、塞涅卡到薄伽丘以及其他

乔万尼·薄伽丘（Giovanni Boccaccio）在他的拉丁语作
71 品中一次又一次地使用了忒拜神话。在他的《论名人的不幸》（*De casibus illustrium virorum/On the misfortunes of famous men*，1355—1374）一文中，既借鉴了塞涅卡的《俄狄浦斯》，也参考了卢克莱修斯给斯塔提乌斯写的那篇序言。尽管薄伽丘的作品并未采用悲剧的形式和体裁，但他对悲剧作品非常熟

① 奥尔巴赫（Auerbach）［1946］1953: 131。

悉，对悲剧的评论也很透彻。他在《论著名的女性》（*De claris mulieribus/On famous women*，1360—1374）中对俄狄浦斯神话进行了简短描述，而且与《论名人的不幸》完全一致。1350年，这也许是他生命结束的那一年，他创作了《异教神谱》（*Genealogie deorum gentilium/Genealogy of the pagan gods*），这篇文章在很大程度上以卢克莱修斯丢失的序言为基础，并没有参考任何塞涅卡的作品。

薄伽丘《论名人的不幸》的法语通俗版由劳伦斯·德·普雷米耶尔菲特（Laurence de Premierfait）提供给约翰·吕德盖特（John Lydgate），并为吕德盖特在15世纪30年代创作《王子的毁灭》（*Fall of Princes*）提供了主要素材。《王子的毁灭》一共有36365行，其中有686行讲述了拉布达赛德家族的故事，故事从俄狄浦斯的出生一直讲到他儿子的死亡（3158—3843）。吕德盖特描述了牧羊人对婴儿俄狄浦斯的怜悯，最后没有把他抛之荒野，只是把他的脚吊在一棵树上——

（他）拿出一把刀，使出浑身力气
把他的双脚刺穿两个孔洞。

（他）从一棵小柳树上取下一根小树枝，

穿过双脚——唉，真可怜啊——
紧紧绑住，小心翼翼地
他把孩子挂在树上，
他的意图原本不该是这样：
让残暴的野兽，
在狂怒中突然把他吞没。

（3240—3248）

72 作为一个整体性预言，吕德盖特的忒拜故事给宫廷里的王公贵胄们上了一课，正如这部史诗的标题——《王子的毁灭》——所示。他试图表达以下寓意：一个王国通常由于内讧而无法长治久安；统治者应该体恤他们的臣民；俄狄浦斯的生平和事件显示了命运的沉浮与兴衰（3277—3297）。吕德盖特以这种方式让王公贵族们明白，这就是人的命运。此外，诗人还通过斯芬克斯之谜提醒人们，死亡等待着所有人（3424—3465）。

在1420—1422年期间，吕德盖特还写了一首《忒拜之战》（*Siege of Thebes*），共4716行，序言之后分为三部分（1—176），大体包括以下内容：宙斯之子安菲翁（Amphion）建立忒拜（177—1046）、厄忒俄克勒斯（Ethiocles）和波吕尼刻斯（Polymyte）的王权之争以及他们每年轮流执政的协议（1047—

2552）、七将攻打忒拜的战役（2553—4716）。吕德盖特的主要参考文献来源于《罗马的忒拜》法语通俗版的修订本，其中有六个相对较短的段落（最长的段落大约50行）来自薄伽丘的《异教神谱》。中世纪的法国，浪漫主义依然盛行。然而，《忒拜之战》之于忒拜神话又意味着什么呢？就像在《王子的毁灭》中一样，吕德盖特把俄狄浦斯神话作为告诫国王和王子的“教科书”，同时他也是一名斗士，代表卑微而受压迫的普罗大众向王权提出了挑战。[①]

《俄狄浦斯的挽歌》

12世纪，一首佚名作者的 *Planctus* ［**普朗图**］[②]在中世纪被广为传诵，它是关于俄狄浦斯为罪忏悔的挽歌。[③]这首诗抓住了古典史诗中俄狄浦斯对儿子诅咒之后表示后悔和歉意的一个细节，这个细节出现在斯塔提乌斯的《忒拜战纪》第11卷中的一段（前文有引用）。这首挽歌由21个独立韵律的四行诗组成，其中第三和第四行通常重复和解释前面两行的意思。这种方式，

---

① 埃德曼（Erdmann）和埃克瓦尔（Ekwall）1930：12—14。

② Planctus是一种重要的拉丁语诗歌和音乐体裁。它的主题是关于各种哀悼、怨诉和悲伤，内容取材于寓言、圣经和古典拉丁文学，也包括颂扬已故君王、贵族和教士的悲歌。——译注

③ 参见梅瑟里（Messerli）2002：57—68，306—309。

使俄狄浦斯的忏悔呈现出反复性和强迫性的特质。这首诗开始的四行是：

73 我是罪恶出身的孩子（diri patris | infausta pignora），
我是遭到诅咒的孩子（ante ortus | damnati tempora），
你的身体躺在这里（quia vestra | sic iacent corpora），
我的心里痛苦不已（mea dolent | introrsus pectora）。

在第一组四个音节之后，有一个规律的停顿或断句（如上面引语中的竖线标记），挽歌的韵律和意义持续重复，这种形式增加了令人沉迷的效果。

在很大程度上，这位诗人克制了对基督教的参考和引用，他试图将俄狄浦斯描绘成一个悔过的异教徒，但这种体裁本身又是基督教义的一种形式。用这种体裁表达类似主题的人物还有：彼得（Peter）、抹大拉的马利亚（Mary Magdalene）和塞维利亚（Seville）的主教伊西多尔（Isidore）。将《俄狄浦斯挽歌》（*Planctus Oedipi*/ "Lament of Oedipus"）归入上述这一类作品，会使它的听众或读者倾向于用一个基督徒的眼光去理解一个异教徒的忏悔。这首挽歌的第二行（"我是遭到诅咒的孩子"），既可以隐喻人类的原罪，也直接预示了拉布达赛德家族遥远的诅咒——从佩罗普斯到拉伊俄斯，从拉伊俄斯到俄狄浦斯，从俄狄浦斯到他的儿子们，甚至永无止境。当然也可以二者兼有，同时指代一种家族的诅咒和人类的原罪。尽管中世纪的诗人避免直接引用基督教的信仰和观念，但仍然在字里行间中浮现出来，例如：

> 我，带着这世上臭名昭著的欲念（me infami rerum luxuria）
> 地狱的怒火，已经布满黯黑的颜色（infernalis foedavit furia）

“放纵”（excess，这里指感官上的放纵），虽然并不符合古代俄狄浦斯神话故事的主题，但它却成为中世纪基督教对俄狄浦斯乱伦婚姻的影射。*Luxuria*［**色欲**］，本来就是基督教义的七宗罪（Seven Deadly Sins）之一。与此同时，这位中世纪的诗人使用了*furia*［**怒火**］一词，保持了他对斯塔提乌斯原始文本的忠诚（参见 Stat. *Theb.*1.68，73；11.619）。12 世纪以后，人们已经看到了基督教与异教的融合，一个被重新塑造的俄狄浦斯神话反复出现在这个新的时代。

经过“普朗图”忏悔的俄狄浦斯，虽然可以被认为已经基督教化了，但毋庸置疑的事实是，他是杀死父亲的儿子，也是 74
诅咒儿子相互残杀的父亲。俄狄浦斯既是一个坏儿子，也是一个坏父亲。作为一个坏儿子，他与耶稣基督形成了鲜明的对比。

两者相比较，对俄狄浦斯的批评和指责，也可能隐含在这首挽歌之中。后来，当基督教神学不得不与弗洛伊德的精神分析打交道的时候，对俄狄浦斯的批判和否定就更加显而易见了。[①]

犹大和教皇格列高利

犹大和格列高利的故事具有一定的类型化，它们发生在俄狄浦斯挽歌的同一时期，是中世纪里常常可以看到的 *desperatio*［**绝望**］与 *poenitentia*［**忏悔**］并置的两个典型事例。对于基督徒来说，如何承受他的罪，是他们最根本的选择。犹大和格列高利的故事具有完全不同的叙述方式，前者可以归为通俗传说，后者则属于圣徒行传之列。犹大在成为耶稣的门徒之前，圣经里没有任何关于他的记录，于是，俄狄浦斯神话发挥了拾遗补阙的作用。犹大的传说主要有两个版本：一个是犹大小时候被父母遗弃，他小腿的胫骨被刺穿。残肢的描述直接或间接地暗示了这个情节来源于卢克莱修斯对斯塔提乌斯《忒拜战纪》第一卷写的序言。另一传说是与犹大在时间上错位的人物彼拉多（Pilate），彼拉多被认为是犹地亚（Judaea）的总督，但时间大约在公元 26 年之前，犹大那时还很年轻。年幼的彼拉多被父母遗弃在水边（这个说法符合俄狄浦斯传说的民间故事的类型），

① 维兹（Vitz）和加特纳（Gartner）1984。

一个女王救了他。然而，犹大故事最为创新的变体——入侵者的弑父行为——在上面两个传说中都出现了。具体情节是：小偷犹大溜进了一个老人的果园或花园里，遭遇抵抗后，犹大杀死了这个老人，这个老人原来就是犹大的父亲。犹大的罪行败露后，投奔了耶稣，但后来又背叛了耶稣，最后因悔恨上吊自杀。

12 世纪，一份佚名的拉丁文手稿记录了犹大这样的一生：

> 我编写了犹大这个叛徒的故事。他带着邪恶出生，一生恶
> 贯满盈，最糟糕的是他最后的死亡。犹大的父亲是一个有名望
> 的人，拥有财富和地位，在众邻眼中享有尊荣。一天晚上，犹
> 大的父亲看见了一个预兆：他将会有一个儿子，这个儿子威胁
> 要杀死他（因为他的妻子现在怀孕了）——这个儿子，带着一 75
> 个骗人的把戏，即将来临。当孩子出生时，犹大的父亲回想起
> 那个预兆，感到十分恐惧。于是，他刺穿了这个婴儿的小腿，
> 把他抛弃在一个离耶路撒冷很远很远的灌木丛里。几个牧羊人
> 听见了婴儿的哭啼和哀号，就把婴儿救了出来，牧羊人把婴儿
> 带到了斯加略特（Scariot），交给一个妇人喂养。这个婴儿，
> 也就是犹大。犹大长大成人后，投奔在希律王（King Herod）的
> 门下，他与希律王的仆人打成一片，忠心耿耿地侍奉国王和他
> 的士兵。犹大跟其他仆人一样，欺下媚上，大手花钱，入不敷出。

有一次，希律王为了招待他的贵族朋友，在耶路撒冷设宴摆席，急需一些新鲜水果摆进果盘。为了讨好希律王，尽快满足他的愿望，犹大急忙赶到附近一个老人家的果园里，他不顾老人的阻止，强行摘下树上的果子，几乎一个不留。老人非常愤怒，便和这个抢劫犯扭打起来，可惜，老人势单力薄，犹大占了上风，他把这个老人击倒在地，并杀死了他。当时犹大并不知道这个老人就是他的亲生父亲。全城的人都被犹大的犯罪行为激怒了，他们谴责犹大，坚决要他偿命。犹大逃到希律王那里寻求保护，暂时摆脱了被追捕的危险。希律王决定继续保护犹大。希律王的保护既出于私心，也认为这样做是为了让犹大能从被杀害者那里得到宽恕，以免他因为一次犯罪而走向更危险的歧途。同时，希律王还跟大家商议，让犹大和那被杀老人的妻子结婚。犹大和众人都不知道老人的妻子其实就是犹大的母亲。犹大与母亲结婚之后，风波暂时平息了。直到有一天，犹大赤身裸体地出现在他妻子（母亲）面前，妻子（母亲）看到了犹大小腿上的伤疤，她怀疑这是他们曾经遗弃在灌木丛中的亲生儿子。于是，她问犹大，父亲是谁，母亲是谁，父母是谁，在哪里出生，是哪个地区的人，被谁抚养长大。犹大回答说不知道，只是从奶妈那里听说自己很小的时候被扔在灌木丛里，被牧羊人发现，带到了斯加略特（Scariot），并在那里长大。长大后，成了希律王的仆人，并对这份工作很满意。妻子（母亲）听完这番话就崩溃了，她哭诉自己的不幸："我丈夫不幸的预兆啊，它已经实现了，而且，这疯狂的罪恶又让我雪上加霜。愿我出生即死去，愿黑暗掩盖这一切。"犹大意识到自己犯下了大罪，痛苦万分，他离开了他的母亲（妻子）并为自己的罪过忏悔。那时，耶稣正住在附近。耶稣借助讲道和布施，治好了许多人的疾病，也唤回了他们走在迷途上的心灵。凡是到耶稣这里来的人，76
都背负了许多罪孽，耶稣使罪人免遭伤害，他像个拯救羔羊脱离狼口的牧羊人。犹大看见了耶稣的美德和虔敬，就去求耶稣，让自己跟随他。耶稣答应了犹大，并让犹大与自己的门徒同住。耶稣甚至把自己所有的事情都托付给犹大，还让他负责门徒的生活，给大家采购生活必需品。犹大掌管着耶稣的钱袋，贪心四起，不知餍足。后来，犹大担心自己的行为败露，于是干脆背叛了拯救他的耶稣，把耶稣出卖给了犹太人。再后来，犹大良心发现，悔恨不已，上吊自杀，悲惨地结束了自己的一生。但是，主啊，求你垂怜我们。一个人必须坚持他的善行，直到最后得救。①

犹大的一生是中世纪拉丁时代各色人生之一种。犹大的故事与卢克莱修斯所描述的俄狄浦斯的人生际遇有着模糊的联系。

格列高利的故事则更加传奇，但他与俄狄浦斯神话及犹大

① 埃德蒙兹 1985：61—62。

传说明显不同，主要有两点：一是格列高利的败露起因于他的乱伦行为；二是格列高利并没有杀害自己的父亲。在格列高利悔改并最终成为教皇的过程中，他的故事类似于索福克勒斯悲剧《俄狄浦斯在科洛诺斯》中的戏剧化桥段，即俄狄浦斯因死亡和忏悔而变得崇高起来。

但是，如果我们基于民间传说故事型的视角，俄狄浦斯神话与犹大和格列高利的传说看上去又并没有那么不同。[①] 在与格列高利有关的 27 个民间故事中，入侵者的弑父行为被撰写成守望者的弑父行为。例如，有这样一个故事的主人公，“一个儿子”以这样或那样的方式回到了父母家，帮助自己的父亲看守果园（或花园），这个儿子在履行看管职责时，误杀了父亲。在这样的民间故事中，由于弑父的罪恶感减轻了，主人公最后往往会得到宽恕。故事的基本结构通常是索福克勒斯的《俄狄浦斯王》和《俄狄浦斯在科洛诺斯》的组合模式，即，由罪行（以及使罪行成为可能的事件）、忏悔或苦难，以及宽恕三个部分组成。克里特岛（Crete）的圣·安德鲁（St. Andrew，约 660—740 年）的传说更加惊世骇俗，这个传说是上述故事结构的典型事例，虽然圣·安德鲁的故事仅仅在现代文献中得到证实，但毫无疑问，故事发生的时间应该更早。

---

① 埃德蒙兹 1985：18—19, 36。

这些文献解释了圣·安德鲁创作《忏悔圣典》（Canon of Repentance）的起源。[1]（这里的“圣典”是东正教教会礼拜仪式中的颂歌或赞美诗，而人们普遍认为“忏悔圣典”的使用起源于圣·安德鲁的创作、介绍和引进）在极端罪恶和极致忏悔 77
方面，圣·安德鲁的故事比格列高利更为典型。关于他的一个民间传说是这样的：安德鲁在婴儿时期，腹部受了伤，一位修女救了他，然后在修道院把他抚养成人。从15岁开始，安德鲁就开始引诱或强奸这所修道院的修女，一个接一个，一共300名，甚至包括修道院院长在内。安德鲁因此被驱逐出了这个修道院。后来，安德鲁弑父娶母的事情也发生了。安德鲁的母亲认出了他肚子上的伤疤，于是让他去克里特城找一个神父忏悔。一路上，安德鲁又杀害了三个拒绝原谅他的牧师。然后，安德鲁找到一位主教，主教把他的母亲召来，给了他们精神上的指导。之后，主教把安德鲁关进了一个地牢，让他在那里祈祷，为自己的罪恶忏悔。同时，主教在他母亲的鼻孔上插了一把锁，把钥匙扔进了大海，让她去过漂泊的生活并赞美上帝。30年以后，安德鲁在地牢里写下了一部《忏悔圣典》，母亲也回到了她儿子忏悔的地方。就在这时，主教在给安德鲁吃的一条鱼里找出了那把钥匙，用它把安德鲁母亲鼻孔上的锁打开，给她剃度，让她

① UK1, UK2, OR1, RS1, RS2 在埃德蒙兹 1985。

加入了修女会。而后，主教把安德鲁从地牢里放了出来。“然后，主教赞颂上帝和我们的主耶稣基督，安得鲁被上帝赐予罪的宽恕，主教将安得鲁剃度为僧。”从此，安德鲁把《忏悔圣典》引入了教会的礼拜仪式。过了些日子，主教死了，安德鲁继承了他的教皇职位。①

基督教的俄狄浦斯

中世纪里，那些对俄狄浦斯形象进行重新塑造的故事，无不贯穿了一个共同的主题，那就是忏悔和救赎，这也是基督教神学体系的中心主题。可见，无论是过去还是将来，俄狄浦斯神话都会充当时代精神的工具，并通过故事重述去表达那个时代最深刻的文化意义和精神关切。这种关切正是通过表现俄狄浦斯的人物形象去实现的一种可能达到的最糟和 / 或最好的效果。

罪人可以因基督的牺牲而得到救赎，但基督的牺牲并不是免费的午餐，他要求罪人悔改。虽然，在早先的几个世纪里，教堂的忏悔圣礼（Sacrament of Penance）因时间和地点的不同，在严格性方面也存在极大的差异，但忏悔者总是不得不先承认
78 自己的罪行，然后真诚地悔罪，并同时接受身体上的某种戒律。

① 埃德蒙兹 1985：188—192（OR1）。

格列高利的中世纪故事说明这样的忏悔是有效的。[①] 即使是恶贯满盈的人也可以获得上帝的原谅，甚至不仅可以被原谅，他还可以成为教皇。因为他们不仅有能力犯下极端的罪行，也有能力进行极致的忏悔，所以他们最后获得了基督教会的最高地位。

可是犹大犯了罪却不知悔改，所以不得获救。这里引用中世纪关于犹大传说中的一句："最后，犹大悔恨，上吊自杀，悲惨地结束了自己的一生。"另一种说法是"他在 *Desperatio*［**绝望**］中上吊自杀"。在上帝看来，绝望，才是最深重的一种罪过。[②] 在普鲁登修斯（Prudentius）的《心灵冲突》（*Psychomachia*）中，他认为自杀是绝望的表现。在帕多瓦（Padua）的圣·玛利亚·德尔·阿雷纳（S.Maria dell' Arena）教堂里，有一幅乔托（Giotto）创作的《末日审判》（*Last Judgmen*），在这里，绝望的形象就是上吊自杀。"犹大的自杀发生在基督为救赎殉难之前，他没有机会觉悟自己也在上帝的救赎之列。犹大死于恩典时代（Age of Grace）之前，他可能也是最后一个死在旧律法之下的人。相反，格列高利和安德鲁生活在第一个基督教的圣灵降临节（Pentecost）之后，那时，灵魂的救赎已被世人所知……"的确，"如果这是对绝望的警告……在格列高利教皇的所有文

① 埃德蒙兹 1985：79—88（LT1）。

② 埃德蒙兹 1985：61—65（LT1，LT2）。

本中都如此反复强调，因为这一警告根植于人们对犹大之死的记忆”。[1]

中世纪俄狄浦斯的未来

犹大和格列高利的故事以口述的传统方式流传到现代，其他民间故事也大多如此，它们同样古老，主角的名字虽有不同，但故事模式大同小异。这些现代民间故事是俄狄浦斯民间故事类型的基础，对此，本书在序言中已有讨论，民俗学的研究讲述了这个故事中的故事。[2]然而，如果我们仅仅追溯那个名叫“俄狄浦斯”的主人公的神话传统，我们就会跟随斯塔提乌斯——这位中世纪俄狄浦斯故事的重塑者——和塞涅卡的脚步进入文艺复兴。而现在，随着希腊悲剧文献资源的重新发现，有关俄狄浦斯神话的文学史都将变得愈加复杂。

79 小结

当罗马时代的俄狄浦斯来到中世纪和文艺复兴时，仅仅剩

① 奥利（Ohly）［1976］1992：29。

② 这里再一次引用自己的话：埃德蒙兹 1985。

下了斯塔提乌斯的一部史诗和塞涅卡的两部悲剧。在整个公元1世纪，斯塔提乌斯的作品完成了对希腊忒拜故事的重述，那时，他也许还能够读到关于忒拜悲剧的全部作品（但我们现在已经不可能了），并在自己的创作中进行引用、借鉴与融合。随后，斯塔提乌斯这部极其复杂的作品经历了另一次重述，并以中世纪罗曼蒂克的风格呈现出来，这就是《罗马的忒拜》故事。塞涅卡笔下的俄狄浦斯没有斯塔提乌斯的那么走运，在中世纪并未引起足够关注。它被重新发现的时间是相当晚近的事情，而且即便如此，塞涅卡的悲剧也只是作为其他创作题材的文本资源或参考。没有中世纪的悲剧，也就没有对塞涅卡悲剧的重塑。斯塔提乌斯史诗中的一个片段激发人们创作了一首表达忏悔主题的挽歌，这首挽歌让我们看到了中世纪的社会思潮和意识形态。同样，犹大和教皇格列高利的传说也将基督教的道德教义屈尊于人们尚能辨识的俄狄浦斯神话的故事模式，这一道德教义是：绝望的罪恶与忏悔的美德。

俄狄浦斯效应

Oedipus Afterwards

四、索福克勒斯的重新发现：从文艺复兴到 18 世纪

15 世纪初，与古希腊相关的知识开始通过意大利被重新带 83
回了西欧。由于当时的威尼斯人（Venetians）与讲希腊语的拜占庭（Byzantine）帝国存在广泛联系，他们无意中成了这一次文化传播的使者。1397 年，一位拜占庭的外交官首先在佛罗伦萨正式介绍了古希腊，这是西欧人文主义复兴的重要时刻。[①] 随着人们对希腊语的学习和了解，古希腊作者的手稿也备受青睐。西西里的奥里斯帕（Aurispa）既是一位学者，又是一位商人，他在 1417 年把索福克勒斯的第一个手抄本带回了意大利。在土耳其人占领拜占庭的前半个世纪里，大约有 12 位意大利人文主义者在希腊读书或旅行，奥里斯帕便是其中之一，他带回了 238 本与古希腊相关的书稿，其中包括埃斯库罗斯和索福克勒斯的悲剧。那时，能够阅读索福克勒斯或其他希腊作家的人并不多，希腊语教师和书籍非常匮乏，甚至连一本语法书也没

① 曼恩（Mann）1996：16 认为，这个“关键日期”应该是 1392 年。

有，即使是人文学者，也很难掌握这门古代语言。这种情形一直延续至 1453 年。这一年，原来的拜占庭，现在的君士坦丁堡（Constantinople）落入了奥斯曼人（Ottomans）之手，接下来，一拨又一拨的难民来到了意大利，他们中的一些人开始以教希腊语谋生。同时，新的印刷术发明，成为人们能够广泛阅读索福克勒斯和其他希腊作家的另一个重要条件。15 世纪末，阿尔杜斯・马努提乌斯（Aldus Manutius，1449—1515）在威尼斯的印刷厂开始印刷出版希腊文著作，大约在 1502—1504 年间，索福克勒斯的悲剧作品第一版在马努提乌斯的印刷厂正式出版。[①]

84 俄狄浦斯在意大利

16 世纪，索福克勒斯作品的不同版本和译本在意大利多达 91 种，其中悲剧作品有 44 部，加上他所有的手稿、未出版的翻译和评论等共计 135 种，人们对这位希腊悲剧家的需求迫切而持久，相比之下，埃斯库罗斯的作品仅有 30 余种。人们对古希腊悲剧的这种热情空前绝后，在那个世纪里意大利人平均每年就要观看一部新的悲剧，随之而来的是大量的戏剧评论和相关

---

① 桑迪斯（Sandys）1906—1908. 2：36；雷诺兹（Reynolds）和威尔逊（Wilson）1991：147—148。

论文。在西方历史上，这是一个可以被称为悲剧繁荣的时代。[①]

中世纪以来，欧洲的戏剧文化一直受到塞涅卡悲剧的影响。在 1474—1475 年间，意大利费拉拉（Ferrara）的安德烈亚斯·加利克斯（Andreas Gallicus）正式出版了塞涅卡的第一部作品，这比索福克勒斯的悲剧出版整整早了 25 年。毫无疑问，那时在意大利和欧洲其他地方，塞涅卡的影响力完全主导了人们对希腊悲剧的看法及其人文主义方向。1515 年，荷兰的一位牧师，也是一位伟大的人文主义学者伊拉斯谟斯（Erasmus），在塞涅卡的影响下创作了一部俄狄浦斯神话。但是，随着索福克勒斯作品的传播，人们开始改变受塞涅卡所影响的对希腊悲剧固有的印象。本章通过聚焦索福克勒斯《俄狄浦斯王》的各种评论，试图对索福克勒斯与塞涅卡在 16 世纪的影响力重新进行评估。而在接下来的世纪里，我们将会看到，索福克勒斯的悲剧结构决定了法国新古典戏剧的发展方向。

索福克勒斯的重新发现得益于亚里士多德《诗学》（*Poetics*）理论的影响。16 世纪，亚里士多德的《诗学》主导了文学理论和悲剧作品的批判方向。《俄狄浦斯王》在《诗学》中被亚里

① 有关索福克勒斯的数据来自博尔扎（Borza）2003；悲剧来自马斯特洛科拉（Mastrocola）1996：9—10；关于 16 世纪的概要，以马斯特洛科拉的文献为基础，1996：9—25；马斯特洛科拉在 1986 对斯坦纳（Steiner）进行的批判性反思是很有价值的（同上书：20—21）。

士多德反复提及，被引用和讨论的次数超过了其他任何一部悲剧，从此，《俄狄浦斯王》被确立为悲剧结构的典范。对于《诗学》之于当时文艺评论的影响力，伯纳德·温伯格（Bernard Weinberg）曾有过这样的评价：“对于评论家来说，他的任务就是，首先着手发现一部新的戏剧，并从中提取已经建立的某种理论假设，然后用他自己对《诗学》的理解进行检测，看看它们是否忠实于亚里士多德的理论原则，最后，再评判这部戏剧的精彩之处。”①

《诗学》在西欧很早就有了名气，但它的传播和影响却几经反复。1278年，莫尔贝克（Moerbeke）的一位多明我会修士——威廉（William，约1215—1286）——被派往希腊的忒拜地区传
85 教，他自学了希腊语，并将亚里士多德的大部分著作翻译成了拉丁文，其中包括《诗学》。不过，那时离《诗学》产生影响的时代还很远。1481年，阿威罗依（Averroës）的阿拉伯评论由赫尔曼努斯·阿勒曼努斯（Hermannus Alemanus）翻译成拉

① 温伯格（Weinberg）1961.2：953；关于文艺复兴时代诗学史述评：桑迪斯（Sandys）1906—1908.2：133—135；蒂格斯泰特（Tigerstedt）1968；对蒂格斯泰特的反思：加林（Garin）1973；哈顿（Hutton）1982：27—30；参考书目在马斯特洛科拉（Mastrocola）1996：24 n. 18。

丁语，其中有关《诗学》的内容开始被人们广泛阅读和了解。[①] 紧接着，乔治·瓦拉（Giorgio Valla）于1498年出版了一部相当准确的拉丁文版的《诗学》译本。1508年，意大利印刷家及人文学者马努提乌斯出版了《诗学》的希腊文本，这是《诗学》传播史上一个重要的转折点。1536年，由亚历山德罗·德·帕齐（Alessandro de' Pazzi）编写的带有拉丁文版的新的希腊文《诗学》成为人们学习的范本。1548年，弗朗西斯科·罗伯特罗（Francesco Robortello）发表了第一篇关于《诗学》的重要评论。自此，16世纪关于悲剧理论的权威，亚里士多德逐渐取代了贺拉斯（Quintus Horatius Flaccus，公元前65—前8世纪，古罗马诗人和文艺评论家），而塞涅卡之于俄狄浦斯悲剧的地位和影响，自然也被索福克勒斯取而代之。

亚里士多德《诗学》的权威性赋予了索福克勒斯《俄狄浦

① 伊本·鲁西德/阿维洛依（Ibn Roschd/ Averroës，1126—1198），阿拉伯人，医学家、哲学家。公元8—14世纪，包括西班牙在内的整个伊比利亚半岛都在阿拉伯人的控制下。阿维洛依曾经担任西班牙科尔多瓦伊斯兰公国的大法官。阿维洛依的许多哲学论著从意大利传到欧洲，形成了当时影响力不亚于亚里士多德的拉丁阿维洛依学派，也被欧洲人称为“阿拉伯·亚里士多德主义”学派，影响深远。阿维洛依对亚里士多德的评注被编入威尼斯最早出版的《亚里士多德全集》的拉丁文版。从某种意义上说，是阿维洛依让欧洲人知道了亚里士多德。他不仅阐释而且可能创作了部分失传的亚里士多德的著作。——译注

斯王》的崇高地位。通常，评论家的笔下总是把它们放在一起，就像同一事物的一体两面。例如，1543 年，意大利诗人钦提奥（Giovambattista Giraldi Cinzio）在公开解读了他的悲剧《迪多》（*Didone*）之后，不得不面对人们提出的一系列质疑。其中某些批评直接指向《诗学》和《俄狄浦斯王》，一位匿名评论家说："亚里士多德从这部悲剧的真实含义中得出了一个戒律。"又如，斯佩罗内·斯佩罗尼（Sperone Speroni）的《卡那刻》（*Canace*）被评论家巴托洛米奥·卡瓦尔坎蒂（Bartolomeo Cavalcanti）从两个方面进行批判，他认为这部剧既背离了索福克勒斯的结构，又违反了亚里士多德的戒律。此外，有一位名叫贾科莫·多尔菲尼（Giacomo Dolfini）的评论家，用"心灵的共鸣"比喻索福克勒斯与亚里士多德在 16 世纪的密切关系，他揶揄说："亚里士多德所教导的悲剧理论与索福克勒斯的天才想法一拍即合，于是，《俄狄浦斯王》应运而生。"①

两种推动力

16 世纪，人们对古希腊作品的接受和喜爱源于两种力量的推动，尤其是对《俄狄浦斯王》。第一种力量是出版业的兴起，

① 关于钦提奥（Cinzio），温伯格（Weinberg）1961.2：913；关于卡瓦尔坎蒂（Cavalcanti），同上书：919；关于多菲尼（Dolfini），同上书：943。

人们对出现在印刷品上的原始文献表现出极大的兴趣。印刷作
品需要对手稿的权威性作出判断和选择（人文编辑者通常会参
考两份手稿，最多三份），这种甄别过程增加了印刷作品的权
威性，评论和译文也因此更喜欢参考它们。1502—1503 年，马
努提乌斯印刷出版了大量的古希腊诗歌。印刷作品的出现给各
种教学与阅读带来了便利，一些人文学者在意大利的大学里专
门讲授索福克勒斯。在 15 世纪的最后 25 年里，德美特里·卡 86
尔孔狄利斯（Demetrius Chalcondyles）曾在意大利的多所大学
任教，他不仅讲授希腊语和柏拉图哲学，而且还在米兰专门讲
授索福克勒斯的悲剧。[①]1524—1525 年，《俄狄浦斯王》第一次
被翻译成了意大利语，这位译者是亚历山德罗·德·帕奇，他
还翻译了亚里士多德的《诗学》，前面已有提及。在意大利之
外，人们对索福克勒斯希腊文本的新版本同样充满兴趣。在巴
黎，有特恩巴斯（Adrianus turnbus/Adrien Tournèbe）在 1552—
1553 年的印刷版和斯特凡努斯（ Henricus Stephanus /Henri
Estienne）在 1568 年的印刷本；在荷兰，威廉·坎特尔（Willem
Canter）在 1579 年印刷出版了《俄狄浦斯王》，坎特尔的版本

① 对于人文主义版和大学讲座，参见博尔扎（Borza）2003：53—54 及其参考文献。

享有很高的声誉，其权威性持续了两个多世纪。[1]

推动人们接受古希腊作品的第二种力量是创造性模仿。1560年，乔瓦尼·安德里亚·戴尔·翁布里亚（Giovanni Andrea dell'Anguillara）在意大利北部的维琴察（Vicenza）创作了他自己的《俄狄浦斯王》，演出地点是一座用木头建造的简易剧院，由帕拉第奥（Palladio）设计。翁布里亚在索福克勒斯的基础上掺杂了其他作品的元素，其中包括塞涅卡的《俄狄浦斯》和欧里庇得斯的《腓尼基妇女》。翁布里亚这部作品的最大变化是在故事的结尾体现了他创作这部悲剧的特色和意义。翁布里亚延续了欧里庇德斯的一个故事情节，他让俄狄浦斯一直活到了最后，其间经历了儿子们的自相残杀和伊俄卡斯塔俯尸自杀的痛苦。翁布里亚认为，要理解索福克勒斯悲剧的引申意义，必须结合俄狄浦斯在剧情开始时面对瘟疫的反应。对此，翁布里亚作出了不同于索福克勒斯的安排，他让俄狄浦斯在瘟疫发生时就意识到自己的死亡，于是他宣布了遗嘱：把忒拜留给大儿子厄忒俄克勒斯（在这部悲剧中，厄忒俄克勒斯成了长子），把科林斯留给小儿子波吕尼刻斯。故事到最后，俄狄浦斯发现原来自己不是科林斯国王的儿子，也没有王位可以合法

① 桑迪斯（Sandys）1906—1908.2：216—217。索福克勒斯版本的简短历史参见劳埃德－琼斯和威尔逊 1990：1—6。

馈赠，他不仅是一个篡夺忒拜王位的僭主，而且还是谋杀父亲的凶手。因此，这部悲剧的主题，着重讲述了俄狄浦斯权力的倾覆以及他未能以自己的血脉保住城邦王权的故事。[①]

另一位著名的关于忒拜神话的改编者是意大利的卢多维科·多尔斯（Ludovico Dolce），他在1560年翻译并重写了欧里庇得斯的《腓尼基妇女》。他赋予这部悲剧的主题是：权力的野心毫无意义，命运主宰着一切，人类永远无法预知和对抗命运。在剧中，伊俄卡斯塔告诉她的儿子们，王权终将落幕。多尔斯不懂希腊文，他直接参照了欧里庇得斯的拉丁文本。1566年，在英国伦敦的格雷律师学院（Gray' s Inn），乔治·盖斯科因（George Gascoigne）和弗朗西斯·肯威尔马什（Francis 87
Kinwelmarsh）出版了英文版的《伊俄卡斯塔》，他们直接抄袭了多尔斯作品的三分之二，但却注明作品译自欧里庇得斯。[②]因多尔斯的这部作品所引起的这段文案，也说明了意大利人文学者对欧洲其他国家的影响。

意大利对索福克勒斯悲剧的兴趣在16世纪达到了高潮。

---

① 翁布里亚的戏剧文本简称伊蒂帕普（Edippo），在安圭那纳（Anguillara）1809。这部剧演出日期之一是1560年，出版于1565年。帕杜安诺（Paduano）1994：266—270；马斯特若科拉（Mastrocola）1996：99—112。

② 坎利夫（Cunliffe）1906：14。

1585 年，一群在维琴察自称来自奥林匹克艺术学院（Accademia Olimpica/Olympian Academy）的年轻人经过深思熟虑和精心筹划之后，直接用意大利语表演了《俄狄浦斯王》，并以此作为他们新剧场的开幕大戏。剧场由该学院成员之一的帕拉第奥设计，剧本的译者是奥萨托·朱斯汀尼（Orsato Giustiniani）。奥萨托翻译的内容尽可能忠于传统，但戏剧舞台的布景却很具有现代性。当幕布徐徐升起，香熏弥漫剧场，那是忒拜人正在用香火安抚众神（这个情景来自索福克勒斯《俄狄浦斯王》的第 4 行）。这时，俄狄浦斯出场，一副土耳其苏丹（Sultan of Turkey）的扮相，他带着 24 名弓箭手组成的卫队，侍童和达官贵人紧随其上。接着出场的是伊俄卡斯塔和陪同她的侍从，以及几位体面的女士。克瑞翁出场时身着制服。由于古代音乐已经失传，歌队的演唱曲目由当时著名的音乐家安德里亚·加布里埃尔（Andrea Gabriele）创作。演员们没有戴面具，一如古代舞台上的情形。[①] 维琴察的演出虽然在表演内容和表演方式上遵

① 里科博尼（Riccoboni）1996：1—12；施拉德（Schrade）1960，包括加布里埃利（Gabrieli）的配乐；温伯格（Weinberg）1961.2：942—945；加洛（Gallo）1973；戈登（Gordon）1975；威代尔－纳凯（Vidal-Naquet）1981：6—13=威代尔－纳凯 1996：13—31；弗拉萨尔（Flashar）1991：27—34；对于进一步的指向，参见 Flashar 1991：319 n.1.；对于帕拉第奥（Palladio）和剧院在维琴察（Vicenza）的参考书目，参见威代尔－纳凯 1981：23 n.20= 威代尔－纳凯 1996: 19 n. 20。

循了古典传统，但戏剧舞台却充满了现代元素。毫无疑问，随着时代的变迁，历史真实性与现代适应性之间的对立需要调和。对于奥林匹克艺术学院的年轻艺术家们来说，尊重传统、尊重古典作品的意义，最终也只能在舞台上表现出一种古典主义的象征，因为一场走向现代性的戏剧运动已经不可逆转。

俄狄浦斯在德国

试图通过整个欧洲去追溯俄狄浦斯神话在古代和中世纪的命运将是一项十分艰巨的任务。就目前而言，至少有两个例子可以表明，即使是在同一时期，欧洲北部的新教徒对忒拜神话的解释是怎样的不同。菲利普·梅兰希通（Philipp Melanchthon）是路德（Luther）的朋友和支持者，他在其《演说集》（*Declamationes*）中强调，为了理解《新约》，学习古典希腊文非常必要。梅兰希通是维滕伯格（Wittenberg）大学的 88
希腊语教授，在那里，他讲过几本古典希腊著作，其中就有索福克勒斯的《安提戈涅》，但不知何故，他没有讲过《俄狄浦斯王》。从梅兰希通幸存的一段文字中，我们可以知道他对欧里庇得斯《腓尼基妇女》的看法。1537 年 5 月 28 日，他用拉丁语写道：

明天，上帝保佑！如果一切顺利的话，我将在六点钟开始解读欧里庇德斯的悲剧，他给这部悲剧起了一个名字——《腓尼基妇女》，这部悲剧描述了两兄弟为争夺忒拜王权的战争，野心导致了他们的死亡。正如克劳狄安（Claudian）所说，内讧通常会毁掉所有的帝国。因为**放纵**［*luxuria*］（self-indulgence）的罪恶和**自负**［*superbia*］（pride）的敌意足以摧毁一切。在这一点上，这部悲剧给人们提供了一个非常鲜明的例子。悲剧通过著名的演讲，劝诫人们**克制**［*modestia*］（restraint），教导统治者应该为国民的整体安全着想，不要因为个人的**欲望**［*cupiditas*］（desire）、**骄傲**［*gloria*］（pride ）或其他不良情绪而将国家带入危险之中。掌握这些戒律对个人品性是有帮助的，尤其是在这个不幸的时代。因此，我奉劝同学们来听听这部悲剧。[①]

梅兰希通对悲剧的解读具有一种政治立场，同时，他还使用了基督教中有关个人美德与恶习之类的术语来评价忒拜兄弟之间的战争。

汉斯·萨克斯（Hans Sachs，1494—1576）是纽伦堡（Nüremberg）的一名鞋匠，与梅兰希通一样，萨克斯也是一位改良主义者。萨克斯从当地的歌唱学校毕业后成为一名主唱歌

① 梅兰希通（Melanchthon）1834—1860.3：374（no.1579）。

手（Meistersinger），但他同时也是一位兼具诗人和歌手的商人。后来，他扮演了著名音乐家理查德·瓦格纳（Richard Wagner）同名歌剧中的角色（1868）。之后，萨克斯在他自己的三部作品中使用了伊俄卡斯塔的事迹：一首长60行的歌曲——《伊俄卡斯塔女王》（1537）；一部戏剧——《由13个人朗诵的悲剧，不幸的伊俄卡斯塔女王》（*A tragedy,to be recited with thirteen persons, the unhappy Queen Jocasta*，1550）；还有一首名为《不幸的伊俄卡斯塔女王》的格言诗（1563）。上述作品的叙事方式均采用了薄伽丘的《论著名的女性》的结构和形式。[①]

作为一部薄伽丘式的戏剧作品，萨克斯创作的内容是全新的，它既没有参考索福克勒斯，也没有参考塞涅卡（或许他根本就不了解他们的悲剧）。这部剧还包含了在科林斯的场景；拉伊俄斯为了腓尼基人（原文如此，存在拼写错误）即将去与科林斯人作战，于是他向伊俄卡斯塔道别；在科林斯的战场上，拉伊俄斯与俄狄浦斯不期而遇，于是他们进行了一场骑士会议；科林斯国王写信给伊俄卡斯塔，建议她嫁给他的养子俄狄浦斯， 89
伊俄卡斯塔回信表示同意。俄狄浦斯成功地当上了忒拜的国王，

① 歌曲：萨克斯（Sachs）1884：64—66；戏剧：凯勒（Keller）1874：29—53；格言诗（Spruchgedicht）：凯勒（Keller）和格茨（Goetze）1892：478—482；对于索福克勒斯的这部神话，仍然缺乏全面了解；阿贝莱（Abele）只是一个开端，1899：95—96。

娶了他的母亲伊俄卡斯塔为妻，但他深感痛苦的是不知道自己的亲生父母是谁。朱庇特派墨丘利（Mercury）去告诉伊俄卡斯塔，拉伊俄斯想要毁灭的那个俄狄浦斯正是她的儿子。伊俄卡斯塔说俄狄浦斯出生时得到了一颗宝石，这颗宝石至今仍在他的身上，因此可以证明他的身世。俄狄浦斯知道真相后刺瞎了自己的眼睛，并流亡国外。这部戏剧的第五幕，也是最后一幕，是关于俄狄浦斯和伊俄卡斯塔的儿子们的故事，他们的名字叫弗洛里斯特（Floristes）和约里斯特（Joristes），两个儿子开始为王位争吵。伊俄卡斯塔告诉他们，她将继续担任摄政王，直到他们长大成人，在伊俄卡斯塔的主持下，他们就如何分享王权的问题达成了协议。这时，一个“谄媚的撒旦”（Satan the sycophant）提醒约里斯特，说他的哥哥弗洛里斯特欺骗了他，而且王后实际上支持他的哥哥弗洛里斯特。于是，约里斯特和弗洛里斯特进行了一场决斗，互相杀死了对方。伊俄卡斯塔悲痛欲绝，也自刺身亡。戏剧的最后有一个收场白，一位传令官从这场悲剧中总结了五点教训：第一，神定之事，不可抗拒，终会成就其时；第二，幸福苦短；第三，被不幸折磨的人，“十字架是灵魂的良药”。人，必须承受苦难；第四，每个人都应该满足于上帝赋予他的权力和财富；第五，统治者不能听信谄言。

路德的教义在 16 世纪激发了魔鬼文学（devil literature）的

灵感，因此，当撒旦以谄媚的朝臣出现在萨克斯的戏剧中时，人们几乎不会感到意外。[①]俄狄浦斯的最终命运在这部剧里并不确定。俄狄浦斯两个儿子之间的冲突也不再归因于古代的复仇女神或俄狄浦斯的诅咒，而是魔鬼撒旦的作祟。撒旦所提供的第五点教训恰恰是世俗政治的写照。萨克斯的这部戏剧表达了明显的基督教寓意，主要体现在故事的第三段。但是，比较中世纪用基督教的故事形式为俄狄浦斯提供忏悔，萨克斯是直接对俄狄浦斯刺瞎双目的行为进行道德解释。这实际上是一个背负十字架进行自我救赎，但最后失败的例子。

17 世纪：俄狄浦斯在法国

时间来到了 17 世纪，忒拜悲剧的热点转移到了法国，但
作为对法国君主政体的现状和混乱意识形态的回应，法国出现 90
了关于忒拜悲剧的系列作品。1605 年，让·普雷沃斯特（Jean Prévost）创作的塞涅卡式的《俄狄浦斯》正式上演，自此拉开了这一系列悲剧的序幕。[②]作为国王和父亲，俄狄浦斯浓缩了家

① 对于魔鬼文学参见奥斯本（Osborn）1893。

② 顺便一提，最后一部塞涅卡式的《俄狄浦斯》由特索罗（Emanuele Tesauro）于 1661 年在意大利完成。——译注

庭、国家、宗教以及法律问题，并将这些问题一并呈现给这个旧制度（Ancien Régime）。在普雷沃斯特的悲剧出版几年后，塔勒芒·德·雷奥（Tallement des Réaux）于1614年出版了一部索福克勒斯式的《俄狄浦斯》。1638年，让·德·罗特鲁（Jean de Rotrou）出版了《安提戈涅》。在中世纪期间的投石党（Fronde）[①]运动之后，随着君主政体的重新建立，皮埃尔·高乃依（Pierre Corneille）——法国古典主义悲剧的奠基人——用他的《俄狄浦斯》（1659）向我们展示了一条通向王室的合法之路。1664年，另一位法国悲剧大师让·拉辛（Jean Racine）创作了《忒拜纪》（*La Thébaïde*），拉辛的这部作品是17世纪的巅峰之作，它把忒拜的系列悲剧推向了高潮，但这个高潮既出乎意料，也令人绝望。当代美国著名文学批评家乔治·斯坦纳（George Steiner）将它称之为“绝对悲剧”（absolute tragedy）。[②]以上所提及的作品开启了法国有关俄狄浦斯的戏剧传统，并一直延续至今。[③]对于

① 投石党，是法国路易十四期间，人民自发组织的一个法国政党。两次投石党运动发生在1648—1653年，是一场法国内部的反对封建王权专制的政治运动。——译注

② 1984：280—281。参见第153页关于拉辛的《忒拜纪》的评论。

③ 关于特索罗（Tesauro），参见帕杜安诺（Paduano）1994：285—288。在本段中，我引用了比特（Biet）1994a和比特1999。关于罗特鲁（Rotrou），参见比特1994b：177—199。前两幕是关于古代的忒拜故事，后三幕是古代的安提戈涅。我认为斯坦纳（Steiner）1984所提到的罗特鲁的忒拜是指他的安提戈涅。

这个传统来说，高乃依的《俄狄浦斯》具有奠基性意义。

高乃依的《俄狄浦斯》

高乃依的剧本中有两个开场白，一个是“致读者”（Au Lecteur/To the Reader），一个是“询问”（Examen/Examination），在这两个序文中，他列举了与索福克勒斯悲剧的不同之处。为了照顾观众席上女士们的观感，他避免在舞台上出现俄狄浦斯自刺双目的血腥场景，同时还添加了一段迪尔克（Dirce）和忒修斯的“快乐插曲”（happy episode）。迪尔克是拉伊俄斯和伊俄卡斯塔的女儿，也是俄狄浦斯的继女。忒修斯是雅典国王，他在忒拜与迪尔克坠入情网。俄狄浦斯基于城邦利益的考虑反对迪尔克与忒修斯结婚。俄狄浦斯认为，拥有迪尔克的忒修斯将成为忒拜城邦的强大对手。俄狄浦斯相信波吕巴斯就是他的亲生父亲，他必须回到父亲的身边，回到科林斯继承王位。俄狄浦斯更愿意把忒拜的王位交给没有那么强大的女婿海蒙。在有关忒拜的其他剧本中，海蒙是克瑞翁的儿子，但高乃依的剧本里并未提到克瑞翁。无论是对这部戏剧的意义，还是对整个忒拜神话历史后来产生的影响，迪尔克和忒修斯这段“快乐插曲”的重要性怎么被高估都不为过，因为这段插曲在很大程度上消解了索福克勒斯悲剧主题的神圣性。在索福克勒斯开场的故事

91 情节里，由祭司、忒瑞西阿斯以及来自德尔斐的神谕，确立了圣域与城市、神明与人类之间的“纵向”（vertical）结构关系，但在高乃依的笔下，围绕着迪尔克——这位忒拜王座的合法冒牌者，展开了一场明争暗斗的政治阴谋，形成了一个“横向”（horizontal）的人类世俗政治的结构关系。①

在“快乐插曲”之外，戏剧的故事主线大致如下：瘟疫发生后，俄狄浦斯去德尔斐咨询阿波罗，但阿波罗的神谕说得含含糊糊。于是，俄狄浦斯下令对拉伊俄斯的亡灵进行询问，为了得到安抚，这个亡灵需要一个祭祀它的活物。当得知拉伊俄斯的亡灵需要一个受难者时，迪尔克表示自愿作出牺牲。这时，忒修斯挺身而出，要替代迪尔克赴死，但他们的想法都被伊俄卡斯塔断然否决。伊俄卡斯塔把拉伊俄斯生前得到的神谕和忒瑞西阿斯从拉伊俄斯的亡灵那里得到的信息综合起来之后，发现凶手就是自己的儿子俄狄浦斯。现在，那个正在被传唤的仆人福尔巴斯（Phorbas）是俄狄浦斯最后的希望，抑或绝望，他带来的证词可能改变一切。俄狄浦斯认识福尔巴斯，但福尔巴斯未必认得他。福尔巴斯正是与俄狄浦斯在十字路口斗殴的几个人之一，俄狄浦斯似乎并不知道福尔巴斯在那场斗殴中侥幸脱逃了。现在，俄狄浦斯已经意识到自己正是杀害拉伊俄斯的凶手，但他此时

① 泰莱（Theile）1975：39。

还不知道自己就是拉伊俄斯的儿子。由于福尔巴斯的女儿（她是迪尔克的女仆）曾经使忒修斯相信了他就是拉伊俄斯的儿子，因此，忒修斯现在向俄狄浦斯提出了决斗，要为他的父亲拉伊俄斯报仇。后来，一位信使从科林斯赶来，接下来发生的事情与索福克勒斯的故事相同。唯一不同的是伊俄卡斯塔的结局，当福尔巴斯准备刺杀伊俄卡斯塔的时候，伊俄卡斯塔立即自杀身亡。

高乃依说，他在剧情里减少了神谕的分量，因为神谕很容易让俄狄浦斯知道他自己的身份。在这里，高乃依的剧本不同于索福克勒斯，虽然，大臣迪马斯（Dymas）带回了德尔斐神谕，但神谕的内容模棱两可，什么也决定不了。在高乃依看来，所谓神谕，其实还是来自人类的想象，这一点完全不同于索福克勒斯的立场。事实上，只有伊俄卡斯塔认为，忒拜瘟疫的发生是因为拉伊俄斯遇害而引发的众神之怒。高乃依让忒瑞西阿斯通过招魂术激起拉伊俄斯的反应（显而易见，这个情节模仿了塞涅卡），但拉伊俄斯的反应同样是含混不清的，以至于错误地引导出另一个情节，差一点让迪尔克献祭。在剧情中，高乃依寻找理由来解释亚里士多德毫无理由的“发现”，尤其是俄狄浦斯对父亲和“那个拉伊俄斯”之死一无所知（《诗学》，

1460a，27—31）。[1] 俄狄浦斯只记得自己杀死了两个盗贼，而且认为自己杀盗贼的行为是在替天行道，是在惩罚那个杀害拉伊俄斯的凶手。[2]

在俄狄浦斯发现自己身份的过程中，并未出现那个弑父娶
92 母的预言，他不需要承受那个预言实现的痛苦，只需要面对自
己犯下的罪行，这一点完全不同于索福克勒斯对剧情的处理。
高乃依笔下的俄狄浦斯可以把他自己视为众神中的、完全无辜
的受害者：

> 我的记忆中只充满了高尚行为。
> 然而，此刻我却发现自己是一个乱伦的弑父者，
> 虽然，我并未跟随赫拉克勒斯（Alcides）[Heracles]的脚步，
> 但也不四处钻营。
> 除了维护法律、摧毁怪物和惩罚恶人。
> 我身不由己，上天安排我走向犯罪之路。

---

① 亚里士多德认为："不可能发生但却可信的事，比可能发生但却不可信的事更为可取。组织情节不应用不合理的事——情节中最好没有此类内容，即便有了，也要放在布局之外，比如俄狄浦斯对拉伊俄斯的死因一无所知。"参见亚里士多德《诗学》，陈中梅译注，商务印书馆，1996年，第170页。——译注

② "致读者"和"询问"，高乃依1987：17—21。悲剧文本，同上书：22—93；讨论和注释，同上书：1366—1381。

它让我不能自拔，隐藏我的本我。
它试图用它的预言令我不知所措，
我的父亲走向我的剑，我的母亲走向我的床。
唉，我们徒劳的想象却是如此真实，
我们只能在上天注定的命运中隐藏我们的人生！
我们所有逃避的努力，却让我们迅速地与它相遇，
我们所有逃避的伎俩，却让我们更快地深陷其中。
不过，如果上帝给予我令人厌恶的一生，
那么，它也会施与同情，令生命的结局体面高贵，
因为在结局中，命运交织着欢喜的怒火
判决我死刑以拯救众生，
也因为，我的一生必须同时
承受由命运给予我的这犯罪的耻辱，
我并未从命运中得到那些美德的光辉，最后，
接受了一个荣耀的死亡，作为我的报偿。

（1820—1840）

按照忒瑞西阿斯从神谕那里得到的回复，俄狄浦斯需要用鲜血抵偿拉伊俄斯的死亡，需要为谋杀的行为赎罪，虽然俄狄浦斯提到人类试图逃避“命运的捉弄”，但他自己从未尝试逃

离命运的魔掌，原因很简单，因为没有神谕，他没有逃离的理由。因此，呈现在他面前的不幸，对他而言，不过是来自人世间的另一种攻击，他仍然可以抵抗这种敌意。他说，他的美德与诸神无关，而他的死亡，即使是由诸神安排，也值得尊敬。

俄狄浦斯站在被告席，眼窝里的鲜血滴落到地上，法庭里的两个病人马上就痊愈了，这隐喻了俄狄浦斯愿意牺牲自己以拯救这个城邦。通过忒瑞西阿斯的传达，拉伊俄斯的请求得到
93 同意，俄狄浦斯重新接受神的制裁，而忒修斯则以他优良的品德得到了忒拜国的王位。因此，在最后，高乃依为我们提供了一幅关于王权统治“令人忧虑而又有希望”的画面，一个合法的、某种未来预先设定的好国王，也许就是路易十四。[①] 虽然，高乃依在剧中特别清楚地声明了他对君主的忠诚，但仍然有一个对他充满敌意的批评家，找到了高乃依反君主倾向的“证据”，这个人就是神父奥比利亚克（Abbé d’Aubignac），1663 年，当高乃依的《俄狄浦斯》出版后，他在一篇针对性的评论中这样写道：

> 高乃依应该记住，他把俄狄浦斯搬上了法国的舞台，但这里不是展示伟大皇室家庭不幸的地方，当皇室成员出现了可憎

① 参见比特 1994b：204—212。

和可耻的行为，当臣民发现自己被瘟疫的惩罚所包围时，这意味着上天强加给人类的灾难。让我们看到戴着王冠的人无法避免厄运，让我们看到他们生活的混乱，看到他们遭受着某种更为强大力量的支配和责难，尽管他们是无辜的，但，这对我们有什么好处呢？……[①]

神父的批评对他们自己没有好处。因为他们的批评，恰好挑明了高乃依反对保皇派的某种暗示，有趣的是，这个暗示却被一个头脑简单的批评家（也许是故意的）心领神会。

约翰·德莱顿与纳撒尼尔·李的《俄狄浦斯》

高乃依的《俄狄浦斯》很快在英国找到了模仿者。1678年秋天，英国古典文学流派的创始人约翰·德莱顿（John Dryden）和纳撒尼尔·李（Nathaniel Lee）通过《俄狄浦斯》迂回曲折地把我们带进了英语文学世界，或者更确切地说，他们开启了英国悲剧艺术的复兴。[②]在他们的序言中，这两位英国剧作家对塞涅卡和高乃依的作品都颇有微词。他们说："我们

---

① 高乃依 1987：1370。

② 格菲（Guffey）和罗珀（Roper）1984：113—215（正文），441—496（有价值的讨论和注释）；比特 1994b：223—235。

从高乃依那里所能得到的一切，只有一个插曲（指迪尔克和忒修斯的爱情故事），这个插曲虽然必须是，但又不是他想要表达的方式；塞涅卡没有给我们任何新的主题和启示，仅仅讲述了忒瑞西阿斯唤醒拉伊俄斯鬼魂的情景，但这种表演不过是为了迎合观众的需求。”[1] 在约翰·德莱顿和纳撒尼尔·李所创作的剧本里，别出心裁地设计了一个“次要剧情”，“次要剧情”涉及克瑞翁、拉伊俄斯的女儿欧律狄刻（Eurydice）与她的情人——攻打忒拜的七将之一的阿德拉斯忒斯（Adrastus）——之间的爱情纠葛，正如我们所看到的，最后的结局当然是一个悲剧。与高乃依一样，德莱顿和李的《俄狄浦斯》也为观众呈现了一场争夺王权的政治阴谋。此外，这部剧的表演还充斥着当时最受人们欢迎的伊丽莎白和詹姆士国王时代的舞台效果，包括恶毒的克瑞翁是个驼背、梦游场景和混乱梦境、招魂巫术、
94 天空的幽灵、拉伊俄斯的鬼魂反复出现、诡计多端的朝臣以及最后的一场大屠杀，等等。在德莱顿和李的剧本中，“主要剧情”与索福克勒斯大同小异，以下叙述他们添加的“次要剧情”。

戏剧开始时，一场瘟疫正在忒拜蔓延，而此时，俄狄浦斯正在与邻国的阿耳戈斯人作战。克瑞翁爱上了拉伊俄斯的女儿欧律狄刻，但欧律狄刻并不喜欢克瑞翁，她爱上了曾经在忒拜

① 格菲和罗珀 1984：116。

做人质的阿耳戈斯人阿德拉斯忒斯。忒瑞西阿斯先发制人，阻止了一场反对俄狄浦斯的民众起义。俄狄浦斯打了胜仗，并将阿德拉斯忒斯与其他俘虏一起带回了忒拜，俄狄浦斯知道欧律狄刻喜欢阿德拉斯忒斯，不仅释放了他，还允许他与欧律狄刻相见。瘟疫仍在肆虐，忒拜民众通过他们的祭司向俄狄浦斯恳求寻找消灭瘟疫的办法。此时，之前被派往德尔斐神庙祈求神谕的大臣迪马斯刚刚回来，他立即向俄狄浦斯汇报了神谕的内容，当俄狄浦斯听完之后，开始诅咒杀害拉伊俄斯的凶手，这一幕与索福克勒斯的故事情节相似。此刻，伊俄卡斯塔也出现了，她要求俄狄浦斯把欧律狄刻嫁给克瑞翁，俄狄浦斯拒绝了她的要求，因为他认为这是一种乱伦的行为。

第二幕，俄狄浦斯召唤忒瑞西阿斯。忒瑞西阿斯说："拉伊俄斯生命里的第一滴血被夺走了。"（第 2 幕第 1 场第 173 行）克瑞翁求爱不成，恼羞成怒，他指控拉伊俄斯的女儿欧律狄刻谋杀了拉伊俄斯，欧律狄刻的情人阿德拉斯忒斯拔剑刺伤克瑞翁。克瑞翁随后又指控阿德拉斯忒斯谋杀了拉伊俄斯，因为拉伊俄斯曾经拒绝了他与欧律狄刻的婚事。俄狄浦斯要求忒瑞西阿斯说明情况，但克瑞翁仍未停止怨恨，因为他一直渴望拥有欧律狄刻，也一直觊觎忒拜的王位。

第三幕的第一场，克瑞翁再一次向欧律狄刻表达了爱意，但欧律狄刻也再一次表达了对他的厌恶。为了打消人们对欧律狄刻的怀疑，阿德拉斯忒斯假装承认自己是谋杀了拉伊俄斯的凶手，克瑞翁嘲笑他的幼稚，阿德拉斯忒斯抽出利剑，克瑞翁的儿子海蒙及时制止了这场打斗。之后，忒瑞西阿斯开始表演招魂术。拉伊俄斯的鬼魂指认了凶手俄狄浦斯，俄狄浦斯对忒瑞西阿斯通过招魂术“发现”的凶手提出了疑问。这时，克瑞翁假装支持俄狄浦斯，并告诉他，欧律狄刻和阿德拉斯忒斯已经收买了忒瑞西阿斯。接下来的剧情与索福克勒斯的相似。在索福克勒斯的悲剧中，伊俄卡斯塔为了安慰俄狄浦斯，向他讲述了拉伊俄斯在路途中被谋杀的往事，却反而加深了俄狄浦斯对自己的怀疑。俄狄浦斯立即派人去找那个在十字路口斗殴中唯一的幸存者福尔巴斯，这个情节与塞涅卡的剧本一致。

第四幕，克瑞翁煽动人民反对国王俄狄浦斯，俄狄浦斯平息了这场叛乱。此时，一位来自科林斯的使臣报告了科林斯国王波吕巴斯的死讯。于是，真相揭示的过程像索福克勒斯的悲剧一样徐徐展开。眼看俄狄浦斯就要持剑自杀，阿德拉斯忒斯一脚把剑踢开。忒瑞西阿斯说俄狄浦斯不能死，应该回去统治科林斯。

95 第五幕一开始，克瑞翁相信，现在的忒拜已经成了他的天下。海蒙带来了俄狄浦斯刺瞎双眼的消息。接着，俄狄浦斯与伊俄卡斯塔一起出现在舞台上，彼此重申了他们的爱情。突然，拉伊俄斯的鬼魂打断了他们。为了保护俄狄浦斯不受克瑞翁的伤害，海蒙把他关进一座塔楼里。欧律狄刻已经被克瑞翁囚禁。这一幕的最后一场是一连串的杀戮：克瑞翁杀死了欧律狄刻，阿德拉斯忒斯杀死了克瑞翁，克瑞翁的手下杀死了阿德拉斯忒斯。这时，一个信使跑出来报告说，伊俄卡斯塔已经用绳子绞死了她的女儿，用刀刺死了她的儿子，然后自己也上吊自杀了。这时，俄狄浦斯出现在被囚禁的那座塔楼的窗口，说完他的遗言，就跳了下去。

这出戏结束于忒拜，但就忒拜的王权和统治问题，剧情没有涉及。如果说有谁留下了比较完整的谋略和见识，那就是忒瑞西阿斯，虽然他具有威力无比的咒语以及其他体现希腊和拉丁时代的悲剧性意义，但仍然不失为一位理性而谨慎的神职人员。在德莱顿和李的剧本里，忒拜人是一群反复无常、不守规矩的暴民。对于忒拜的王位，克瑞翁本来可以是事实上的合法继承人，但他的自私和放肆使他在道义上丧失了王位继承的资格。克瑞翁的死使忒拜摆脱了他的败坏和僭越。在这部剧中，俄狄浦斯呈现出来的是他的所有美德，他本来是忒拜王位的嫡系继承人，他完全有资格继续为王，也具有合法性，然而，他却宣布自己不合法，甚至更糟，他杀死了自己。最后，对于这些王权或统治的政治性问题，德莱顿和李没有给我们提供答案。[1]

伏尔泰的《俄狄浦斯》

17—18 世纪，法国一直是俄狄浦斯的“戏剧之家”。随着高乃依《俄狄浦斯》的面世，塞涅卡的影响已经被索福克勒斯完全取而代之，尽管这位罗马悲剧家从未被人们完全遗忘，但属于索福克勒斯的悲剧时代已经到来。1692 年，安德烈·达希尔（André Dacier）在他翻译的索福克勒斯《俄狄浦斯王》的序言中明确表达了上述观点。1719 年，伏尔泰（Voltaire）为自己的《俄狄浦斯》进行辩护，他引用了索福克勒斯、高乃依及达希尔的序言。半个世纪后，俄狄浦斯悲剧成为法国文学史上的一个现象级作品。1781 年，劳拉凯斯（Lauraguais）伯爵出版了《关于俄狄浦斯研究的专题论文》（*Dissertation on the Opdipuses*），其内容涵盖了前面提到的悲剧作家，也提到了一
96 些不太知名的作品，包括他自己在 1781 创作的《伊俄卡斯塔》。

如果以玛丽－约瑟夫·谢尼埃（Marie-Joseph Chénier）在 1818 年的遗著《俄狄浦斯王》作为这一时期结束的标志，那么整个 18 世纪，法国一共产生了 17 部根据索福克勒斯悲剧改编的作品，其中，包括两部戏仿和两部歌剧。最成功的改编当属

① 参考比特（Biet）1994b: 233—235。

伏尔泰的《俄狄浦斯王》，后来被托比亚斯·斯摩莱特（Tobias Smollett）翻译成英文。[①]直到目前，人们还在阅读的法国的俄狄浦斯戏剧，首先是高乃依，其次是伏尔泰的作品。[②]

伏尔泰的剧本增添了新角色。戏剧开场时，一位叫菲罗克忒忒斯（Philoctetes）的人来到了忒拜，他来忒拜是为了安葬他晚年的伴侣赫拉克勒斯的骨灰。菲罗克忒忒斯曾经与伊俄卡斯塔相爱，但伊俄卡斯塔的父亲却强迫女儿嫁给了拉伊俄斯。拉伊俄斯四年前被人谋杀，大祭司看到了拉伊俄斯的鬼魂，这个鬼魂告诉他谋杀自己的凶手就在忒拜，凶手必须接受惩罚，否则瘟疫将毁灭忒拜。此时，瘟疫正在蔓延。已经在忒拜当了两年国王的俄狄浦斯开始着手调查杀害拉伊俄斯的凶手。伊俄卡斯塔告诉俄狄浦斯，拉伊俄斯的鬼魂给了福尔巴斯“一半力量”（half his power），让他把自己的尸体带回了忒拜。福尔巴斯报告说有几个“不知名的恶棍”（villains unknown，双数）袭击了他们的国王。由于人们怀疑福尔巴斯与谋杀有关，伊俄卡

① 斯摩莱特 1901.16：148—209；桑德森和齐默尔曼的版本（Sanderson and Zimmerman，ed）1968：105—143。

② 对于时期的划分，我遵循维达－纳克 1981：3；Biet 1999。关于著作目录，参见比特的文集：1994b：17—18。这里我并不是说在法国以外没有俄狄浦斯悲剧，但法国的创作占了绝大多数。参见帕杜安诺（Paduano）1994：V–VI 国际性目录；关于劳拉凯斯（Lauraguais）伯爵，参见维达－纳克 1981：16；比特 1994b：299—300；伏尔泰的戏剧文本：1820。

斯塔就把他送到“邻近的城堡”（neighboring castle）去了。

第二幕主要讲述菲罗克忒忒斯的故事。人们开始怀疑，菲罗克忒忒斯就是谋杀拉伊俄斯的凶手。伊俄卡斯塔悲痛欲绝，因为她仍然爱着菲罗克忒忒斯。他们见面时，伊俄卡斯塔催促菲罗克忒忒斯离开忒拜。这时，俄狄浦斯进来，要求菲罗克忒忒斯对他自己的行为作出解释。他们相互争论，但最后并未解决问题。俄狄浦斯向他的知己阿拉斯帕斯（Araspes）透露，无论如何他都羞于指责菲罗克忒忒斯。他说，他所有的希望都寄托在福尔巴斯身上，他抱怨自己为什么对查找凶手的事一再拖延。这一幕结束时，对于祭司和神谕的信任和态度，俄狄浦斯和阿拉斯帕斯表达了他们不同的观点和立场。

第三幕一开场，伊俄卡斯塔不管她的决定可能激起民众对她怎样的怀疑，她坚决要求菲罗克忒忒斯离开忒拜，但菲罗克忒忒斯坚决拒绝，因为他认为，“离开”正好是一种有罪的证据。俄狄浦斯承诺保护菲罗克忒忒斯不受民众的伤害，尽管他目前无法判断菲罗克忒忒斯究竟是无辜还是真的有罪。后来，当祭司宣布俄狄浦斯是凶手时，俄狄浦斯无言以对。菲罗克忒忒斯表示自己不会乘人之危，从俄狄浦斯的不利处境中谋求任何好处，由此表现了他的高贵品质。俄狄浦斯无可奈何，转头面对祭司，祭司预言说，俄狄浦斯未来的生活免不了流浪和痛苦。

俄狄浦斯带着疑虑离开了舞台，悲剧进入第四幕。俄狄浦斯要求伊俄卡斯塔描述拉伊俄斯的形象。他觉得祭司说得很对， 97
自己正是那个凶手。与索福克勒斯的剧情一样，伊俄卡斯塔开始质疑和责备祭司的预言。她向俄狄浦斯讲述了她如何得到关于她儿子弑父的神谕，以及又如何“牺牲”儿子的故事，但她没有描述抛弃儿子的具体细节。福尔巴斯的到来进一步证实了俄狄浦斯的犯罪事实。于是俄狄浦斯宣布自己将离开忒拜去流亡。这时，迪马斯带来了一个消息说，有信使从科林斯来了。第四幕就此结束。俄狄浦斯在离开忒拜前，推荐菲罗克忒忒斯做忒拜的国王，并派人去找福尔巴斯，想要奖赏他。信使伊卡洛斯（Icarus）带来了科林斯国王波吕巴斯死亡的消息。伊卡洛斯警告俄狄浦斯不要回科林斯，因为波吕巴斯的女婿已经继承了王位。俄狄浦斯愤愤不平。为了安慰他，伊卡洛斯解释说，俄狄浦斯实际上不是波吕巴斯的儿子，是“某个仁慈的神引导他”（some kind god conducted him）在西塞隆山救下了俄狄浦斯，在这里，伊卡洛斯不是索福克勒斯笔下的那个牧羊人。这时，福尔巴斯到来，当他与伊卡洛斯相遇，真相立刻大白于天下。俄狄浦斯向伊俄卡斯塔表露自己的身份后，刺瞎了自己的双眼（这个动作没有放在舞台上）。俄狄浦斯没有出现在最后一幕。伊俄卡斯塔留下了临终遗言，然后自刺身亡。

伊俄卡斯塔是伏尔泰首先需要辩解的角色。在伏尔泰《书信》（The Letters）[①] 的前言中，一开始就对自己所遭受的各种诽谤进行了辩护。其中之一即是，人们认为伏尔泰“没有宗教信仰”，所以伊俄卡斯塔才会质疑甚至蔑视阿波罗的神谕。伏尔泰对这些诽谤毫不在意。他揶揄说，人们指责的是伊俄卡斯塔而不是我。同时，当人们读他的悲剧时，会发现伊俄卡斯塔并非唯一一个对诸神持怀疑态度的人，她不过是所有角色中最直言不讳的那一个。菲罗克忒忒斯和俄狄浦斯与伊俄卡斯塔都有同样的立场，只是他们对神的态度表达得更为隐晦和谨慎。伊俄卡斯塔在伏尔泰悲剧中的临终遗言，可以与前面所引用的高乃依笔下的俄狄浦斯的临终遗言做比较。她对大祭司说，她犯了乱伦之罪，所以：

死亡是我最好的归属，是上帝留给我的唯一出路。

拉伊俄斯，请接受我的血，我将跟随你而去。

我要活得像个贤德的女人，死而无悔。

---

① 这里的书信，指伏尔泰的《哲学书简》，是伏尔泰流亡英国（1726—1728）时写的书信，故又名《英国书简》，闫素伟译，商务印书馆，2018 年。——译注

在歌队表达了她们的同情和怜悯之后，伊俄卡斯塔说：

不要为我的儿子哭泣，因为他还活着。
祭司们，还有你们，忒拜人，你们曾是我的子民，
请荣耀我的葬礼，永远铭记于心。 98
在被折磨的命运的恐惧之中，
我要让逼我犯罪的诸神羞愧。

不同于高乃依悲剧中那个屈从于“上天的命令”的俄狄浦斯，伏尔泰笔下的伊俄卡斯塔不愿服从神的旨意。关于伊俄卡斯塔对神的公然不敬，伏尔泰在其《书信》中进行了自我辩护，但这一轻描淡写的辩护并未使这个问题画上句号。争论随之而来。1722 年，在里昂大主教的命令下，耶稣会的神父福拉德（Folard）创作了一部新的《俄狄浦斯》，试图以此消除伏尔泰的剧本对基督教信仰带来的不良影响。①

伏尔泰对索福克勒斯和高乃依悲剧的评论，涉及所谓形式和美感的问题，尽管这些问题的出现与意识形态有关。关于索福克勒斯的评论，篇幅最长，内容也最为坦率。遵循可能性或**真实性**（*vraisemblance*）原则，伏尔泰在索福克勒斯的悲剧中

① 比特 1994b：268—272。

发现了一系列的漏洞。尤其令人困惑的是，俄狄浦斯为什么无数次错过知道真相的机会？“这个解答了复杂谜语的俄狄浦斯反而不明白最简单的事情。”伏尔泰对于高乃依的俄狄浦斯更多几分理解和尊重。“高乃依很清楚索福克勒悲剧故事的简单和枯燥已经无法满足当代人对戏剧作品的要求。”因此增加了忒修斯和迪尔克的爱情故事。但伏尔泰的赞同仅止于此，他的批评也从这一点开始。伏尔泰认为忒修斯这个角色是不真实的。忒修斯的激情和快乐“构成了整个悲剧的主题，俄狄浦斯的不幸反而成了一个插曲”，而且这个“不幸的插曲”仅仅服务于忒修斯的角色需要。虽然没有证据表明伏尔泰知道德莱顿和李的《俄狄浦斯》或序言，但他对高乃依的批评与他们颇为相似。具有讽刺意味的是，伏尔泰自己关于菲罗克忒忒斯和伊俄卡斯塔的“次要剧情”与他所批评的对象一样，不幸的俄狄浦斯似乎不再是主角，配角已经“喧宾夺主”。在伏尔泰悲剧的结尾，除了道德高尚、文明智慧的菲罗克忒忒斯，还有谁有资格担当忒拜国王？伏尔泰在他的《书信》中讨论了这一“次要剧情”的美学地位，最终传递出了那个时代的意识形态对文学的影响和冲击。

《诗学》的衰落 99

亚里士多德诗学理论的权威使《俄狄浦斯王》成为悲剧的典范。当人们批评索福克勒斯的时候，自然也就意味着批评了亚里士多德。伏尔泰的“偶像破坏”（iconoclasm）在这一点上做到了极致。他在《书信》中并未提及亚里士多德，而是直接批判了达希尔。达希尔是一位典型的亚里士多德主义者，因此正好成为伏尔泰批判亚里士多德的替身。自从有了伏尔泰，《诗学》之于悲剧理论的权威，尤其是《俄狄浦斯王》作为悲剧典范的权威日渐衰落。人们对亚里士多德《诗学》权威的挑战一直持续到18世纪末。1781年，加布里埃尔·亨利·盖拉德（Gabriel Henri Gaillard）写了一篇关于亚里士多德和法国古典戏剧的文章，文章所涉及的戏剧作品从高乃依一直到作者所处的那个时代。这篇文章所论述的亚里士多德——用克里斯蒂安·比特的话来说——终于得到了“校正和修订”[①]。19世纪以来，索福克勒斯的《俄狄浦斯王》仍然是人们传承俄狄浦斯神话的主要载体，只是对它的阐释不再受亚里士多德《诗学》权威的限制。

① 关于盖拉德（Gaillard），参见比特 1994b：131—137；关于这篇文章参考文献的信息，同上书：467。

小结

15 世纪随着人们对索福克勒斯的重新发现，俄狄浦斯神话的演绎和传承也开启了新的篇章。在接下来的一个世纪里，《俄狄浦斯王》取得了巨大成功，这在很大程度上归功于亚里士多德在其《诗学》中对这部悲剧的高度评价。他认为《俄狄浦斯王》的情节安排是戏剧结构的最佳典范。与此同时，塞涅卡和欧里庇德斯的《俄狄浦斯》也持续产生影响。但作为一种悲剧的范式，索福克勒斯的影响已经超越了塞涅卡。早在 1537 年，德国的梅兰希通就在维滕贝格讲授欧里庇德斯的《腓尼基妇女》，他指出了这个悲剧中的美德和罪恶。1560 年，意大利的翁布里亚融合了古希腊和中世纪悲剧的部分内容，创造性地改编了一部新的《俄狄浦斯王》，这部新的希腊语文本迅速传播到整个欧洲。（德国的汉斯·萨克斯为“不幸的伊俄卡斯塔女王”创作了歌曲、悲剧和格言诗）17 世纪，法国继意大利之后成为俄狄浦斯悲剧创作的中心，高乃依的《俄狄浦斯》成为人们关注的重点。随后，亚里士多德的《诗学》权威受到挑战。18 世纪，在俄狄浦斯悲剧中添加“次要剧情”成为时尚和潮流。对此，英国的德莱顿和李的《俄狄浦斯》开了先河，高乃依的“快乐插曲”在很大程度上消解了俄狄浦斯悲剧主题的神圣性，而这种潮流在伏尔泰的《俄狄浦斯》以及他对悲剧的辩护中达到了顶峰。18 世纪悲剧创作的开放性使文艺批评的客观性第一次得到了明确的肯定，无论是针对索福克勒斯的悲剧范式还是亚里士多德的《诗学》理论。

五、转向：19 世纪与 20 世纪

100 通常，神话创作有三种不同的进路。一是虚构和想象的叙事作品。例如，在翻译、改编、歌剧、绘画、电影以及现代舞等新的媒介形式中，俄狄浦斯神话继续被人们传颂。二是进行人类学、心理学和哲学研究。正是这些抽象的研究，使俄狄浦斯神话超越了一般的叙事意义，俄狄浦斯这个人物形象也获得了一种概念或观念上的地位。三是作为文学史研究和文学批评的对象。这是 19 世纪形成的一个新的学术领域，人们将古希腊的俄狄浦斯悲剧和那些古老民族的文学作品关联起来。早在 15—16 世纪，已有人文主义学者开始尝试对俄狄浦斯神话进行批判性研究。近代以来，上述三种进路往往相互交融。随着古典文献的更多发现，有关俄狄浦斯神话的历史素材比早期更加丰富，相应的，研究和讨论的话题也有了更多选择。这些研究通常会被当时的社会热点所引导，不过，个人的兴趣和偏好才是这部神话研究的内在动力。

荷尔德林与黑格尔

大约在1775—1830年这段浪漫主义时期，参与俄狄浦斯讨论的人物可以罗列一大串显赫的名字。[1]其中费里德里希·黑格尔（Friedrich Hegel，1770—1831）和费里德里希·荷尔德林（Friedrich Hölderlin，1770—1843）尤为突出。荷尔德林是黑格尔的朋友，被认为可能是《德意志观念论体系的原始纲领》（“Oldest System-Program of German Idealism”）的作者。[2]1804年，荷尔德林翻译了《俄狄浦斯王》并发表了有关解释和说明；1823年，他在其散文诗《在可爱的蓝色中……》的最后 101

① 对此，有一个统计可以说明，参见科奇斯基（Kocziszky）1995；在有关黑格尔的讨论中，本文参考了1996年弗拉斯哈尔(Flashar)的相关论述。

② “时至今日，关于这份文献的作者，依然是一桩未决的悬案。……这份文献的作者，乃是一个古典而又浪漫的诗哲共同体，他们具有同样的历史洞察力，肩负同等的历史使命。有人戏称，在这份文献的诞生过程中，荷尔德林是思想的原创者，谢林是传递福音的报童，而黑格尔呢，就只能是文抄公了。甚至还有更加离奇的说法，从文献的诡异之思视之，尼采也是备选作者之一。”参见胡继华《浪漫的灵知》，北京大学出版社，2016年，第136页注释1。——译注

一节，[①] 表达了对俄狄浦斯命运的哀叹和沉思。[②] 荷尔德林在对译本的说明中，遵循了索福克勒斯的思想道路，即保持了神与人之间的对立关系。但有所不同的是，荷尔德林将他理解的神性解释为一种“自然的力量”（the power of nature）。俄狄浦斯的“奇妙而愤怒的好奇心”（wondrous， angry curiosity）驱

① “……当一个人向镜中望去时，/他既看见自己，也看见自己的影子。/在人的形象里，/有一双与月光相迎的眼睛。/可我们的俄狄浦斯王，眼睛也许太多了。/这人的苦难，不可描述，不可言说，/唯当呈现于剧中，苦难即身历其境。/可你的苦难，于我如何？/如果小溪将我从亚细亚的某处席卷到它的尽头，又当如何？/理所当然，俄狄浦斯王的苦难，理所当然。/这苦难，赫拉克勒斯也曾经历？/确然。毕竟亲如同胞，/难道不该将同样的苦难承受？/赫拉克勒斯与神相争，苦难随之而来。/生而嫉妒神的不朽，或试图分享这不朽，/必是苦难。/这确实是苦难，如果人被光斑所蔽，/被无数的光斑完全遮蔽！/旭日，如是而为：/它哺育万物。/它引领着少年上路，以光束的诱惑，/仿佛以玫瑰。/俄狄浦斯，你所承受的苦难，/可曾如同：/穷困者哀叹于/他的匮乏。/拉伊俄斯之子，希腊大地上穷困的异乡人！/你生即死，你死即生。”转引自韩潮《海德格尔与伦理学问题》，同济大学出版社，2007年，第21—25页。有个别删改。——译注

② 《在可爱的蓝色中……》是一首散文诗，取自威廉·韦布林格尔（Wilhelm Waiblinger）的小说《法厄同》（*Phaethon*，1823），韦布林格尔把他的朋友荷尔德林当作小说的主人公法厄同的原型。尚不清楚这首散文诗是否完全是韦布林格尔的创作，抑或参考了他所持有的荷尔德林的笔记。（这首散文诗中经常被引用的一句是“俄狄浦斯的眼睛也许太多了”）。鲁德尼茨基（Rudnytsky，1987：129—130）有关“在可爱的蓝色中……”的讨论，必然受到这些书目的影响和限制。

使他打破了人类与其他界域的屏障。[1]荷尔德林回避了斯芬克斯和猜谜游戏的讨论，着重解释了剧情开始时俄狄浦斯对德尔斐神谕的态度（参见49页）。荷尔德林认为，俄狄浦斯的自我发现，与其说是对自己犯罪事实的证成，毋宁说是对人类某种知识禁忌的冒犯。在荷尔德林的俄狄浦斯身上，我们仿佛看到了那个以“狂傲学问”（arrogant knowledge）著称的先驱者——弗里德里希·尼采（Friedrich Nietzsche）。[2]

在重新发现俄狄浦斯神话意义的过程中，黑格尔比荷尔德林走得更远。黑格尔把俄狄浦斯看成人类精神（或思想）史上的一个标志、一个决定性的时刻。这一时刻标志着希腊人摆脱了埃及人受其本质或其实质意义的精神束缚。对于埃及人来说，斯芬克斯仅仅是个谜语——一种受制于动物形态而呈现出来的艺术形式。但希腊人彻底改变了它的意义。黑格尔在其《宗教哲学讲座》（“Lectures on the Philosophy of Religion”）中说：“正是希腊人将这个谜语转换为了一种清晰的精神意识（这里

---

① 荷尔德林译本，荷尔德林 1994：787—848。“笔记”，荷尔德林 1994：849—857。我引用的笔记，同上书：851—852。同样，“上帝不过是时间”，斯坦纳（Steiner）1986：77—80 对这些“笔记”的解释很有价值。包括“笔记”在内的“荷尔德林译本”的英文翻译，荷尔德林 2001。

② 尼采［1872］2000：32（第 4 节）。参考鲁德尼茨基（Rudnytsky）1987：121—130。关于鲁德尼茨基对荷尔德林的希腊语知识的评价有待商榷（同上书：128），参考谢德瓦特（Schadewalt）1996。

的“精神”一词通常也译为“心灵”）。埃及人本来以最天真的方式讲述了一个谜语故事，而俄狄浦斯却宣称这个谜语的答案是‘人’。”又或者说“谜语内容所蕴含的是人类自我认知的精神或心灵”。[1]后来，黑格尔又在其《美学讲座》（*Lectures on Fine Art*）中将“狮身人面像”称为“符号本身的象征”（the symbol of the symbolic itself）[2]，这种象征表达了一种内容和形式的冲突。[3]同时，黑格尔还从谜题中看到了人类试图摆脱动物性的想法。俄狄浦斯解开了斯芬克斯之谜，通过答案“人”将谜语的象征意义揭示了出来。正是因为黑格尔的这一全新阐释，使斯芬克斯之谜在俄狄浦斯神话的意义世界获得了核心地位，这一地位至今尚未动摇。

赋予俄狄浦斯破解谜语的重要性，黑格尔并非第一人。早在1809—1811年间，奥古斯特·威廉·施莱格尔（August Wilhelm Schlegel）就发表过类似的看法。他在关于索福克勒斯
102 悲剧的一次演讲中表达了对俄狄浦斯解谜的疑虑，他说：“……

---

① 黑格尔 1987：746—747，639。

② “人首象征精神，兽身象征物质力量，人首与兽身连在一起，一方面象征精神要摆脱物质力量，另一方面也象征精神尚未摆脱物质力量，所以还没达到自由。”参见黑格尔《美学》第2卷，第77页注释之1，朱光潜译，商务印书馆，1979年。——译注

③ 黑格尔 1975：360—361。

不过，我们赋予这部戏剧如此辉煌的地位，却又是如此可怕的命运……正是俄狄浦斯解答了关于人类社会的斯芬克斯之谜，而他自己的生命却永远留下了一个解不开的谜题，这一点在很大程度上被人们忽视了。"[①] 在施莱格尔演讲期间，让 - 奥古斯特 - 多米尼克·安格尔（Jean Auguste-Dominique Ingres）正在以一种高昂的热情回归古典瓶画家的艺术风格，"俄狄浦斯与斯芬克斯"是古典瓶画时代的艺术主题。1808 年，安格尔完成了他的第一幅作品《俄狄浦斯与斯芬克斯》，虽然后来他就同一主题又创作了两幅作品，但第一幅作品的艺术表现最为突出，这幅作品的影响力至今依然存在（见图 9）。

19 世纪，斯芬克斯之谜的现代解读引起了广泛争议。1829 年，奥古斯特·冯·普拉滕（August von Platen）在其《浪漫的俄狄浦斯》（*The Romantic Oedipus*）中取笑了人们对斯芬克斯之谜的人文主义解读。[②] 另一位嘲讽者是卡尔·莱贝雷希特·伊默尔曼（Karl Leberecht Immermann），这位剧作家以笔名尼默尔曼（Nimmermann）发表文章说，他打算写一篇《浪漫的俄狄浦斯》，与支持他的"公众"来一场虚拟对话。尼默尔曼认为，

---

① 施莱格尔（Schlegel）［1846］1996：163 = 施莱格尔 1846：101。

② 冯·普拉藤（von Platen）1895。这部剧的概要，帕杜安诺（Paduano）1994：348—349。

索福克勒斯的悲剧在故事结构上存在缺陷，其中最糟糕的情节就是斯芬克斯之谜。尼默尔曼说，斯芬克斯之谜的答案是“人”，但索福克勒斯的俄狄浦斯开始用两脚行走，在刺瞎自己之后，不得不使用手杖，于是变成了三脚站立，但他从来没有过四脚站立和行走的机会。因此，俄狄浦斯称不上是浪漫主义时代的人文主义英雄。尼默尔曼建议，可以通过“补救”去弥补俄狄浦斯悲剧的缺陷，这个“补救”就是黑格尔曾经指出的，俄狄浦斯的谜底“只能在他自己身上被揭晓”。[①]

让我们回到黑格尔。在他看来，希腊人还没有在人类精神层面完全实现自我意识。他在《美学讲座》中，将索福克勒斯的《安提戈涅》作为讨论《俄狄浦斯王》的重要前提和背景，黑格尔认为《安提戈涅》才是完美的悲剧故事和艺术作品，他说：

> 这里所争论的问题是一种广泛的、意识觉醒的权利。人的自我意识与自觉行为的正当性，与那些无意识的、缺乏自由意志、注定被神支配的行为存在鲜明的对比。俄狄浦斯杀死了他的父亲，娶了他的母亲，他们在乱伦的婚姻中养育了孩子，他在毫不知情更非主观故意的情况下完成了这些罪恶的行为。今
> 103 天，我们可以用潜意识的合理性作出以下解释：由于俄狄浦斯

① 黑格尔 1975：1219。

本人既没有犯罪意图也不知道自己的行为构成犯罪，所以这些罪行不应当被视为他的罪行。但是，由于主观意识的不确定性，希腊人只要求对作为个人所做的事情承担自己的责任，他们并没有把一个人纯粹主观的自我意识与客观后果区别开来。①

如果说《安提戈涅》的故事呈现了城邦与家庭之间的利益纠葛，那么《俄狄浦斯王》则直接体现了作为人类个体的内在冲突，这种冲突产生了与“客观事实”（what is objectively the case）相关联的一种意识的限定形式。在此，黑格尔必须遵循其自身统一的思想维度，即人类精神（或心灵）从束缚走向自由的过程。就当时的目的而言，在俄狄浦斯神话的传承中，黑格尔所标志的新阶段不得不有所界定，因为那些人与神、自由与必然、罪恶与救赎之间的古老对立，已经被现代人抛弃。这部悲剧需要重新获得自由解释的权利。

“主体性”（Subjectivity）是黑格尔哲学中最难把握的概念之一。然而，这是一个无法回避的术语，因为只有通过理解它才能理解黑格尔如何把俄狄浦斯神话推向历史的前台。这是黑格尔给我们提示的一条崭新的思维路径。对于“主体性”的解释，说它不是什么比说它是什么更容易。它既不是指“个人的”

① 黑格尔 1975：1213—1214；参考：213—214。

（personal）或“与每个人相关的”（relative to each person），也不同于“客观真相”（objectively true），它不是指“虚幻的”（illusory），也不同于“真实的”（real）。黑格尔“主体性”概念的基本要义是思想优先于现实世界里的任何经验。人类的精神史就是对这种思想状态的发现以及随之产生的自由意志。对于黑格尔围绕这一命题所提供的答案，无论完整抑或缺失，哲学家们似乎都不太满意。但就当时而言，却可以帮助我们理解黑格尔之所以将斯芬克斯之谜作为理解俄狄浦斯神话的核心要义，因为希腊人已经把破解谜题“转换为一种清晰的精神（或心灵）意识”。

黑格尔也专门解读过《俄狄浦斯在科洛诺斯》。就像他对《俄狄浦斯王》中斯芬克斯之谜的解释，他对这部悲剧充满了同样的热情。理解黑格尔的这种热情，必须结合当时的社会背景和历史趋势。早在18世纪，索福克勒斯的这部悲剧就是剧作家和画家喜爱的题材。当时最成功的是萨奇尼（Sacchini），他的《俄狄浦斯在科洛诺斯》于1786年在凡尔赛（Versailles）开
104 幕，一共演出了583场。黑格尔在1828年的巴黎观看了这部剧。受这部悲剧启发，费利克斯·门德尔松（Felix Mendelsohn）在

1845年创作了一首著名的音乐作品。[1]而对后世影响较大的戏剧家是法国的让-费朗索瓦·达西斯（Jean-François Ducis），他在1778年创作了《俄狄浦斯》（*Oedipe chez Admète*），1797年又修改为《俄狄浦斯在科洛诺斯》（*Oedipe à Colone*）。达西斯的悲剧启发了一系列反映法国大革命时期（1789—1815）的绘画作品。在这些作品中，以下两个场景反复出现，一个是两位可怜的流亡者——安提戈涅和俄狄浦斯——正在努力走近科洛诺斯；而另一个则是安提戈涅代表她的哥哥波吕尼刻斯向她的父亲求情。上述场景强烈地表达了人类回归（émigrés）的渴望和困境。在达西斯的故事中，俄狄浦斯最终原谅了他的儿子波吕尼刻斯。而那些类似达西斯悲剧主题的绘画作品还展现了后法国大革命时代（post-Revolutionary France）更为广阔的历史背景。[2]

黑格尔对《俄狄浦斯在科洛诺斯》的评论仍然遵循了他对俄狄浦斯"主体性"认知的全新解释。黑格尔认为，俄狄浦斯有一种"内在的和解"，他的主观性认知已经接近现代人的品格，俄狄浦斯的精神生命因死亡而得到了升华。为了强调俄狄浦斯

① 关于这部作品对音乐的文化背景、作曲、表演以及后期影响的研究。弗拉斯哈尔（Flashar）：2001。

② 鲁宾（Rubin）1973。

的现代性，黑格尔给出了如下惊人的评论：“对**我们**（*for us*）来说，正如对俄狄浦斯来说，自身和人格在面临死亡时的改变，是一种显而易见的和解。”[①]这种观点与基督教的教义如此相似。黑格尔在1824年的《宗教哲学讲座》中提到了索福克勒斯悲剧的结尾，认为那是一个向俄狄浦斯感召的声音。他说：“这听起来更像是一个纯粹的精神和解，也可以说，像是在基督教的宗教里接受恩典。”然而，在这个系列讲座的另一个版本中，黑格尔又收回了上述观点。几年后，在他的《美学讲座》中，他又明确否认了这种关于罪、宽恕和永福等基督教视角的解读。[②]事实证明，黑格尔的否认是“算数的”，在他后来发表的文字中，这个“否认”再也没有改变。

斯芬克斯之谜对于俄狄浦斯神话的重要性，尼采综合了黑格尔与荷尔德林关于知识禁忌的看法。他在《悲剧的诞生》（*The Birth of Tragedy*，1871）中写道：

> 俄狄浦斯，这个谋杀父亲的儿子，这个迎娶母亲的丈夫，这个斯芬克斯之谜的破解者！这个命中注定的、神秘的“三位一体”（trinity）要给予我们怎样的启示呢？有一种古老的，尤

① 黑格尔1975：1219（作者强调）。
② 同上。

其是在波斯民间流传的迷信，说是一个智慧的巫师只能诞生于
乱伦。对于这个解谜和娶母的俄狄浦斯，我们马上可以对此作
出如下解释：只要有某些预言性的神奇力量打破了当前和将来
的界限，打破了僵化的个体性原则，根本上也就打破了自然的 105
魔力，在这种地方，就必定有一种巨大的反自然现象先行发生，
正如俄狄浦斯的这个事例。因为，如果自然没有被人类成功地
背叛，它又如何可能被迫交出它的秘密呢？①

尼采塑造了一个“凯旋者”的俄狄浦斯形象，对这位悲剧英雄赋予了正面意义。值得注意的是，尼采认为俄狄浦斯的两桩罪行与解谜行为构成了神秘的“三位一体”或者说“三重性”（triad）。同时，以这种方式阐释了他作为反叛者的地位。事实上，在尼采《悲剧的诞生》之前的数十年里，俄狄浦斯就已经开始赢得了反叛者的声誉。

---

① 尼采［1872］2000：54—55（第九部分）。
［这段译文同时参考尼采《悲剧的诞生》，孙周兴译，商务印书馆，2012年，第71页；周国平译本，译林出版社，2014年，第41—42页；杨恒达译本，译林出版社，2020年，第69页。——译注］

瓦格纳的俄狄浦斯

尼采惊世骇俗的评论，完成了俄狄浦斯神话的意义转变。斯芬克斯的重要性与俄狄浦斯的反叛性，成为19世纪以来俄狄浦斯神话艺术表现和理论研究的重要主题。尼采说，他之所以将自己的《悲剧的诞生》献给理查德·瓦格纳（Richard Wagner），是因为他在瓦格纳的歌剧中看到了他的真诚，而这种“真诚”正是希腊悲剧的重生，也是德国音乐的新生。15年后，尼采的《悲剧的诞生》再次发行，尽管他在序言中又批判和否定了瓦格纳式的浪漫主义歌剧，但并不影响他和瓦格纳对俄狄浦斯神话主题的既有看法。[①]

在尼采《悲剧的诞生》出版之前的1868年，瓦格纳重磅推出了他的《歌剧与戏剧艺术》（*Opera and Drama*）的第二版。[②]在这部作品中，瓦格纳回顾了1852年正在奠基的新型歌剧的历史，其代表作就是他的《尼伯龙根的指环》（*Der Ring Des*

① 这里所提到的尼采的 *The Birth of Tragedy*，是指作品的第22节和第二版序言的之六。

② 瓦格纳［1868］1913。

Nibelungen）。[1] 瓦格纳更喜欢使用“音乐剧”或“戏剧”这个术语，他相信，就像尼采最初说的那样，他的作品正在回归古希腊悲剧的“真诚”。

对于如何理解那些被放在舞台上的德国英雄，瓦格纳通过对俄狄浦斯的分析给出了他的答案。他把这一章内容命名为《俄狄浦斯传奇：作为个人与国家关系的解释》。[2] 在个体生命的存在中，瓦格纳看到了人的“自我解放和自主决定”（第 261 节），这是国家创新的动力和源泉，但国家总是试图扼杀这种动力和
源泉。为了表明俄狄浦斯作为独立的个体存在，他运用了与黑 106
格尔相同的观察视角，即从本质出发，说明俄狄浦斯的犯罪既非自愿，亦不知情。而且，为了迎合世俗偏见，满足人民大众的道德感，俄狄浦斯勇敢地完成了自我惩罚。同时，瓦格纳认为，正是这些犯罪事实证明了人性的力量。它们表明“人类个体天生拥有本能而强大的力量，这种力量不仅大于集体和社会，而且不可遏制”（第 242 节）。接下来，瓦格纳立即从这一观察视角转向了斯芬克斯，正如尼采所言，瓦格纳认为俄狄浦斯

① 《尼伯龙根的指环》是瓦格纳作曲及编剧的一部大型音乐剧，作品于 1848 年开始创作，至 1874 年完成。创作灵感来自北欧神话的故事及人物，特别是冰岛家族传说（Icelanders' sagas）。《尼伯龙根的指环》由四部歌剧组成，亦被瓦格纳称为“舞台节庆典三日剧及前夕”。——译注

② 瓦格纳［1868］1913.1：317—341。本章引文的编号根据段（节）列出。

的弑父、乱伦和解谜构成了神秘的“三重性”。同时，瓦格纳还从俄狄浦斯的解谜中领悟到一种转瞬即逝的喜悦与接踵而来的悲伤。当俄狄浦斯因解救了忒拜而迎娶伊俄卡斯塔时，打败斯芬克斯的胜利随即转变成失败的前奏。俄狄浦斯最终面对的是一个没有答案的谜题（第233节）。瓦格纳说：“正是 *we*［**我们**］，负有解决这个谜题的责任，而且，我们必须坚持为那些勇于逃离社会之外的‘个体本能’（individual instinct）进行辩护，要把这种个体本能视为社会的主要财富，因为它是人类社会不断自我更新和发展的力量源泉。”（第244节）在音乐和戏剧之外，俄狄浦斯作为人类社会自由的、“个体本能”的化身，也占据了19世纪的绘画主题，1808年，画家安格尔率先垂范，给我们呈现了一个充满现代气息的俄狄浦斯。

斯芬克斯的艺术形象

安格尔的绘画作品给我们带来了全新的视野，为了更好地理解和欣赏，我们需要重回古代传统。在大量关于忒拜斯芬克斯之谜的古代瓶画中，创作主题限于两个简单的场景：一个是一群忒拜人正在试图解开斯芬克斯之谜；另一个是俄狄浦斯独自面对斯芬克斯。在这两个场景中，狮身人面像总是居于中心或突出的位置，而且总体上，它们几乎是来自相同的神话背景，即：有一个谜一样的怪物正在吞噬着忒拜，这个怪物把忒拜的年轻人一个接一个地带走，直到俄狄浦斯——这个来自另一个城市的年轻人——最终破解了谜题，杀死了怪物。古希腊艺术家对俄狄浦斯基本形象的忠诚令人惊讶，在流传下来的大量瓶画中，仅有少数几幅描绘了俄狄浦斯的其他生活场景。[①]

安格尔的作品《俄狄浦斯与斯芬克斯》，重现了俄狄浦斯与 107
斯芬克斯的古典场景，但作品的现代气息开启了这个绘画主题的新风尚。在古代瓶画中，俄狄浦斯通常是旅行者的装扮，但在安格尔的绘画中，俄狄浦斯却以裸体的形象出现，为了突出裸体的艺术性，安格尔给他披上了一件象征性的斗篷。安格尔的创作实现了两个完全相反的目的，即创新肖像传统与遵守罗马法兰西学院（French Academy in Rome）的学术标准，对此，安格尔不得不提交一份现场创作模型的研究报告。此外，安格尔作品的创新还表现在对斯芬克斯人像及其他元素的大胆设想，比如，突出了斯芬克斯的乳房、两个人物的亲密度以及俄狄浦斯凝视斯芬克斯的眼神。这一凝视，仿佛是要穿透了狮身人面的本质；这一凝视，也展现了安格尔洞察历史与未来的艺术眼界（图 10）。

---

① 关于狮身人面像在希腊艺术中的权威研究，参见莫雷（Moret）1984；克劳斯科夫：1974；克劳斯科夫 1994。

如果上述解释是正确的，那么安格尔的画就是俄狄浦斯作为叛逆的第一个例证，也是这位艺术家与传统决裂的象征。而这正是黑格尔所要阐释的俄狄浦斯的精神本质。俄狄浦斯的反叛形象最初在瓦格纳的《歌剧与戏剧艺术》中初见端倪，后来在尼采的《悲剧的诞生》中尽情发挥，并在 19 和 20 世纪的艺术作品中与我们多次重逢。俄狄浦斯，这位被赋予了特殊意义的伟大的反叛者，成为那个时代最具革命性的经典主题，也因此成为那些持相同立场和主张的先驱者以全新艺术形式对抗传统的完美工具。

马克斯·恩斯特（Max Ernst）是一位后来居上的代表人物，他直接或间接地肯定了安格尔的先驱地位。他的超现实主义拼贴画《俄狄浦斯与斯芬克斯》表达了与安格尔相似的艺术主题，在俄狄浦斯的精神内涵方面甚至走得更远。这幅画是一个奇特的组合，直接颠覆了现代肖像传统的基本认知（图 10）。他首先从安格尔的俄狄浦斯身上截取了上半身，掏空了俄狄浦斯的胸膛，再用斯芬克斯的头部和胸部与俄狄浦斯的替换，最后将一只豺狼的头放在俄狄浦斯的大腿上。[①]这幅拼贴画最早出现在

① 关于安格尔：鲁宾（Rubin）1979；谢尔基（Cherqui）1989；博斯奇（Posèq）2001。关于恩斯特：查德威克（Chadwick）1975。19 世纪艺术评论中关于俄狄浦斯的思辨性文章，参考瓦特（Wat）和阿布萨隆（Absalon）1999。

108

图 9：让 - 奥古斯特 - 多米尼克・安格尔：《俄狄浦斯与斯芬克斯》，沃尔特斯艺术博物馆，巴尔的摩（Jean-Auguste-Dominique Ingres, Oedipus and the Sphinx. The Walters Art Museum, Baltimore）

109

图 10：马克斯·恩斯特：《俄狄浦斯与狮身人面像》，拼贴画《艺术手册》再版封面，1937 年［Max Ernst, Oedipus and the Sphinx. Collage reproduced on cover of Max Ernst issue of Cahiers d’Art（1937）］

图 11：费尔南德·克洛普夫：《爱抚》（1896），比利时皇家美术博物馆提供，布鲁塞尔［Fernand Khnopff, The Caresses（1896）. Royal Museums of Fine Arts, Brussels. Courtesy of the Royal Museums of Fine Arts of Belgium, Brussels］

恩斯特1931年的作品集《在视野内》(*A l'interieur de la vue*)里，而作为一种宣言，恩斯特又将它复制在《艺术手册》(*Cahiers d'Art*)的封面上，并于1937年再版发行。

19世纪的象征主义艺术常常表现出很多大胆的色情场景。如果说，安格尔的绘画只是向这种风格迈出了第一步，那么古斯塔夫·莫罗(Gustave Moreau)就走得更远。在他1864年创作的《俄狄浦斯与斯芬克斯》中，明确展现了一个色情的狮身人面：斯芬克斯有一张文艺复兴之初流行的性感形象，她的脸紧贴着半裸的俄狄浦斯，她的两只后爪放在他生殖器的两边。同一年，安格尔的作品已经第三次再版。

且让我们暂时离题一会。莫罗的画作激发了卡瓦菲(Cavafy)的诗歌《俄狄浦斯》，这首诗的结尾表达了瓦格纳的思想——俄狄浦斯的成功解谜带给他的却是转瞬即逝的胜利和昙花一现的喜悦。①

比莫罗的绘画更为夸张的是欧内斯特-路易斯-阿奎拉斯·克利斯朵夫(Ernest-Louis-Aquilas Christophe)在1891年
111 创作的雕塑作品《至高的吻》(*The Supreme Kiss*)，它首次呈现了斯芬克斯之吻的色情场景。接下来是弗朗茨·冯·斯塔克(Franz von Stuck)在1895年创作的《斯芬克斯之吻》(*The*

① 卡瓦菲(Cavafy)1976：196。

Kiss of the Sphinx），一个有着女人头部和乳房的斯芬克斯，从壁架上探下身子，用力拥抱并亲吻裸体的俄狄浦斯。1896 年，另一位象征主义者，比利时人费尔南德·克洛普夫（Fernand Khnopff）创作了《爱抚》（*The Caresses*）（图 11），又名《艺术》（*Art*），[①] 画中的斯芬克斯是一只长着女人头部的猎豹，男青年耳朵上方的三色堇（pansy）是克洛普夫画作中的常用标志，在这里，这位艺术家有意将三色堇与俄狄浦斯关联起来，意味着他将以这个出格的主题自我标识，并以此挑战人们心中固有的场景和意象。

约瑟芬·佩拉丹与雨果·冯·霍夫曼斯塔尔

象征主义画家们的斯芬克斯具有一种广泛意义的颓废（fin de siècle）意象。俄狄浦斯成功地战胜了斯芬克斯这个蛇蝎美人（femme fatale）的诱惑，从此，俄狄浦斯神话可以重写，并

① 关于莫罗（Moreau）：普拉茨（Praz）1967：295—296。正如哈尔姆－蒂斯朗（Halm-Tisserant）在 1981 年指出，莫罗创作的色情的斯芬克斯可能是受到了古代肖像学的启发，即从肖像学中的狮身人面像感知而来。莫雷特研究表明（Moret 1984: 11），在古人那里，并没有多情的斯芬克斯。关于莫罗的俄狄浦斯形象，是一种对基督在十字架上宣誓的暗示，参见乌尔舍恩（Uerscheln）1993：34。

以喜剧收场。1897 年，法国象征主义小说家约瑟芬·佩拉丹（Joséphin Péladan）在她的《俄狄浦斯与斯芬克斯》中就做了这样的安排。第一幕：俄狄浦斯杀死了拉伊俄斯，但这个情节具有戏剧性。第二幕：忒瑞西阿斯告诉伊俄卡斯塔，如果忒拜人放弃对凶手的复仇，那么，他们明天就会摆脱斯芬克斯的折磨。大祭司（这是另一个不同于忒瑞西阿斯的角色）决定将伊俄卡斯塔嫁给俄狄浦斯作为对这个救世主的回报。伊俄卡斯塔很愤怒，她说，难道我应该把我那带着死者余温的床献给一个新的丈夫吗？但为了忒拜城邦的利益，她最终听从了大祭司的安排。俄狄浦斯的到来使伊俄卡斯塔想起了拉伊俄斯和那个死在摇篮里的婴儿。俄狄浦斯离开忒拜去挑战斯芬克斯。在第三幕剧的舞台指导中，佩拉丹写道："斯芬克斯有一张年轻女子的美丽面孔，一对裸露坚挺的乳房，它的爪子和我们能看到的身体是一只豹子的。"当斯芬克斯对俄狄浦斯的威胁失败后，她又试图引诱他：

请给那渴望你的朱唇一个吻。
一旦品尝了斯芬克斯的爱，
其他所有的快乐都黯然失色。
在我的怀抱中，你将感受到无限神秘的魅惑。
不可言喻的快感使你血脉奔涌，

在快乐的力量里，你就是自己的神。

由于俄狄浦斯的拒绝和抵抗，斯芬克斯一声惨叫，然后消失无踪。胜利的俄狄浦斯在斯芬克斯的洞穴里睡去。夜晚来临，忒拜人和伊俄卡斯塔拿着火把到处寻找俄狄浦斯，最后终于在城外找到了他，于是，伊俄卡斯塔宣布：俄狄浦斯是忒拜的救世主，也是她的新丈夫，这部戏剧以此胜利闭幕。[1]

1906年，在佩拉丹的启发下，雨果·冯·霍夫曼斯塔尔（Hugo von Hofmannsthal）创作了另一部《俄狄浦斯与斯芬克斯》。在霍夫曼斯塔尔的故事中，虽然设计了不同的角色和情节，但大体上仍然遵循了佩拉丹的剧情结构。霍夫曼斯塔尔远比他的这位巴黎偶像（Parisian model ）更有野心，他的意图是要创作俄狄浦斯三部曲。《俄狄浦斯与斯芬克斯》只是他的第一部，他的第二部直接翻译了索福克勒斯的《俄狄浦斯王》并在1910年上演，霍夫曼斯塔尔的第三部尚未完成，其主题大致与索福克勒斯的《俄狄浦斯在科洛诺斯》相似。霍夫曼斯塔尔试图以索福克勒斯的两种悲剧形式赋予俄狄浦斯新的语境和意义。这种新的意义在他的第一部剧的题记中已有所提示，该题记摘自荷

---

① 这部剧的剧本本：佩拉丹（Péladan）1903。相关讨论：帕多阿诺（Paduano）1994：356—361。

尔德林《许佩里翁》(*Hyperion*)中的诗句:“在生命的河流中,如果没有命运的暗礁静默伫立,奔涌的心灵永远不会在迸裂中升腾,并幻化出精神的光芒。”[①]“精神”是德国观念论,尤其是黑格尔观念论的关键术语。但与黑格尔相反,在霍夫曼斯塔尔的作品中,对斯芬克斯的征服并不代表人的“精神”,相反,斯芬克斯只是命运的暗礁之一。斯芬克斯没有谜语。事实上,当她认出俄狄浦斯,叫出他的名字,然后就自杀了。俄狄浦斯认为,他轻而易举的胜利实际上是个幻觉,德尔斐女祭司的一连串预言使他困扰其中。遗憾的是,霍夫曼斯塔尔的第三部戏剧没有完成,但我们可以从他遗存的笔记中看到他想要表达的这一层精神内涵。[②]

“心灵的奔涌”(the surge of the heart),这个短语指向了该剧的中心主题,那就是人的欲望。霍夫曼斯塔尔通过克瑞翁——这个千方百计想要得到忒拜王权的“僭主”,区分了普
113 通人的欲望与俄狄浦斯所代表的非个人的神圣欲望。在德尔斐,俄狄浦斯与他的祖先在梦中交流,他意识到自己“血液流动如

① 与霍夫曼斯塔尔的戏剧译本一样,这个题记的译本也是格特鲁特·舍恩博姆(Gertrude Schoenbohm)在卡里奇(Kallich)、麦可里希(MacLeish)和舍恩博姆(Schoenbohm)编辑的版本,1968。这部戏剧的德语本可以在各种大量的集注版本中找到:霍夫曼斯塔尔 1983。

② 黑德尔(Hederer)讨论了这些笔记,1960:141—160。

肿胀而浮夸的洪流，灵魂潜入其中，沉入无边的黑暗”（［t］he flow of blood/is a dark，turgid flood into which the soul divcs and finds no bottom）。当他收到德尔斐的神谕后，他终于明白为什么自己一直是个处子。他渴望有个王后，他只能从“神圣的子宫”（sacred womb）中生育孩子。在这部剧中，俄狄浦斯皇室血脉的本能反应，表达了一种宿命，这种宿命却给人带来了无可救药的欲望：做一个神明还是做一个恶魔！而那种自我牺牲的精神，自然也会流淌在这卓越的（正如评论家经常所言的）、尼采式超人的“血路狂飙”（blood-driven）之中。在德尔斐的梦境里，俄狄浦斯已经将自己视为“挥舞刀刃的祭司 / 和那个替罪的祭牲”（both the priest who swings the blade / and the sacrifice）。①

西格蒙德·弗洛伊德

1910 年，弗洛伊德的“俄狄浦斯情结”已经广为人知。同时期的霍夫曼斯塔尔——这位维也纳的戏剧作家，也完成了最后一部关于俄狄浦斯神话故事的创造性作品。然而，他好像并

---

① 这段引文来自舍恩博姆（参见注释的第 130 条）之卡里奇等版本，1968：157，163。

不了解他的同胞西格蒙德·弗洛伊德（Sigmund Freud，1856—1939）的思想，因为在他的剧本里，我们没有看到所谓“俄狄浦斯情结”的意向，甚至连间接、隐晦的表达也没有。对于这种新的精神分析和解释方法，霍夫曼斯塔尔的态度未置可否。

早在1897年10月15日，弗洛伊德就在他写给朋友的一封信中宣布了他的发现。他说：“在我的病例中，我发现了病人对母亲的爱和对父亲的嫉妒，现在我相信这是早期儿童心理的普遍现象……”接着他引证了索福克勒斯的《俄狄浦斯王》和莎士比亚的《哈姆雷特》（*Hamlet*）。[①] 后来，在弗洛伊德众多著作中，有两部作品详细讨论了这个话题，《梦的解析》（*The Interpretation of Dreams*）即是其中之一。《梦的解析》于1900年出版，在这本书中，弗洛伊德第一次对“俄狄浦斯情结”进行了具体阐释，并通过索福克勒斯的悲剧得出了两个结论：第一，“恋母情结”的真实性。因为“这个发现（俄狄浦斯情结）已经被一个古老的传说证实”。在弗洛伊德看来，索福克勒斯的《俄狄浦斯王》之所以对观众具有无穷的吸引力，正是因为人类具有“恋母情结”的心理结构，因此很容易引起共鸣并感同身受。第二，悲剧中的“罪行发现”相当于精神病人的“自我发现”。事实上，在这部悲剧中，伊俄卡斯塔与俄狄浦斯在对话中提到

① SE 1：265–266.

过她的乱伦之梦，她说：“许多男人在梦中与他们的母亲睡觉。”（《俄狄浦斯王》，977—982）而这恰是这个“悲剧的关键”（the key to the tragedy）。弗洛伊德认为，索福克勒斯这部悲剧的素材“来源于人类远古时期那些‘恋母情结’的梦境资料”。[①] 114

弗洛伊德的“认为”自然十分武断。果真如此，是否可以提供这些梦境资料的来源？然而，弗洛伊德提供的资料却是人类历史上很早以前的原始人类发生过的事情，毋宁说大多源于想象。为了讲述这个故事，弗洛伊德在1913年的《图腾与禁忌》（*Totem and Taboo*）中虚构了原始部落的神话：儿子们联合起来杀害德高望重的族长，并占有了他的女人，但在杀害了族长之后，儿子们被罪恶感困扰，于是又重新调整自己与母亲的关系，并以图腾的形式祭拜死去的族长。

需要说明的是，关于“俄狄浦斯情结”对弗洛伊德时代的影响，关于精神分析运动的历史、弗洛伊德的女性主义批判、“反俄狄浦斯”的马克思主义者，以及20世纪80年代围绕弗洛伊德关于真实的童年挫折导致神经官能症的理论争议，等等，这

① SE 4：261–263.

一系列话题已经远远超出了本书的讨论范围。[①] 弗洛伊德在运用俄狄浦斯神话进行精神分析的过程中，仅仅与索福克勒斯的《俄狄浦斯王》发生联系，换言之，《俄狄浦斯王》是弗洛伊德分析俄狄浦斯的唯一素材。虽然，他肯定知道《俄狄浦斯在科洛诺斯》，但令人费解的是，在他的所有研究中从未提及这部悲剧。

通过具体比较来说明“俄狄浦斯情结”与《俄狄浦斯王》的关系其实比人们想象的要简单很多。弗洛伊德从这部悲剧中选取的材料，少得惊人。他没有分析悲剧中的预言、俄狄浦斯被抛弃，或者他被毁伤的脚，因为这些情节与他想要的主题无关。按照他的论证思路和逻辑，我们是否可以用“俄狄浦斯残废的脚”来解释一种“去势情结”（Castration Complex）？或者，小男孩对阉割恐惧的同时具有乱伦欲望的惩罚意味。如果“去势情结”取代并终结了“俄狄浦斯情结”，并且“在性格和神经症的形成方面具有更深远的意义”，那么弗洛伊德也可以在俄狄浦斯

① 关于弗洛伊德生活时代的影响：鲁德尼茨基（Rudnytsky）1987：3—89；关于精神分析运动的历史：艾伦伯格（Ellenberger）1970；关于弗洛伊德的女性主义批判：库兹韦尔（Kurzweil）1995；关于20世纪80年代的争议：马尔科姆（Malcolm）1984；马森（Masson）1985；关于反俄狄浦斯：德勒兹和加塔里（Deleuze and Guattari）1983；荷兰德（Holland）1999。需要指出的是，继弗洛伊德之后最著名的精神分析学家和理论家雅克·拉康（Jacques Lacan，1901—1981），属于精神分析运动的历史，而不是关于接受俄狄浦斯神话影响的历史。

神话中找到对应。[①]“俄狄浦斯残废的脚”的确可以解释为一种“去势”的象征，而且有很多因素决定了父母试图通过抛弃他们的孩子来阻止乱伦预言的实现。除了一个寓言式的表达，弗洛伊德对俄狄浦斯自刺双目的行为也未进行更多的分析，他说：“我们生活在对这些愿望的无知之中，厌恶道德……在它们被揭示之后，我们，也许所有人都试图对我们童年的场景视而不见。”[②]但是，自刺双目似乎同样可以被解释为一种“去势”。[③]

斯芬克斯之谜是19世纪关注和研究的重点，通常以为，弗洛伊德至少在一定程度上会意识到这个重点，然而，他对斯芬 115
克斯之谜的忽略同样令人意外。弗洛伊德虽然在对这部神话的总结中提到了斯芬克斯，[④]但却没有将它纳入主题讨论的范围。他曾多次提到斯芬克斯之谜是一个“婴儿从哪里来的问题”，而这个问题，只是引发了弗洛伊德对儿童“性心理研究”的契机，他认为这是“一种很容易矫正的扭曲形式……忒拜的斯芬克斯提出了同样的谜题”[⑤]。总之，弗洛伊德似乎有一个特殊的、假

---

① SE 20：37.

② SE 4：263.

③ 在《图腾与禁忌》（1913）的脚注中，弗洛伊德将刺瞎双目作为“一种发生在俄狄浦斯神话中［去势］的替代品”（SE 13：130n.1）。

④ SE 4：261.

⑤ SE 7：194–195；cf. 9.135，10. 133，16. 318，20. 37.

定读者们都知道的、仅仅属于他自己的斯芬克斯之谜。[①]

弗洛伊德认为“俄狄浦斯情结”是人类的一种命运。他在《梦的解析》中说：“它也许是我们所有人的命运，它将我们最初的性冲动导向我们的母亲，将最初的仇恨以及第一个谋杀的愿望直接对准了我们的父亲。”[②] 26 年以后，弗洛伊德在其《性伙伴问题分析》（“The Question of Lay Analysis”）一文中有更为大胆的表达。他与一个假想的对象——一个“中立的人”（Impartial Person）——进行对话。弗洛伊德对他说：“我很惊讶你居然还保持沉默。沉默并不意味着同意……当断言一个孩子选择的第一个性对象是他的母亲……这一断言无疑会再一次伤害人类最神圣的感情，并要准备接受大量的质疑、反驳和攻击。在同时代的人看来，没有什么比‘俄狄浦斯情结’的假设更能损害他们的美好情感，然而，这种假设才真正是一种与人类命运密切关联的普遍心理结构（*a structure universally bound to human destiny*）。”[③]

---

① 这可能是阿尔内在 1918—1920 年发现的谜语，编号：66，173，179，212，罗埃姆（Róheim 1934: 21）总结如下：“两个人躺在一张床上。观察者首先看到四条腿（父亲四肢着地），然后是母亲伸出的两条腿，最后是一条腿……神秘地消失了。”参考：儒克（Rokem）1996。

② SE 4：262；cf. SE 15： 208.

③ SE 20：214，本书作者强调。

尽管带着自嘲，弗洛伊德还是让自己扮演了阿波罗的角色。1908 年，弗洛伊德指导治疗了一个不满 5 岁的小男孩汉斯。这一天是 3 月 30 日，男孩和他的父亲来到弗洛伊德的诊所，关于他们的对话，弗洛伊德记录如下：

> 我……对他［小汉斯］说，他害怕他的父亲，正是因为他喜欢他的母亲。我对他说，他一定以为他父亲为此而生他的气，但事实并非如此。尽管如此，他的父亲还是喜欢他，他可以毫无畏惧地向父亲承认一切。我继续对小汉斯说，在你来到这个世界之前，我已经知道有一个小汉斯会来到这个世界，而且他非常喜欢他的母亲，但是他一定会害怕他的父亲，因为……在回家的路上，小汉斯问他的父亲：“教授［弗洛伊德］会和上帝对话吗？因为他可以告诉我所有预先的事情。”如果不是自 116
> 己开玩笑的自吹自擂引起小汉斯的赞赏，我会为一个孩子说出这样的话感到极其骄傲。[1]

弗洛伊德将弑父与娶母解释为童年的早期愿望并普遍化为人类的一般心理结构。“俄狄浦斯情结”极大地限制了这部神话的主题。在弗洛伊德那里，俄狄浦斯王就是一个普通人，或

① SE 10：41–43.

者就是我们之中的一个孩子。伴随着“去势情结”的产生，“超我”（superego）进入一种“存在”（being），并带来了悔罪意识。但如《俄狄浦斯在科洛诺斯》中的情形，面目全非的男主角已经难以被想象为生物学意义上的人了。不过，在弗洛伊德看来，俄狄浦斯与其他动物一样，完全由生物性本能进行定义和支配。

“一场恋母癔症的爆发”

纵观整个俄狄浦斯神话传承的历史，1920—1930 年间出现的作品数量当属历史之最。关于恋母情结的解释和分析，除了早年的《梦的解析》，弗洛伊德还出版了《自我与本我》（*The Ego and the Id*，1923）、《俄狄浦斯情结的消解》（*The Dissolution of the Oedipus Complex*，1924）、《自传体研究》（An Autobiographical Study，1925）和《性伙伴问题解析》（*The Question of Lay Analysis*，1925—1926）。1920 年，弗洛伊德的追随者特奥多尔·瑞克（Theodor Reik）对俄狄浦斯神话的心理分析扩大到了斯芬克斯，他在《俄狄浦斯与斯芬克斯》中将斯芬克斯视为一个不良的母亲形象。同年，莱昂卡瓦洛（Leoncavallo）的歌剧《俄狄浦斯王》（*Edipo Re*）在芝加哥首演。1922 年，乔治·埃内斯库（George Enescu）创作并演奏了一部钢琴版的歌剧《俄狄浦斯》（*Oedipe*），这部作品创作于 1910 年，灵感来自一位著名的伟大演员——让·穆内－萨利（Jean Mounet-Sully）——的表演，萨利在索福克勒斯的《俄狄浦斯王》（*Oedipus Rex*）中扮演主角。[1]1931 年，萨利又完成了这部剧的管弦乐编曲。马克斯·恩斯特于 1922 年完成了他的画作《俄狄浦斯王》（*Oedipus Rex*），作为一种超现实主义的宣言，这幅画得以在各种媒体上刊载和评论。达达主义者（Dadaists）弗朗西斯·皮卡比亚（Francis Picabia）和萨尔瓦多·达利（Salvador Dali）也积极参与了这一主题的讨论，但达利在 1923 年与 1930 年的两部作品明显受到了弗洛伊德的影响。

这一时期的相关作品和作者可以列出很长的名单，在此不赘。[2]其中，最有趣的故事和最有意义的作品来自安德烈·纪德（André Gide）、让·谷克多（Jean Cocteau）和伊戈尔·斯特拉文斯基（Igor Stravinsky）。1925 年，斯特拉文斯基在他的自传里谈到一个“宏愿”（something big），他说：“我想选择 117
一个大家非常熟悉的主题，完成一部歌剧或清唱剧。”于是，

---

① 关于埃内斯库的俄狄浦斯的故事，参见马尔科姆 1990：139—159。

② 名单可以在阿斯梯尔（Astier）的书中发现，1974：235—238；在埃德蒙兹的书里选择性地包含了其他目录中没有的事项（1991）；瑞德（Reid）1993；罗切－冯·德·海德（Rösch-von·der·Heyde）1999；奥达吉里（Odagiri）2001：255—257。关于俄狄浦斯和斯芬克斯，参见莎拉·哈林顿（Sara Harrington）网页上的资料信息（参见本书“拓展阅读”部分）。

他请谷克多为他写剧本，最后他们一起选定了索福克勒斯的《俄狄浦斯王》。谷克多初稿完成后，斯特拉文斯基很不满意，他希望剧本的内容更简单。斯特拉文斯基希望用拉丁语作为剧本的语言，他说："拉丁语是一个不死的灵媒，即使它们变成了石头，也值得被永远铭记，而且要让它们免于庸俗化的危险。"后来，谷克多将他的法文剧本交给耶稣会神学院里一个年轻的学生让·达尼罗（Jean Daniélou）翻译。斯特拉文斯基不顾拉丁语的发音腔调，终于在 1927 年完成了这部《俄狄浦斯王》的谱曲。[①] 据说，斯特拉文斯基上了年纪之后，还在热情洋溢地回忆达尼罗翻译的这个拉丁语剧本的情景，同时他又无比遗憾地说，这个剧本确实不令他满意。但无论如何，这是 20 世纪里一部与众不同的"俄狄浦斯"，剧本的内容虽然存在很多对拉丁语的误用，但它的音乐却别具一格。[②] 这部清唱剧的旋律一直被誉为 20 世纪杰出的音乐作品。而那部被斯特拉文斯基拒绝的剧本，谷克多并没有浪费。1927 年，他在此基础上创作了一部俄狄浦斯的短剧，谷克多曾公开朗读并在 10 年后完成了这部短剧的舞

① 尼斯（Nice）1991：9；沃尔什（Walsh）1993：93—95。

② 斯特拉文斯基关于拉丁语的选择：斯特拉文斯基 1936：196，201—202，206。斯特拉文斯基在晚年：斯特拉文斯基和克拉夫特（Craft）1963：14—15（对随意增加单词的重音进行了评论）；关于达尼罗（Daniélou）的拉丁语法：法雷尔（Farrell）2001：117—123；关于雷克斯创作俄狄浦斯的详细过程：沃尔什 1993：1—10。

台表演。七年后，这部短剧又构成了谷克多《地狱机器》（*The Infernal Machine*）第四幕的主要内容。

安德烈·纪德于1930年开始创作《俄狄浦斯》（*Oedipe*），1932年首次上演。在提到谷克多的剧本和斯特拉文斯基的音乐时，纪德打趣道，它们好比“一场恋母癔症的爆发”（An Oedipemic has broken out）。[①]此外，在当时流行的作品中，还包括现在已经被人们遗忘的克劳德·奥利（Claude Orly）的《俄狄浦斯》（1934）以及本节开头列出的一些作品。1936年，埃内斯库的《俄狄浦斯》首映，两年后，又出现了亨利·纪昂（Henri Ghéon）的《俄狄浦斯或诸神的黄昏》（*Oedipus or The Twīlīght of the Gods*）。[②]1952年，谷克多和斯特拉文斯基恢复了合作，他们的《俄狄浦斯王》在巴黎盛大演出，接下来在欧洲其他地方巡演。斯特拉文斯基同意使用七个场景系列，其间在“清唱剧”中穿插简短的哑剧。这七个场景包括：“到来”“一夜之间”“瘟疫在雅典暴发”（这里把忒拜误写为了雅典，原文如此）、“雅典的悲伤”（但谷克多似乎是在故意混淆忒拜和雅典）、“神

① 谷克多1959.1：211：“……他不知道如何告诉我，他正在写一个和我一样的俄狄浦斯；我只能把词汇拆开，用音节强调：有一个真正的俄狄浦斯。”奥达吉瑞（Odagiri）引用了另一种形式的评论，2001：182，而这一评论来自康帕涅（Campagne）1989：599。

② 奥达吉瑞2001：219—230；帕杜安诺（Paduano）1994：177—183。

谕”“斯芬克斯”“恋母情结”“三个伊俄卡斯塔”，以及“俄狄浦斯和他的女儿们”。[1]谷克多设计的舞台造型，按照他自己的说法，来源于为《地狱机器》创作的一幅画，而舞台造型的许多灵感也受到了《地狱机器》的启发。

118 在谷克多和斯特拉文斯基合作的这部悲剧中，其舞台画面明显体现了弗洛伊德式的“恋母情结”，这似乎违背了斯特拉文斯基清唱剧的宗旨和意图，不过，这也算是后弗洛伊德时代最不像弗洛伊德主义的俄狄浦斯的神话作品之一。在本书作者看来，斯特拉文斯基有他自己的宗教立场。斯特拉文斯基曾于1925年9月回到俄罗斯，在切身感受和体会东正教的精神之后，才开始有了创作这部大型歌剧或清唱剧的想法。虽然他用音乐影射了当时的很多歌剧——或者说是整个歌剧传统，但他的《俄狄浦斯王》却仍然是一部真正的歌剧，歌剧表达了主人公进退两难的主题。与众不同的是，斯特拉文斯基的歌剧体现了一种相当静态的、亨德尔式（model of Handel）的清唱剧形式。[2]亨德尔的风格主导了斯特拉文斯基的创作思路并隐喻了正在被传播的基督教信仰。[3]在斯特拉文斯基的音乐中，他通过分析音乐

① 谷克多 1991：21—27（图片）= 谷克多 1956：180—184。

② 乔治·费里德里希·亨德尔（George Friedrich Handel，1685—1759）是清唱剧的著名代表人物，他的清唱剧《弥赛亚》于1742年首演。——译注

③ 参考韦尔（Weir）1991：20。

的和声，表达了降E的“人调”（human-key）与C大调 的“神调”（god-key）之间的对立关系，而反复循环的小三和弦（minor thirds）象征着俄狄浦斯的命运，这种命运教导俄狄浦斯去感悟基督教的谦卑。后来，当人们谈到谷克多和斯特拉文斯基的早期分歧时，谷克多说：“斯特拉文斯基已经将自己拉丁化，他甚至愿意在希腊戏剧中使用某种拉丁式的礼拜仪式。”[①]但对谷克多来说，在不同时期推出故事的代言人，都要试图保存一个古老的而非主流的或者至少不具体指向某一种确定的信仰。而这个代言人正是“一种来自超越死亡并注视着我们的那个世界的力量”。在古代悲剧中，这种力量就是世界的众神并具体体现在阿波罗的神谕之中。与谷克多的台词相比，斯特拉文斯基的音乐在舞台上具有压倒性优势，它们用基督教的寓意重申了俄狄浦斯与阿波罗之间的古老对立。

斯特拉文斯基把俄狄浦斯这个角色写成了一位英雄男高音（Heldentenor），歌剧的乐章通过清唱剧严谨的结构表达出来，庄严而又悦耳，这种形式可以让观众更好地去体会俄狄浦斯从狂妄傲慢到降心虚怀的心理变化 。俄狄浦斯以为，自己可以通过消灭瘟疫而再一次获得荣耀，就像第一次破解斯芬克斯之谜，然而事情的发展完全违背了他的愿望。与斯特拉文斯基不谋而

① 谷克多 1952：52。

合的是，谷克多在《地狱机器》中也将俄狄浦斯还原为一个普通人。谷克多的表达形式别具一格，主题思想有两个方面：一个主题是由“地狱之神”（infernal gods）组成的超人或神界。一如开始的画外音是：“观众，你们看到的这台机器已经上紧了发条，慢慢松开它的过程就是整个生命的长度，这是‘地狱之神’为人类搭建的最完美的生命结构，一个凡人就此准确无误地走向死亡。”［桑德森（Sanderson）和齐默尔曼（Zimmerman），
119 1968：182］另一主题是人类轻佻的表演。例如，伊俄卡斯塔称呼忒瑞西阿斯为“齐齐”（Zizi），这些情节大大消解了这部悲剧的严肃性。剧中人物对故事情节作出了讽刺性的、元戏剧（meta-theatrical）的诠释：“一场美好的灾难”“一出肮脏的表演”“一部恐怖的杰作”（桑德森和齐默尔曼 1968：240，242，243）。[①] 事实上，所有神话中的事件或者说之前俄狄浦

① 元戏剧一词最早由莱昂内尔·阿贝尔（Lionel Abel）于 1963 年在他的著作《元戏剧：一种新的戏剧形式》中提出。阿贝尔认为，元戏剧的一个根本特点是：表现已经戏剧化了的生活。元戏剧通常运用戏中有戏的手法，剧中人物意识到自己在演戏。从某种现代的观点看，只有承认自身内在戏剧性的生活才能成为有趣的舞台表演。20 世纪 80 年代，理查德·霍恩比（Richard Hornby）梳理了五种元戏剧类型：戏中有戏、戏中的仪式、表演中有表演、文学与真实生活的指称以及自我指称。参见：何成洲《贝克特“元戏剧”研究》，载《当代外国文学》，2004 年第 3 期，第 80 页。——译注

斯戏剧中的事件，都在谷克多幽默和反讽的再现中改变了意义，也将俄狄浦斯拉下了神坛。在第三幕的结尾，画外音解释说，是残忍的上帝“让这个纸牌国王最终成为一个人”（桑德森和齐默尔曼 1968：237）。于是，这场来自颓废派的戏剧运动巧妙地完成了从皇宫贵族到黎民百姓的角色转换，正如忒瑞西阿斯所说，俄狄浦斯现在属于人民（桑德森和齐默尔曼 1968：245）。

谷克多特别引人注目之处，是他采用弗洛伊德的调性（hues）对人物角色进行了心理化（psychologization）处理。例如，伊俄卡斯塔抱怨说，在一个反复出现的噩梦里，她的婴儿（俄狄浦斯）变得模糊，并对她进行性侵犯，但同时她又幸福地描述母亲与儿子在一起的美好时光。[①] 谷克多的剧情共有四幕。第一幕：拉伊俄斯的鬼魂出现。这一幕既直接援引了《哈姆雷特》中的剧情，又间接地引用了弗洛伊德的书信和他的著作中把哈姆雷特比作俄狄浦斯。弗洛伊德的早期追随者和他的传记作者欧内斯特·琼斯（Ernest Jones）于 1910 年出版了《哈姆雷特与俄狄浦斯》（“Hamlet and Oedipus”），1923 年又出版了扩展版。第二幕：剧情集中表现了俄狄浦斯与斯芬克斯相遇的情景。在这里，斯芬克斯被一分为二，其中一个是爱上了俄狄浦斯的

① 莱特梅尔（Nightmare：1952：192），《母子结合》，同上书：198。

年轻女子，她把谜语的答案直接告诉了他；另一个是年轻女子的看护人阿努比斯（Anubis），阿努比斯拥有一个可以自动拆卸的豺狼的头颅。这一幕令人想起了佩拉丹和霍夫曼斯塔尔以斯芬克斯为中心的剧情结构，而豺狼的头颅又使人联想到恩斯特关于斯芬克斯的拼贴画。正如弗洛伊德基于哈姆雷特所得到的灵感，谷克多的作品也明显受到了前辈们的影响和启示。第三幕："新婚之夜"。与霍夫曼斯塔尔的剧本一样，俄狄浦斯也是个童子（对此，现在的观点有些分歧）。当忒瑞西阿斯对俄狄浦斯的童子之身感到惊讶时，俄狄浦斯轻蔑地对他说："一个乡下男孩应该保持纯洁，应为自己的献祭感到骄傲，而你作为一国的大祭司居然对此感到惊讶。毫无疑问，你更喜欢一个堕落的王子……"因此，令人不可思议的是，俄狄浦斯之所以保持他的童贞是因为他的身份是忒拜人民的男人。伊俄卡斯塔又开始了那个模糊的梦。显然，谷克多为追求戏剧效果而有些用力过猛，这些多少有些莫名其妙的剧情成为他一直被人批评的原因。

120 谷克多认为，他的第四幕剧情——也是最后一幕——是"对古希腊悲剧的一种抗辩"[1]，俄狄浦斯已经逃离了古希腊的忒拜，他穿越了古代、近代而进入了现代。在纪德的《俄狄浦斯》中，

① 谷克多 1971：vii。

尽管俄狄浦斯逃离的方式不同，但逃离的主题却又十分相似。戏剧一开场，俄狄浦斯说："我在这里，现在所有这一切，只是时间长河里的一个瞬间，就像是任何一个人，他来到舞台前面说，我是俄狄浦斯。"纪德将俄狄浦斯在传统与现代之间进行转换，传统角色（这里主要是指法国戏剧中的俄狄浦斯）早已深入人心，一个全新的现代意义上的俄狄浦斯，需要完成他自由意志的表达。在纪德的剧情里，先知忒瑞西阿斯"穿得像个修道士"，克瑞翁庸碌无为。虽然，歌队出场后明确反对俄狄浦斯那"咄咄逼人的个人主义"，但这种戏剧冲突更加凸显了俄狄浦斯的个性。俄狄浦斯角色的转换，标志着他走出了法国的近代传统，来到了纪德的现代舞台。

在纪德剧本的第二幕，俄狄浦斯宣布了他的信条。他的儿子们正在反思当今时代的弊病，这些弊病正是人们内心对传统的质疑和背叛。俄狄浦斯的一个儿子厄忒俄克勒斯曾写过一本《当今时代的弊病》（"the malady of the present age"）的小册子。厄忒俄克勒斯认为，古代英雄们所面对的神和怪物已不存在，他们的父亲面对怪物的勇气也成了记忆。然而，俄狄浦斯告诉儿子们，要相信怪物和神的存在，怪物一旦祸害人类，就应该去打败它。而且，我们每个人都面临着怪物和谜题，虽然谜底不同，但答案总是一样，那就是你自己。这个"自我的信条”在俄狄浦斯的身份被发现的时候一直保持不变。与古典悲剧不同的是，俄狄浦斯拒绝承认自己受到了诸神的控制。我们还记得，在索福克勒斯悲剧的结尾，俄狄浦斯说：“这一切都是因为阿波罗。”可见，现代的俄狄浦斯在寻求“逃离”，逃离诸神的控制。他说：“我喜欢创造一些不幸的，甚至是某种疯狂的状态，让你们所有人惊讶，让自己惊讶，也让众神惊讶。”俄狄浦斯退场后，弄瞎了自己的眼睛，然后又回到舞台与忒瑞西阿斯争辩。对于神是否也预见到了俄狄浦斯自刺双目的问题，俄狄浦斯表现得毫不在乎，并声称这完全是他自由意志的结果。“我只有回头之后才能走得更远……与自我对抗。”在俄狄浦斯的罪行被发现时，他说，这一刻与其说是为了实现最后的命运，毋宁说是生命中的一种挫折，这种挫折阻止了他去完成那未知的、降临在他生命黄昏时刻的命运。

121 弗拉基米尔·普罗普与克劳德·列维－斯特劳斯

与谷克多不同的是，对于人物的乱伦欲望，纪德在剧本中表达得很随意。后来，他在他自己主办的《期刊》（*Journal*）上发表了一篇分析俄狄浦斯的短文，也没有运用或评价弗洛伊德的分析理论，这些或许可以说明纪德对那个惊世骇俗的“俄狄浦斯情结”不以为然，但又未必如此。[1]真正能够挑战弗洛伊德的人，必须在神话研究的观念性思维层面与弗洛伊德棋逢对手。于是，有两个重要人物出现了。一位是伟大的俄罗斯民俗学家、叙事理论家弗拉基米尔·普罗普（Vladimir Propp），另一位是法国人类学家克劳德·列维－斯特劳斯（Claude Lévi-Strauss）。

普罗普在1944年发表了一篇关于俄狄浦斯的民俗学论文《民间传说中的俄狄浦斯》（“Oedipus in the Light of Folklore”）。遗憾的是，这篇论文一直不为西方人所知，直到1975年，有一个意大利人翻译了它，但它的英文版直到1983年才问世。[2]不过，在这篇文章中，普罗普并没有直接提到弗洛伊德。普罗普表面上站在苏联批判和声讨弗洛伊德的政治立场上，他必须调整自己的意识形态，尽可能与革命导师弗里德里希·恩格斯（Frederick Engels）的观点保持一致。普罗普试图从人类历史起源的角度来解释俄狄浦斯神话，在民间故事中为我们留下了一个重写本（palimpsest）[3]，而这些民间故事往往具有相同的故事模型。普罗普通过比较这些民间故事，得出了俄狄浦

① 纪德（Gide）1948.2：298（1922年2月4日），347（1924年1月7日），351（1924年6月19日）。
② 普罗普［1944］1983。
③ 重写本：情报、文献学术语，指重新抄写的本子。——译注

斯神话的结论。他援引了弗雷泽（Frazer）的《金枝》（*The Golden Bough*）作为他论述古代王权历史更替的权威论据。他发现，人类社会——从母系到父系——权力继承形式的演化在这些民间故事中留下了痕迹。在早期的母系社会中，由女人通过婚姻授予的继承权由老国王传给女婿，女婿继任后杀死老国王。在人类历史进一步进化阶段，继承开始由父亲传给儿子。俄狄浦斯神话只是转换了某种顺序，把老国王和女婿之间的冲突变成了国王拉伊俄斯和自己儿子之间的冲突。这一冲突从新生儿的抛弃开始，到拉伊俄斯被谋杀结束。普罗普在俄狄浦斯神话中发现了人类早期权力更替的历史规律。普罗普发表这篇论文时，正值二战之后，苏联正在推行排外和反犹政策，恩格斯的《家庭、私有制和国家的起源》（*The Origin of the Family*，*Private Property*，*and the State*）的影响方兴未艾。[①]在这种政治氛围下，普罗普的观点相当于是一个苏维埃教条主义的声明。恩格斯把自己的理论建立在弗雷泽进化论的基础上，而普罗普只是再次
122 重申了它。现在，虽然没有人认同普罗普对俄狄浦斯神话的解释，但普罗普的文章仍然在以下两个方面奠定了神话解释的基础：

① 关于这个时期里普罗普在苏联的情形，参见尼伯尔曼（Liberman）对普罗普的介绍，1984：ix—xv。普罗普对民间故事的历史解读占了更大的比例，普罗普［1946］1983。参照马克思和恩格斯著作的第一章，可以明确了解普罗普的意识形态立场。

一是对神话主题的个别性分析；二是对索福克勒斯两部悲剧所代表的俄狄浦斯生命的两个阶段进行统一性的论证。

弗洛伊德理论的另一个挑战者是列维 – 斯特劳斯。1955年，列维 – 斯特劳斯发表了新结构主义宣言的代表作《神话结构研究》（“The Structural Study of Myth”）。他选用了两个例子，一个是祖尼族（Zuni）的印第安神话，另一个就是俄狄浦斯。尽管列维 – 斯特劳斯在文章中只是顺便提到了弗洛伊德，但他的意图很明显，是要以自己的结构主义解释取代弗洛伊德的精神分析。列维 – 斯特劳斯对弗洛伊德更为全面的批评出现在他于1985年出版的《嫉妒的制陶女》（*The Jealous Potter*）一书，书中说，弗洛伊德精神分析的错误在于，他在俄狄浦斯神话中仅仅发现了“性”这个密码，“而一个神话总是会同时使用几种密码”。[①] 弗洛伊德的“第一个错误是想用单一和唯一的符号破译神话，而神话的本质总是运用重叠的几个符号，从这几个重叠的符号中产生解释的法则。神话的意义永远是全部的，它永远也不会让自己简化为有可能从单一特殊符号中提取意义。……一个符号不比另一个符号恰当：神话的本质，或者也可以说神话的深刻含义，乃建立在所有的符号作为符号所具

① 列维 – 斯特劳斯［1985］1988：186。

有的相互变换的属性上……”[①]列维–斯特劳斯对神话的解释，尤其是在他专门研究的南美印第安人的神话中，为我们揭示了动物、天文、烹饪以及其他领域的多重密码，当然也包括性。列维–斯特劳斯反对弗洛伊德对性的精神分析，认为性在神话解释中并不是必需的，甚至可以忽略不计。因为在人类的性格形成中，通过暗示，性的重要性已经被大大削弱了。

列维–斯特劳斯的结构主义解释方法最初来源于斐迪南·德·索绪尔（Ferdinand de Saussure）的语言学基础，特别是建立在对 *langue*［**语言**］和 *parole*［**言语**］相互区别的基础上。前者所谓的“语言”，是指一种相对不变的系统性语言，具有一定的稳定性，如语法等；后者所谓的“言语”是一种不断出现变化的新的语言活动中的语言，具有一定的动态性。在神话故事中，与动态层面的“言语”相对应的是叙事，即故事情节出现的秩序。而第一种则是一种静态层面的，也可以说是无形的“语言”。结构主义解释基于“语言”与“言语”的差异性，这种新的方式旨在揭示神话的基本结构。列维–斯特劳斯并没有对俄狄浦斯神话结构的分析给出具体规则，而是描述了他如何得出结论的一个经验过程。他打破并分解了整个神话

① 引自列维–斯特劳斯《嫉妒的制陶女》，刘汉全译，中国人民大学出版社，2014 年，第 253—254 页。——译注

故事，包括拉布达赛德家族，甚至卡德摩斯建立忒拜城邦的远古神话，他用尽可能短的句子把要点写在索引卡片上，然后进行重新排列，直到出现一个新的结构模型。例如，他发现一组卡片上面显示的主题可以标识为“高阶的亲属关系”（over-rating of kinship relations），最显著的是俄狄浦斯与母亲的乱伦婚姻和安提戈涅埋葬哥哥波吕尼刻斯的故事。同时，他发现在这个部落或家族中还有一群人喜欢互相伤害，包括忒拜的缔造
者——卡德摩斯所播种的龙牙，龙牙中生出了一支相互残杀的 123
军队；接下来是拉伊俄斯试图杀死自己的儿子，俄狄浦斯杀死了自己的父亲；俄狄浦斯的两个儿子为了争夺王位而相互残杀。列维－斯特劳斯给这个相互伤害的群体定义为“低阶的亲属关系”（under-rating of kinship relations）。这两个群体因此形成了一种“高阶的”与“低阶的”二元对立的关系（图 12）。

	A	B	C	D
集合阅读（垂直阅读 A—D，按顺序阅读 A—C，关于故事，从左到右）			卡德摩斯杀死暴龙	俄狄浦斯等于“肿胀的脚”
		“播种龙牙的人”相互杀害		
			俄狄浦斯杀死斯芬克斯	
		俄狄浦斯杀死父亲		
	俄狄浦斯娶了母亲			
		俄狄浦斯的儿子们相互残杀		
	安提戈涅埋葬哥哥			
集合阅读的共同点（垂直阅读 A—D）	高阶的亲属关系	低阶的亲属关系	地生人的否定	地生人的肯定
逻辑关系	A:B :: C:D			

图 12：列维 – 斯特劳斯对俄狄浦斯神话的结构分析，有选择性地表示捆绑（Lévi-Strauss’ structural analysis of the Oedipus myth, with bundles selectively represented）

基于结构主义方法，列维－施特劳斯还发现了更多的类似的组合，其中有一组与“本土性”或“地生人”（autochthony）[①]有关。对于人类是否起源于大地，构成了另外两组肯定与否定的对立关系。斯特劳斯认为，这两组主题（图 12 中的 C 和 D）揭示了神话的根本问题，这个问题是，“对于一种文明，尤其 124
是对于坚信人类是自然生长出来的古希腊人而言……根本无法在‘自然生长理论’与‘人类事实上由男女结合而生的认知’之间找出一种令人满意的过渡”[②]。有人可能会说，对“地生人”（D）的肯定是列维－斯特劳斯最重要的一组主题，但这一主题同时也备受质疑。基于本土性的视角，列维－斯特劳斯对拉布达赛德家族的人名进行了词源考辨。其中最明显的是俄狄浦斯这个名字，它等同于“肿胀的脚”（Swollen-foot）。他说，这个名字意味着走路笨拙，而这种走路方式恰是“出生在地球上

① “地生人”（autochthony）是在公元前 5 世纪流行于古希腊世界的一个术语，意思是“人从大地而生”。许多城邦在大迁徙时代之后，利用这一术语来宣扬自己的移民正当性。雅典的“地生人”在诸多城邦中尤为特殊，它不仅是一个与移民相关的语词，而且还发展出了一系列的起源神话故事，这些故事与雅典民主政治相结合，以神话的力量塑造并推动了雅典民主意识形态的形成与发展。以上内容引自中山大学博雅学院校友沙龙第一讲《“地生人”与雅典民主》讲座提要，主讲人：剑桥大学古典学博士颜荻，讲座时间：2020 年 10 月 17 日。——译注

② 本段和前段引文均来自列维－斯特劳斯［1955］1967：212。

的人的普遍特征”。对于其他名字的词源仍然可以继续进行类似的推测和演绎，因此有人嘲笑说，按照列维－斯特劳斯的这个说法，古希腊人受到折磨，原来是因为自己被“诞生于大地的理论”所困扰。

列维－斯特劳斯进一步研究发现，上述两组二元对立关系彼此对应，即从“高阶的亲属关系”到“低阶的亲属关系”对应于从否定“地生人”到肯定“地生人”。因此，神话是顺理成章的一种工具，它通过将“地生人”转换为亲属关系中的术语，从而掩盖了它的基本问题。俄狄浦斯神话中最引人注目的两个要素——弑父与乱伦——在这种结构主义的思维方式中变成了一种代码。这种代码本身没有意义，更不存在弗洛伊德赋予它们的意义。

挑战斯芬克斯

不管结构主义解释之于俄狄浦斯神话是否正确，列维－斯特劳斯可以用同样的方法去解释斯芬克斯之谜。斯芬克斯被俄狄浦斯杀害就是否定“地生人”的一个例子。然而，列维－斯特劳斯需要再次面对斯芬克斯。他带着更大的野心，选择用俄狄浦斯神话来证明“某种普遍的思维形式”（certain universal forms of thought）存在的可能性。这种思维形式隐藏在神话的内部结构中，并在不同地方和不同时代表现出不同的特点。列维－斯特劳斯的论证将是有效的，但前提是，他要找到一个现时存在并在空间上遥相呼应的故事来印证他对俄狄浦斯的神话解释，而且，这种印证或转换是逻辑而非历史的。在阿尔冈昆（Algonquin）的神话故事中，列维－斯特劳斯找到了一个关于兄妹乱伦的例子。

列维－斯特劳斯认为，斯芬克斯是俄狄浦斯神话中不可或 125
缺的一部分，所以他相信，只要他能够证明美洲印第安人的神话包含了斯芬克斯和她的谜语，那么就可以证明，这个神话与古希腊的俄狄浦斯在逻辑上具有一致性。从表面上看，虽然美洲的印第安神话没有斯芬克斯和她的谜语，但却存在另外一个女性，她是一个超级强大的魔法女巫，也是猫头鹰的女主人，女巫从她的猫头鹰那里知道有一个乱伦的兄弟，这个兄弟与她自己的儿子长得一模一样。同时，在阿尔冈昆的其他神话中，猫头鹰要求男主角破解谜语，但在这个神话中，猫头鹰同时又是一个解谜者，而该女巫将那个乱伦的年轻人误认为是她自己的儿子。在北美印第安神话中，几乎找不到有关谜语的例子，但列维－斯特劳斯在拉丁美洲的普韦布洛（Pueblo）神话中找到了一个。在普韦布洛印第安人的仪式上，有一些小丑，他们是乱伦结合的后代，这些小丑在仪式上向观众出示谜语。列维－斯特劳斯将上述事实综合起来，最后总结道："由此可以得出，在美洲，谜语也呈现出非常相似的俄狄浦斯情结的特征，一方面通过乱伦，另一方面通过猫头鹰。猫头鹰可以让我们看到一个颠倒的斯芬克斯。"列维－斯特劳斯将上述例子与俄狄浦斯神话中的斯芬克斯进行类比，看起来相当牵强，对所谓"相似的俄狄浦斯情结"显然有过度诠释之嫌。客观地说，即使将印第安神话的两个例子结合起来，也不能说明它们与没有谜语的阿尔冈昆神话有什么关联性。①

分析斯芬克斯这个怪物是现代思想家们无法遏制的一种冲动，列维－斯特劳斯也不例外。为了单纯评判他的思想，对于他有关斯芬克斯的研究在此不作回顾。弗洛伊德更是一个绝对的例外，他的"俄狄浦斯情结"让斯芬克斯之谜的意义相形见绌。海德格尔（Heidegger）没有讨论神话主题，只是引用了索福克勒斯《俄狄浦斯王》中的一个情节，即"瞎眼的俄狄浦斯走出宫门"的那一刻。海德格尔认为，"那一刻"证明了前苏格拉底时代形而上学"存在与表象的统一和冲突"。"从光明的开始走向黑暗的结束，是一场表象（appearance）与存在（being）、

① 本段引文的顺序为列维－斯特劳斯［1973］1976：25，22（这里引用的章节可以追溯到1960年的一次演讲）。

遮蔽（concealment and distortion）与去蔽（unconcealment）之间的战斗。”[1] 显然，海德格尔也是一个例外，尽管他对俄狄浦斯神话的解释影响不大。[2] 黑格尔关于斯芬克斯之谜的意义解释 126
在 20 世纪持续产生影响。弗洛伊德完全回避了斯芬克斯的话题，但他早期的追随者奥托·兰克（Otto Rank）却特别关注这个怪物。1912 年，在一部颇具影响力的、关于文学与神话之乱伦主题的著作中，奥托·兰克将斯芬克斯描述为“母亲的替身”，“旨在将母亲身上某些讨厌的特质分离出去”。[3] 斯芬克斯的现代肖像开始于安格尔，一直延续到马克斯·恩斯特（参见前文），其中还包括：乔治·德·基里科（Giorgio de Chirico）的《斯芬克斯考问俄狄浦斯》（*The Sphinx Questioning Oedipus*，1966）、巴勃罗·毕加索（Pablo Picasso）的《俄狄浦斯与斯芬克斯》（1972）以及弗朗西斯·培根（Francis Bacon）的《俄狄浦斯与安格尔之后的斯芬克斯》（*Oedipus and the Sphinx after Ingres*，1983）。

20 世纪下半叶，在涉及俄狄浦斯最重要的观念论的研究

① 海德格尔［1953］1961：90。

② 同上书：90—92。

③ 奥托·兰克［1912］1992：216，220。这是一个现代希腊民间故事，讲的是一位女王坐在忒拜附近的悬崖上，这个王后就是他讨论的谜语人。埃德蒙兹的翻译和论述，1981a：6—11。

（conceptual work）中，对斯芬克斯的讨论尤为突出。1972年在柏林自由大学(Free University of Berlin),克劳斯·海因里希(Klaus Heinrich)在他的“达勒姆讲座”(Dahlem Lectures)中发表了“与俄狄浦斯合作”（arbeiten mit ödipus/work with Oedipus）的主题演讲。海因里希有一个假设：与俄狄浦斯合作就是与压制合作，他认为这种思维就是当代社会（这个社会就是他那个时代的柏林）的主要病根，同时也是西方学术思想的病根。作为一名马克思主义理论家，他的目光所及是西方哲学传统对人性的压制，这一传统肇始于柏拉图和亚里士多德，因为是从他们开始，否认古希腊的神话遗产。海因里希试图通过世界的普遍性宗教提供的资源——尤其是古希腊神话——以回归人性的解放。1972年在海因里希的第五次演讲中，他认为索福克勒斯已经在他的悲剧中否认了俄狄浦斯给出的那个答案——“人”，因此，他嘲弄那些出现在当代哲学作品中关于人的定义（在这里，海因里希是指柏拉图将“没有羽毛的两足动物”作为人的定义，以及犬儒学派代表人物第欧根尼对这个定义的嘲笑[第欧根尼·拉尔修6.40]）。悲剧演员“用斯芬克斯之谜……把哲学作为启蒙运动的一种形式加以批判……压制的维度事关紧要，如果一个人真的……想要自我认知”。[①] 在海因里希冗长的演讲内容中，并不限于俄狄浦斯

① 海因希里 1993：135。

的“压制”和忒拜这个怪物，但他特别强调了斯芬克斯代表着某种无法逃避的母系氏族的权力。

另外两位思想家，也是俄狄浦斯神话的研究者，他们是让－ 127
巴瑟夫·高克斯（Jean-Joseph Goux）和乔治·阿甘本（Giorgio Agamben）。相对于他们的博大精深，这里的简短叙述实在是微不足道。他们认为，俄狄浦斯标志着人类历史的转折，亦如黑格尔所认为的那样，但又并非黑格尔说的全部意义，黑格尔仅仅只是观念的出发点。在两位意大利哲学家看来，荷尔德林强化了黑格尔的观念，认为“总体而言，俄狄浦斯的罪与其说是乱伦，不如说是对某种神圣性力量的傲慢（正如他在解答斯芬克斯之谜时的表现）”[①]。针对海因里希的批评，高克斯的标题《哲人，俄狄浦斯》（*Oedipus*, *Philosopher*）高度概括和捍卫了黑格尔的思想传统。[②] 高克斯在

① 阿甘本 1993：135—140，144—145。引文摘自第 138 页。

② “高克斯在《俄狄浦斯，哲人》一书中提出，这一神话人物战胜人面狮身女妖斯芬克斯的情节，意味着主体的自我觉醒和对传统启蒙仪式的颠覆。俄狄浦斯与苏格拉底一样，不盲从先在的知识，而从自身中发现真理。他们建立了一种以人的自我认识为基础的新的启蒙仪式。世界不再由神的显现而得到指导，人自己可以指导自己了。只有人可以找到一切意义的基础。苏格拉底说‘认识你自己’只不过是俄狄浦斯所猜破的斯芬克斯谜语的一种回应。高克斯还说：‘即使把整个西方哲学看作俄狄浦斯式的有点过分，那么至少，以俄狄浦斯为代表的那种探索打开了哲学的大门。’”引自叶舒宪《神话的意蕴与神话学方法》，《淮阴师范学院学报》，2002 年第 2 期，第 227 页。——译注

讨论俄狄浦斯神话的历史背景中，准确解释了古希腊英雄们一系列相似的“单一神话”（mono-myth）的故事，尤其是以杰森（Jason）、伯勒洛丰（Bellerophon）和佩耳修斯（Perseus）为代表，在斯芬克斯的部分，集中讨论了他们与俄狄浦斯之间的差异。与其他英雄不同的是，俄狄浦斯诛杀怪物，并非国王强加给他的任务，也没有得到神的帮助，而且不用武力。斯芬克斯这一情节，作为一种神秘的反常现象，符合某种不同寻常的宗教仪式。斯芬克斯本应是年轻英雄的启蒙老师，但启蒙失败，上演了一出启蒙失败的悲剧。俄狄浦斯与那个反传统的、无师自通的苏格拉底站在一起，向着笛卡尔的主体性方向迈出了第一步。现在，每个人都必须“通过一个自我中心之‘我’的反叛来单独面对斯芬克斯的谜题，而这个‘我’可以控制斯芬克斯危险的尺度”①。在此，人们不由得想起了纪德的《俄狄浦斯》。

前面提到的三位思想家对斯芬克斯的解释有一个共同之处，那就是斯芬克斯具有母系或原始女性的特点（就像普罗普的观点一样，尽管他论证的主题有所不同）。巧合的是，瑞士剧作家弗里德里希·迪伦马特（Friedrich Dürrenmatt）笔下的斯芬克斯与20世纪出现在观念论作品（conceptual work）中的斯芬克斯形象极为相似。抑或是他故意把这一阶段的观念性作品变成

① 高克斯1992：54，201。

了一个恶作剧？就像冯·普拉登（von Platen）笔下浪漫的俄狄浦斯。

迪伦马特创作的是一部广播剧《皮提亚之死》（*The Death of the Pythia*），在这部剧中，最先是拉伊俄斯引诱了佩罗普斯的妻子希波达米亚（Hippodameia），并导致希波达米亚怀孕，生下了斯芬克斯（在第一章的内容里，我们讲述了拉伊俄斯诱奸了佩罗普斯儿子的故事）。斯芬克斯后来由赫耳墨斯（Hermes）的女祭司抚养长大，她从女祭司那里知道了她父亲的恶行。当女祭司死后，斯芬克斯独自回到了西泰隆山。为了保护自己不受父亲拉伊俄斯的伤害，她在居住的神庙里饲养了一头母狮。但是，拉伊俄斯和他的马车夫波吕丰特斯（Polyphontes）还是闯进了神庙并强奸了她，结果斯芬克斯怀孕并生下了一个儿子，取名俄狄浦斯。与此同时，拉伊俄斯的妻子伊俄卡斯塔也生下了一个儿子，也取名俄狄浦斯。拉伊俄斯下令，将两个俄狄浦 128
斯一起抛弃。一天，一个忒拜牧羊人带着伊俄卡斯塔的俄狄浦斯来到了斯芬克斯的神庙，在酒醉中，牧羊人向斯芬克斯透露了真相，牧羊人说："伊俄卡斯塔贿赂我，要我把伊俄卡斯塔的俄狄浦斯送给科林斯国王雇用的一个牧羊人。"斯芬克斯知道真相后，趁着牧羊人熟睡之际，把伊俄卡斯塔的儿子扔给了她的母狮，又刺穿了她自己儿子的脚后跟。第二天早上，斯芬克斯让忒拜牧羊人把自己的儿子交给科林斯的牧羊人。斯芬克斯的俄狄浦斯在科林斯国长大，但从一开始他就知道国王波吕巴斯和王后梅洛普不是他的亲生父母。后来，斯芬克斯的俄狄浦斯到德尔斐神庙去询问他的亲生父母是谁，神谕告诉了他部分真相。俄狄浦斯寻找身世的情节与索福克勒斯的故事基本一致。斯芬克斯生下的这个俄狄浦斯认为，他杀死的任何成年男子都是他的父亲，所以当他在十字路口杀死拉伊俄斯时，他认为拉伊俄斯是他的父亲。他还杀死了拉伊俄斯的车夫波吕丰特斯，这个车夫实际上是他的父亲。接下来，俄狄浦斯遇到了母亲斯芬克斯，解开了她的谜语，并成为她的情人，但他们双方都不知道对方的身份，也许是阿波罗故意保留了这个秘密。随着母狮子越来越大，斯芬克斯发现自己难以驾驭它了，同时她还感到了某种不祥的预兆。斯芬克斯也去德尔斐寻找真相，得知真相不久后，她就被母狮子吃掉了。俄狄浦斯继续前往忒拜，又娶了伊俄卡斯塔，他认为伊俄卡斯塔才是他的母亲。俄狄浦斯很高兴杀了他的父亲，娶了他的母亲。因为他恨他们，他要向他们复仇。

小结

俄狄浦斯神话的现代性意义，开始于黑格尔和安格尔。“主体性”代替了俄狄浦斯神话的“命运”主题。斯芬克斯之谜是人们关注的另一个重点。迪伦马特对斯芬克斯完成了最为离奇的创作，他让斯芬克斯亲自生下了俄狄浦斯，这是斯芬克斯现代性意义的极端表达。斯芬克斯的现代性在艺术创作中表现得尤为明显，但也同时出现在神话研究的观念性作品中。列维-斯特劳斯非常乐于关注斯芬克斯的话题，但弗洛伊德似乎对她毫无兴趣。在弗洛伊德的“俄狄浦斯情结”中，没有任何元素与主人公破解谜语的行为有关。事实上，弗洛伊德对这个神话的引证显得相当晦涩，至少对当代读者来说确实如此。虽然，弗洛伊德精神分析的理论谜题尚需进一步考究，但毋庸置疑的是，“俄狄浦斯情结”所产生的巨大影响极大地推动了这部神话的艺术创作和研究发展，仅就这部神话而言，我们甚至可以说，弗洛伊德的精神分析在20世纪的影响与亚里士多德的《诗学》理论在文艺复兴时期的影响几乎可以相提并论。

结论与延续

129 在古希腊的前悲剧时代，俄狄浦斯是一个被污名和被诅咒的人，他的污名旷绝古今，对他的诅咒世代相传。但是，在索福克勒斯的悲剧中，俄狄浦斯不仅在死亡中得到了净化（purification），而且变得崇高起来。正如黑格尔对《俄狄浦斯在科洛诺斯》的如下评论："［A］上帝召唤他……他失明的眼睛开始变得明亮。因为这个城邦把他当作朋友和客人，因此他的尸骨成了这个城邦的守护神。俄狄浦斯因死亡得到改变，这种改变不仅对他，对我们每一个人也是一样，那就是在'自我'与'人格'之间和解。"[①]正是这种具有现代意义的自我和解——那是一种由人的本质和灵性所带来的内心深刻的平静——打动了黑格尔，但与此同时，黑格尔明确否认了上述评论所体现的基督教意味，这与俄狄浦斯的灵魂是否进入"永福"（the eternal bliss）无关。但是，在中世纪，无论是暗含在各种

① 黑格尔 1975：1219。

悲歌或“挽歌”（Planctus）中的教谕，还是明确将格列高利和犹大视为俄狄浦斯的化身，都是为了证明俄狄浦斯悔罪的效力。忏悔真的有效吗？上帝会原谅这些罪行吗？答案是肯定的。即使像安德鲁（Andrew）那样强奸修女、杀害牧师等作恶多端的罪人，也可以得到上帝的宽恕。如果犹大不因绝望而自杀，也同样可以得到救赎。这就是上帝宽恕的力量。俄狄浦斯，这个中世纪里“上帝的罪人”（holy sinner）在 18 世纪里变成了“觉悟的罪人”（enlightened sinner），他看到了自己的理性和美德被非理性的力量击败，而且不可逆转。然后，这个“觉悟的罪人”又变成了浪漫主义和启蒙时代里“崇高的罪人”（transfigured sinner），他的罪行，可以被看成是自我升华的必要牺牲，或者说，是一种人类社会进步的象征。用尼采的话说：

这位高贵的人没有犯罪。深刻的诗人（索福克勒斯）想告 130
诉我们：俄狄浦斯的行为，让所有法律和一切自然秩序，甚至道德世界，都归于毁灭，然而，恰恰是他的这种行为，产生了一种更高的、魔法般的轮回意义，那就是在倾覆的、旧世界的废墟上建立一个新世界。①

① 尼采［1872］2000：54（第九部分）。

俄狄浦斯的主体性

如果按照以上的说法来概述这部神话故事的历史，看起来像是关于俄狄浦斯人物性格的描述，或者是对俄狄浦斯内心世界的探索，其实不然。神话故事必须塑造人物，但人物性格一定是故事发展的结果，这种结果随着不同时代和不同环境的变化呈现出明显的差异。事实上，直到现代，人们对俄狄浦斯的研究才有了某种确定的方向。在观念性研究（conceptual work）中，这部神话的故事情节开始被解释为俄狄浦斯的主体性以及与其内在精神的联系。就重新赢得人的自我意识和尊严而言，俄狄浦斯是一个标志和象征。在前一章，黑格尔的结论意味着俄狄浦斯神话研究的转向，而弗洛伊德的精神分析达到了现代性趋势的高潮，他基于人的终极的内在性视角，把俄狄浦斯的行为解释为一个单纯的欲望，而这个欲望恰恰是无意识的。

现在人们使用主体性一词，在某种意义上，可以包括一系列的从无意识的到有意识的心理体验。为了探明俄狄浦斯的主体性意义，这部神话故事反复出现在观念论思维与学术研究中，而不是仅仅限于精神分析的范畴。一位研究索福克勒斯《俄狄浦斯王》的古典学者多兹（E.R. Dodds）在其引用率很高的一篇文章中写道："对我个人来说，俄狄浦斯是人类智慧的一种象征，在解开所有谜题之前，不能停息……"① 我们很有可能对俄狄浦斯的智慧持相反的观点，但同时保留他的主体性的认知。正如乔纳森·里尔（Jonathan Lear）写道：

> 俄狄浦斯的根本错误在于，他认为神谕的含义已经一目了然，殊不知神谕已经超出了人类的理性。出于对德尔斐神谕的恐惧，俄狄浦斯决定逃离他的父母——他错误地以为是他的亲
> 生父母……这一想法和计划是可行的，但前提是他能够真正地 131
> 洞穿神谕的秘密，能够清醒地认知自己的命运……从本质上说，俄狄浦斯的错误在于忽视了人的"无意识的"（unconscious）意义。②

上述两位研究者对俄狄浦斯的阐释有一个共同之处，那就是他们正在谈论一个具象的或实体化的（hypostatized）俄狄浦斯。尽管他们的结论都来自索福克勒斯的《俄狄浦斯王》，但正如本书在序言中所说，俄狄浦斯已经是一种抽象的存在，在所有关于俄狄浦斯神话的特定作品中，这位主人公已经远离了

① 多兹 1966：48。

② 里尔 1998：29。

任何一种实体化的（instantiations）形象。吉尔·德勒兹（Gilles Deleuze）与菲利克斯·伽达利（Felix Guattari）也持有上述观点，他俩是《反俄狄浦斯：资本主义与精神分裂症》（*Anti-Oedipus: Capitalism and Schizophrenia*）一书的作者，书中明确反对弗洛伊德用“俄狄浦斯情结”来表达人类的欲望或人的潜意识。正如这本书的译者所解释的那样，“……俄狄浦斯这个词有许多宽泛而不同的内涵……它不仅指希腊神话中的俄狄浦斯和古典精神分析所定义的俄狄浦斯情结，还指俄狄浦斯情结的发生机制、过程和结构”[①]。简言之，即使“俄狄浦斯”在某个特定的思想家笔下受到质疑，也并不影响其形成鲜明而显著的自我形象（autonomous figure）。

事实上，在人们对这部神话的传统解释中，俄狄浦斯的主体性并不明显，而这正是现代研究者们试图填补的空白。1932年，本雅明（Benjamin）在他对安德烈·纪德的《俄狄浦斯》的评论中，分析论证了俄狄浦斯在古代与现代的差异，而正是这种差异体现了人的“外在性”向人的“内在性”转变的漫长历史过程。本雅明注意到，“索福克勒斯笔下的俄狄浦斯沉默不语，或者说几乎是沉默不语的，而纪德第一次让俄狄浦斯赢得了说话的机会”。本雅明说，纪德让俄狄浦斯在舞台上讲述了他乱

---

① 德勒兹和加达里 1983：n.3。

伦婚姻的后果和影响（1403—1408），而正是这种“外在表达”让俄狄浦斯的“**内在世界**”（inner dimension /*sein Inneres*）变成了“哑巴”。本雅明还直接引用了俄狄浦斯在舞台上第一段台词，他说，如果他可以像刺瞎自己的眼睛一样关闭自己的耳朵，那么他也愿意那样去做（1386—1389）。[①] 此刻，俄狄浦斯只想对自己的罪行及其所产生的影响保持沉默，他要平息内心对外在世界的一切反映。纪德为了使悲剧现代化，他找到并填补了“俄狄浦斯的沉默”这个空白主题。

虚拟（实在）空间 132

从某种意义上说，纪德只是在重复使用一种方法，这种方法自古有之，而且沿用至今。在俄狄浦斯神话中，诗人和其他创作者一次又一次地发现故事中的虚拟（实在）空间（virtual spaces），并着手去填补它们，有时仅仅是一种重复或叠加。例如，既然斯芬克斯提出了一个谜语，那么她也可以提出两个或两个以上，就像公元前 4 世纪，狄奥迪克底斯（Theodectes）的《俄狄浦斯》就增加了谜语的数量。如果忒瑞西阿斯是个盲人，那么必须有人给他带路，这个人可能就是他的女儿。忒瑞西阿

① 本雅明［1931—1932］1966，他强调。

斯的女儿在古代忒拜史诗中就已经存在，但直到公元1世纪，塞涅卡才把这位“女儿”放上悲剧舞台。神话的叙事结构显然要比悲剧作品的空间和可能性大得多，对此，创作《罗马的忒拜》（*Roman de Thèbes*）的那一位诗人也许有充分的体会，他几乎在每一个女性角色的身边都看到了一个虚拟（实在）的位置，等待着他去给她们安放一个情人。一个神话家族的谱系自然也充满了这种客观存在的虚拟（实在）空间。高乃依可以安排拉伊俄斯和伊俄卡斯塔生下女儿迪尔克，而在迪尔克的身边，又一个虚拟（实在）位置出现了——她需要一个情人，于是忒修斯就顺利出场了。另外，在索福克勒斯的两部悲剧之间，从俄狄浦斯离开忒拜到科洛诺斯，这段旅途是一段巨大的空白，它可以给予我们无限想象的主题。1947年，意大利诗人切撒莱·帕维塞（Cesare Pavese）在其戏剧《大路》（*Là Strada*）中为这次旅途安排了一场对话，这场对话发生在俄狄浦斯和一个乞丐之间。[①] 对俄狄浦斯这段旅途更为夸张的想象，是亨利·波查（Henry Bauchau）在1990年创作的《路上的俄狄浦斯：一部小说》（*Oedipus on the Road: A Novel*）。纪德对俄狄浦斯在科洛诺斯的经历充满了兴趣，1946年，他出版的小说《忒修斯》（“Theseus”）记叙了俄狄浦斯到达科洛诺斯后，与雅典国王

---

① 帕维塞1965年译本。

133

图 13：玛莎·葛兰姆和埃里克·霍金斯的《夜之旅》。摄影者：阿德诺·伊格尔。照片为伊格尔的遗物，由玛莎·葛兰姆资料馆提供（Martha Graham and Erick Hawkins in Martha Graham’s Night Journey. Photo by Arnold Eagle. Photo by permission of his estate and by courtesy of Martha Graham Resources）

忒修斯的一次漫长的对话。忒修斯说："我们在科洛诺斯的相遇是命中注定，对此，我感到非常惊讶，几乎难以言说。这一刻，我俩的人生正处于十字路口，彼此都无法回避。"[1] 埃莱娜·西克苏（Hélène Cixous）是一位女性主义思想家和剧作家，1978 年，她为安德鲁·鲍科莱契利耶夫（André Boucourechliev）创作了一部歌剧脚本，其中，为伊俄卡斯塔刻意设计了这样一段台词："我的故事中有一段沉默，/ 永远难以忘怀的一段沉默，那也是我父亲生命中最后的沉默。/ 夜幕降临，我正在穿过童年的花园。……"[2] 西克苏假想了这段沉默，然后用它替代了伊俄卡斯塔对父亲亡灵的叙述。

玛莎·葛兰姆（Martha Graham）的舞蹈作品《夜之旅》（*Night Journey*），源于她对索福克勒斯《俄狄浦斯王》虚拟（实在）空间的感知（图 13）。在悲剧的结尾，一个信使从宫殿里跑出来说，伊俄卡斯塔已经自杀了，并且俄狄浦斯刺瞎了自己的双眼。
134 信使还描述了伊俄卡斯特自杀之前的情形：她冲进卧室，呼唤着拉伊俄斯，悲痛地望着那张与自己儿子一起孕育子女的婚床。接着，信使说："后来她死亡的情况我不得而知，因为那时俄狄浦斯大喊着冲了进来，而且他已经看不见他的'母亲和妻子'

① 纪德 1950：105。作者强调。

② 西克苏 1978：17。

的悲惨结局了……”（1244—1254）1947 年，这部作品首次在美国马萨诸塞州的坎布里奇（Cambridge，MA）演出，在演出的节目单上引用了上述台词，由此，我们不难判断葛兰姆创作这部舞蹈作品的意图。在伊俄卡斯塔表达悲痛与自杀之间，有一段时间上的空白。在这段时间里，葛兰姆让伊俄卡斯塔重温了她与俄狄浦斯的关系。这是一段色情双人舞，舞蹈中，伊俄卡斯塔表现出主动控制和诱惑的姿势。同时，葛兰姆还将俄狄浦斯自刺双眼的行为安排在伊俄卡斯塔上吊之前，以此将伊俄卡斯塔之死推向故事最后的高潮。葛兰姆敏锐地发现了这一虚拟（实在）空间可以打开一段隐秘故事，并通过舞蹈叙述母亲与儿子、妻子与丈夫这一奇妙的双重关系。皮埃尔·保罗·帕索里尼（Pier Paolo Pasolini）更加形象地讲述了俄狄浦斯和伊俄卡斯塔的故事，在他 1967 年的电影《俄狄浦斯王》中，明确表达了俄狄浦斯对他们之间第一次性行为的思考。[①] 让·阿努伊（Jean Anouilh）在他的《俄狄浦斯或索福克勒斯之后的瘸腿国王》（*Oedipus or the Lame King after Sophocles*，1978）中讲述了一个同样的爱情故事。[②] 在开场的对话中，妻子（母亲）和丈夫（儿子）共同追忆着他们生活的酸甜苦辣。正如歌队所唱，伊俄卡

① 帕索里尼 1971：61。

② 阿努伊 1986。

斯塔十二岁就嫁给了拉伊俄斯，但并未得到作为妻子应有的欢爱，拉伊俄斯把更多的时间给了他的妃子们。伊俄卡斯塔说，如果不是强盗帮了她，也许她早就把拉伊俄斯杀了，她说：“只有在俄狄浦斯的怀里，我才变成了一个女人。”

简化与引申

就像让·阿努伊或高乃依之后的任何戏剧，每当人们谈及对索福克勒斯《俄狄浦斯王》的新的创造性作品时，其主题的范围和隐喻常常被简化和（或）引申的观念所取代。[1] 例如，人们对高乃依的作品可以重新解读为一种动态的传承，作为一个重要角色，克瑞翁已经被简化到可以忽略不计，但与此同时，拉伊俄斯和伊俄卡斯塔的家庭成员里增加了一个女儿。佩拉丹
135 在《俄狄浦斯与斯芬克斯》中，通过省略发现真相的过程以及俄狄浦斯自刺双目的情节，更是极大地简化了古典文本的结构。对于俄狄浦斯古典悲剧故事的终极简化应该是这位来自洛杉矶的自由作家丹尼尔·努斯鲍姆（Daniel Nussbaum），他以那些个性化的汽车牌照——在美国也被称为“装饰性车牌”（vanity

① 弗里克（Frick）1998：336（综述），同上书：345—357（关于纪德），同上书：358—363（高乃依和伏尔泰），同上书：366—370（谷克多）。

plates）——为媒介，用一种通俗文学的手法重述了这个悲剧的故事梗概（图 14）。他这样解释了自己的创作动机："有一天，在高速公路上开了几个小时，在一种轻度的催眠状态中，我看到了一个幻象。在我的脑海里，将加州所有的'装饰性车牌'排列整齐后，产生了不同的意义，它们重新讲述了我们文明的经典作品。"①

自 17 世纪以来，几乎每一部新的作品，我们都能在某些方面看到古典文本内容的引申。谷克多用了整个第二幕的篇幅引申了俄狄浦斯与斯芬克斯相遇的情节。帕索里尼在电影中引申了弑父的细节。在索福克勒斯的剧本里，俄狄浦斯在讲述拉伊俄斯和他的随从被杀的情形时，只用了一句话，"我把他们都杀了"（813），而且，除了逃走的那个人，俄狄浦斯不知道其他人的信息。事实上，在整个神话传说中，被杀害的随从从来没有姓名甚至通常被人们忽略。直到帕索里尼，他详细地为我们展示了俄狄浦斯杀害他们的过程，包括那个最终将俄狄浦斯定罪的人如何脱逃的情形。因此，在这部电影中，引申了谋杀拉伊俄斯的主题和情节。

高乃依将索福克勒斯的悲剧角色重新聚焦于伊俄卡斯塔，对此，德莱顿（Dryden）和伏尔泰给予了高度肯定，虽然他

① 努斯鲍姆 1994：序言（没有标页码）。

们对高乃依其他夸张的“次要剧情”提出了批评。劳拉凯斯（Lauraguais）在1781年创作《伊俄卡斯塔》时也突出了这位妻子和母亲的地位。无论是艺术家还是思想家，他们开始发现伊俄卡斯塔并不是因为她在忒拜传统中的重要性，毋宁说是对她的人格进行重新认识，这一认识贯穿了整个19世纪并持续至今。1927年，斯特拉文斯基的清唱剧演出时，伊俄卡斯塔的出场非常隆重，用号角齐鸣渲染了这个角色的重要性；谷克多的《地狱机器》的第1幕和第3幕（新婚之夜）都是以伊俄卡斯塔为中心；拉比·恩克尔（Rabbe Enckell）于1939年出版了他的诗歌体戏剧《伊俄卡斯塔》（*Iokasta*），更是直接以女主角命名；而玛莎·葛兰姆的现代舞《夜之旅》对俄狄浦斯和伊俄卡斯塔的情爱关系进行了特殊的诠释；此外，还有让·阿努伊笔下的俄狄浦斯和伊俄卡斯塔的那一场对话。即使是到了20世纪末，这一趋势仍未发生变化，例如，查尔斯·查恩斯（Charles Chaynes）于1993年创作了以《伊俄卡斯塔》为主题的歌剧。[1]

① 这一段始于奥达吉瑞2001：127—138。

Oedipus the king (of the road) 136

ONCEPON ATIME LONG AGO IN THEBES IMKING. OEDIPUS DAKING. LVMYMRS. LVMYKIDS. THEBENS THINK OEDDY ISCOOL. NOPROBS.

OKAY MAYBE THEREZZ 1LITL1. MOTHER WHERERU? WHEREAT MYDAD? NOCALLZ NEVER. HAVENOT ACLUE. INMYMIND IWNDER WHOAMI? IMUST FINDEM.

JO MYWIFE GOES, "OED DONT USEE? WERHAPI NO LETITB." IGO "NOWAY. IAMBOSS. DONTU TELLME MYLIFE. INEED MYMOM. II WILLL FINDHER. FIND BOTHOF THEM."

SOI START SEEKING DATRUTH ABOUT WHO IAM. ITGOEZ ULTRAAA SLOWE. THE SPHYNXS RIDDLE WAS ACINCH BUT NOTTHIZ.

SUNLEE WEHEAR SHOCKING NEWS. WHEN IWASA TINY1 THISGRE8 4 SEER SED IWOOD OFF MY ROYAL OLDMAN THEN MARREE MYMAMA. SICKO RUBBISH, NESTPAS? WHOWHO COULDBE SOGONE? STILL MOMNDAD SENT MEEEEE AWAY. MEE ABABI AWAAAY.

NOWWWWW GETTHIZ. MANY MOONS GOBY. IMEET THISGUY ONATRIP. WEDOO RUMBLE. WHOKNEW? ILEFTMY POP ONE DEDMAN.

UGET DAFOTO. MAJR TSURIS. JOJO MYHONEE, MYSQEEZ, MYLAMBY, MIAMOR, MYCUTEE. JOJOY IZZ MYMOMY.

YEGODS WHYMEE? YMEYYME? LIFSUX. IAMBAD, IAMBADD, IMSOBAD. STOPNOW THIS HEDAKE. THIS FLESH DUZ STINK. ITZ 2MUCH PAYNE 4ONE2C. TAKEGOD MYEYES! AIEEEEE!

图 14：摘自 PL8SPK：《加利福利亚自选车牌重述经典》之“俄狄浦斯”，第 24—26 页，丹尼尔·努斯鲍姆编。丹尼尔·努斯鲍姆，1994 年出版。哈珀柯林斯出版社再版（“Oedipus”, pp. 24–26 from PL8SPK:CALIFORNIA VANITY PLATES RETELL THE CLASSICS by DANIEL NUSSBAUM. Copyright © 1994 by Daniel Nussbaum. Reprinted by permission of HarperCollins Publishers）[①]

---

①［图 14 译文］（在路上的）俄狄浦斯王：曾经很久以前，我是忒拜的国王，俄狄浦斯王。我爱我的妈妈，我爱我的孩子。忒拜人认为俄狄浦斯很酷。没问题。好吧，也许是这里 1LITL1。母亲你在哪里？在我爸爸那里吗？没有任何回音。没有一点线索。在我心中我不知道我是谁，我要找到自己。我的妻子 JO 说：“俄狄浦斯，不用找了，我们很幸福，这件事就让它过去吧。”我说：“不行。我的人生我做主。不用你告诉我怎么做。我需要我的母亲。我要找到她，找到他俩。”于是我开始寻找真相，虽然进度很慢。斯芬克斯的谜语比起这件事可简单多了。突然间，我们听到一个令人震惊的消息。当我还小的时候，先知说我会杀父娶母。这老家伙，谁会相信这么荒唐的事？但我父母还是把我送走了。当时的我还只是个婴儿。但事实上，我曾经在路上见过这个人（俄狄浦斯的父亲）。我们发生冲突，谁知道他是我父亲呢？我失手杀死了自己的父亲。你知道这个真相了。最大的问题是，JoJo，我的宝贝、我的爱神、我的美人儿，她居然是我的亲生母亲。上帝，为什么是我？我是个坏人。结束这场让我头疼的闹剧吧。我不想看见这痛苦的一切。上帝，拿走我的双眼吧！——译注

137 俄狄浦斯神话的观念论研究

现代以来，每当涉及俄狄浦斯神话之目的和价值的解释，有关这部神话的观念性研究（conceptual work）就几乎体现了相同的思维模式，这与神话的创造性作品完全不同。观念性研究是为了寻求更高层面的普遍性结论。这种研究并不阐释神话故事中任何一个具体的情节或实例，例如，索福克勒斯的《俄狄浦斯王》中的弑父、娶母、瘟疫或猜谜等具体情节，而是将故事抽象化并从中分离出特定的主题。虽然，黑格尔通过索福克勒斯的第二部悲剧雄辩地论证了俄狄浦斯作为人的主体性的内在和解，但客观地说，他仅仅将谜语的破解视为这部神话的缩影。黑格尔选择了解谜这个单一主题作为俄狄浦斯自我意识觉醒的例证，并由此奠定了俄狄浦斯神话研究的哲学传统，这个传统延续至今。尼采所谓的“这些命中注定的事件构成了神秘的‘三位一体’（解谜、弑父和乱伦）”[①]以及海因希里、高克斯和阿甘本等都继承了黑格尔的这一思维路径。

弗洛伊德在《图腾与禁忌》一书中，最终将这部神话归结为弑父与乱伦这两个主题。但对于列维－斯特劳斯来说，神话

① 尼采［1872］2000：54—55（第9节）。

本身没有任何主题，因此也没有任何特殊的含义，列维－斯特劳斯极大地扩展了这部神话研究的历史范围，包括从忒拜的创始人卡德摩斯到俄狄浦斯儿子之间的冲突。在对俄狄浦斯神话的解释上，普罗普、弗洛伊德与列维－斯特劳斯，都是从起源的角度出发进行思考，然而，他们却得出了完全不同的结论。对于弗洛伊德，人类只是回到了原始部落的乱伦梦境；对于列维－斯特劳斯，神话体现了人类对自己认知困境的克服；对于普罗普，这部神话不过是巨大的历史变迁——从一个政治秩序到另一个政治秩序——的缩影。普罗普通过民间传说的比较得出了这一结论，但并未仅仅停留于历史解释层面。普罗普的研究表明，作为一部悲剧性神话，其重述的可能性完全取决于如何从民间故事中“发现”或“识别”主题，进而引申和放大，这一点并不难，主角的故事线索已经存在。早在荷马的《奥德赛》中，“众神立刻将真相公之于众”了。普罗普还通过索福克勒斯的两部悲剧展示了俄狄浦斯神话的统一性，这一观点已被后来的学术研究所证实。[①]

20 世纪关于俄狄浦斯神话的观念性研究大致分为三类。首先是黑格尔所代表的思维传统给我们带来了俄狄浦斯的主体性认知。其次是列维－斯特劳斯的结论，他认为俄狄浦斯的解 138

① 赛登施蒂克（Seidensticker）1972。

谜行为毫无现代意义。神话虽然与认知有关，但认知源于社会整体，是整个人类社会在不停地讲述着这部神话，而这部神话仅仅解释了一个问题。列维–斯特劳斯将俄狄浦斯神话历史化（historicization），认为它的使命已经完成，它曾经解决的问题已经不存在，因此不再具有任何现代意义。最后是普罗普对俄狄浦斯神话的解释，普罗普的解释方法也是历史性的，而且它的起源被追溯到了人类更远古的时代，在那里，一个（父系时代的）政治秩序取代了另一个（母系时代）。这种巨大而持久的变化与政治权力的代代相传密切相关。因此，在普罗普的眼里，神话起源于权力关系，而且，永远支配于权力关系。

弗洛伊德把俄狄浦斯的犯罪行为解释为儿童时期的心理问题，这并非他最初的立场和观点。弗洛伊德对儿童性取向的发现，使他对俄狄浦斯的犯罪动机进行了重新构想。表面上看，欲望——对母亲的欲望，是构成“俄狄浦斯情结”的基石，但事情似乎没有那么简单。弗洛伊德从来没有肯定地提出过儿童具有直接指向母亲的性冲动或者针对父亲的谋杀愿望，一个假设是，首先出现了一个欲望，进而激发出另一个欲望。在1913年的《图腾与禁忌》中，弗洛伊德还提到了“恋父情结”（father–complex），后来又将这个短语改为“父母情结”

（parental-complex）。[1] 在《梦的解析》第 2 版序言中，弗洛伊德说，这本书是他“自我心理分析的一部分，我对父亲死亡的反应——也就是说，那是我生命中最重要的事件，最沉痛的失去”[2]。我们很难不把这句话与弗洛伊德关于原始部落传说中父亲的死亡事件联系起来。关于这个传说，人们会问，哪一个是主要的——是年轻男性对首领的攻击还是他们对首领控制下的女性的欲望？弗洛伊德对神话的政治性解释是开放的，这一点与普罗普的解释不谋而合，普罗普在神话的中心看到了权力的获取或权力的继承。另外，在 1916—1917 年的《精神分析导论》（*Introductory Lectures on Psychoanalysis*）一书中，弗洛伊德的论述可能会让人觉得，对母亲的渴望确实是最主要的，[3] 而这正是“俄狄浦斯情结”普遍流行的主题和含义，一些文艺作品幽默地表现了这种含义，例如，20 世纪 50 年代，汤姆·莱勒（Tom Lehrer）的歌曲《俄狄浦斯王》（“Oedi pus Rex”）；1989 年伍迪·艾伦（Woody Allen）的电影《俄狄浦斯的毁灭》（“Oedipus Wrecks”）是《纽约故事》的一个片段；以及泰德·休斯（Ted Hughes）关于俄狄浦斯的诗歌《为阳物而歌》（“Song

① SE 13：157.

② SE 4.

③ SE 16：329.

for a Phallus"），其中，每一节都以"妈妈，妈妈"结尾。[①]

139 非连贯性

在20世纪有关俄狄浦斯神话的观念性研究中，出现了某种非连贯性（incoherence）现象。同时，弗洛伊德之后的每一位研究者都不得不面对弗洛伊德的"俄狄浦斯情结"。非连贯性并非是因为无知，它更可能是思想家们有意为之。列维–斯特劳斯在研究俄狄浦斯时并不知道普罗普的结论，高克斯也是如此。尽管事实上，在构建一种特定类型的英雄神话时，高克斯必然会分析普罗普曾经分析过的主题。[②]德国古典学家卡尔·罗伯特（Carl Robert）关于俄狄浦斯神话研究的两卷本被认为是研究这一主题最伟大的古典学著作，他还对霍夫曼斯塔尔的剧本

① 休斯 2003：248。

② 列维–斯特劳斯了解普罗普的《民间故事的形态》（*Morphology of the Folktale*，普罗普［1928］1968），并在1960年发表的《结构与形式：对弗拉基米尔·普罗普作品的反思》（"Structure and Form: Reflections on a Work by Vladimir Propp"）一文中有讨论，参见列维–斯特劳斯［1973］（1976：115—145）。高克斯引用了三次但从未提到普罗普有关俄狄浦斯和民间传说的作品，1993：212 n. 1（普罗普［1928］1968：213）；ch.3 n. 2（普罗普［1946］1983：315）；214 n. 3（普罗普［1946］1983：319）。

表示了轻蔑之意。[①]通常，古典学者的经典问题是：俄狄浦斯神话在它自己的时代意味着什么？这个问题本身排除了后世对其传承的关切。例如，1990 年，法国古典学家让·波拉克（Jean Bollack）出版了对索福克勒斯《俄狄浦斯王》的评论，在这部四卷本的巨著中，让·波拉克将目标设定为：消除这部悲剧在其传承的漫长历史中产生的层层迷雾，让俄狄浦斯回归它的本来面目。

在俄狄浦斯神话的创造性作品中，非连贯性问题自然会更加普遍。一个艺术家总是基于他自己的兴趣和偏好，以自己喜欢的手法进行创作。没有人会提出以下这样的问题：弗朗西斯·培根（参见本书第五章）是否知道威廉·巴特勒·叶芝（William Butler Yeats）于 1928 年所翻译的索福克勒斯的《俄狄浦斯王》？曲夏松（Qu Xiasong）是否知道斯特拉文斯基的同名作品？[②]或者，他知道恩斯特的超现实主义画作《俄狄浦斯王》吗？1993 年，曲夏松的歌剧《俄狄浦斯王》在斯德哥尔摩首演，他的独幕剧《俄狄浦斯之死》（*The Death of Oedipus*）根据索福克勒斯的第二部悲剧改编，并于 1994 年在阿姆斯特丹首演。当曲夏松以东方

① 罗伯特 1915.1：494。

② 因此，我的推断来自曲在接受格伦·桑德斯（Glen Saunders）的采访时的综合印象。桑德斯 1996：56。

佛教的轮回诠释主人公之死时，也许并不知道李·布鲁尔（Lee Breuer）和鲍勃·特尔森（Bob Telson），他们二位创作的《科洛诺斯的福音》（*The Gospel at Colonus*）于1983年首演，这是一部以黑色圣灵节仪式为背景的基督教版的清唱剧。[①]

非连贯性也许是一种不可避免的创作现象，即使是在单一的艺术传统中也同样会出现这个问题。非连贯性与历史文献的保存和传播密切相关。18世纪和19世纪早期以《俄狄浦斯在科洛诺斯》为主题的歌剧曲谱还有吗？即使还在，除了那个执着的、富有的或者有着特殊身份关系的研究人员，任何其他人可能都没有机会看到它们。

俄狄浦斯神话创作非连贯性的一个极端事例，也许是奥拉·罗蒂米（Ola Rotimi）在1971年创作的《众神不受责备》（*The
140 Gods Are Not to Blame*）。20世纪60年代，罗蒂米在进入耶鲁大学之前，已经是一个西方戏剧专业的高才生，但是，他对索福克勒斯《俄狄浦斯王》的重述似乎完全遗忘了人们对这部悲剧传承的悠久历史。罗蒂米的创作实际上被某种现实需求所引导，正如他曾经说过的，这部剧的创作意图是警告人们不要蔑

① 布鲁尔和台尔森1989。在写这本书的时候，有一张这种音乐的CD，美国公共广播公司的一段表演录像已经绝版了。

视那些原始部落的文化。[1]罗蒂米把索福克勒斯古典悲剧的素材植入前殖民时期尼日利亚的约鲁巴（Yoruba）部落，而以该部落的风俗和政治为神话提供了崭新的词汇与表达形式。当时，对于罗蒂米宣扬部落文化的主观意图，观众并不买账，但即使如此，罗蒂米仍然坚持演出。

个人对传统的看法

相对于非连贯性，俄狄浦斯神话传承的连贯性主要有两种形式，一种是确定的文学史上的连贯性（coherence），如意大利和法国的俄狄浦斯戏剧；另一种源于某个特定的视角，一个与众不同的旁观者碰巧给我们带来了一部崭新的神话作品。比如罗蒂米给我们带来的约鲁巴部落的俄狄浦斯。罗蒂米与其他改编或创作俄狄浦斯的作者一样，有自己特殊的创作意图。罗蒂米删除了克瑞翁的角色，但与高乃依处理这个角色的动机并不相同；罗蒂米将弑父情节戏剧化，但与帕索里尼的意图又相去甚远。此外，罗蒂米还引申了科林斯信使（在他的戏剧里名叫阿拉卡［Alaka］）的故事情节，而且不同于其他剧作家对这个角色的处理。罗蒂米删除了斯芬克斯，理由是约鲁巴部落没

① 康拉迪（Conradie）1994：34—35。

有跟她相似的传说。不过，这里也再次提示我们，这个“麻烦生物”（troublesome creature）的多变性。上述比较也许超出了罗蒂米的本意和视野，但它们的确属于旁观者的经验，而这种经验恰恰是传统最终需要的东西。然而，如果一个事物传承的历史太漫长、内容太丰富，那么，任何人都难以从整体上把握和理解它。同时，已知的未知（known unknowns）会限定人们的认知范围，例如，就本书作者而言，对这部俄狄浦斯戏剧，阿伯里达（Alejandro Arboreda，1650—1698）的作品《你无法抵抗命运》（*No hay resistencia a los hados*）即是属于我的未知范围。毫无疑问，同样丰富的内容是未知的未知（unknown unknowns），本书显然遗漏了很多未知的领域，对此，评论家们自然也不会放过批评本书的机会。

141 对于罗蒂米或某个其他人的剧本，无论是一位涉猎广泛的艺术史学家，还是专门的音乐史学家，无论是一位心理学家，还是人类学家，都一定会有不同的观察视角，他们会看到我没有看到的东西。自然地，如果是他们中的任何一位写了这本书，那么，俄狄浦斯神话传承的历史将会呈现出另一种面貌。事实上，所有那些拼命尝试书写整个历史故事的人都有一个共同点：他们不希望在一堆既有的史料中找到结论，他们希望自己对历史拾遗补阙。也许，在某个地方，亦如我，一位哲学家、人类学家或其他领域的思想家正在摆脱弗洛伊德和其他人的影响，正在寻找属于自己的俄狄浦斯神话的意义；也许，在某个地方，有一位画家、雕塑家或作曲家正在构思一部革命性的艺术作品。主题应该是什么呢？俄狄浦斯！也许，一位剧作家正在敲打键盘，时代要求他（她）重新改写索福克勒斯的《俄狄浦斯王》。于是，一个新的斯芬克斯，一个没精打采或兴高采烈的狮身人面即将在忒拜诞生，而另一个愁眉苦脸或风流倜傥的俄狄浦斯也即将踏上旅途，前往忒拜与她相遇。

拓展阅读

152 本书所引用文献的完整信息可查阅参考文献目录。想了解更多的古典作家或题目，可以从《牛津古典词典》（以下简称 *OCD*）第 3 版着手。在线数据库“佩耳修斯”（http://www.perseus.tufts.edu）也包含了大量关于古希腊和古罗马的信息。

前悲剧时代的俄狄浦斯

如果你想了解忒拜神话更多精彩的叙述，不要局限于本书的参考文献和注释，可参阅理查德·马丁（Richard Martin）的《古希腊神话》（*Myths of the Ancient Greeks*）。如果你对古典时代的俄狄浦斯神话各国主题的考据感兴趣，可以阅读我的文章《俄狄浦斯：古代传说及其后来相似的故事》（*The Ancient Legend and its Later Analogues*）（7—17 页）。大部分残篇翻译资料来自韦斯特（West）的 Loeb（见本书“缩略语”中的“Loeb”），它们是重构前悲剧时代俄狄浦斯神话的重要资料。关于英雄崇拜，可以参考艾米丽·卡恩斯（Emily Kearns）在 *OCD* 上的文章，其中有俄狄浦斯在科洛诺斯的崇拜，特别是她关于阿提卡的英雄崇拜。关于斯芬克斯的话题，可参考阅读阿尔伯特·沙克特（Albert Schachter）在 *OCD* 上的文章。另外，除了本书选用的三幅地图，还有一幅标识了古希腊中心与各地之间的联系，可访问: http://www.plato-dialogues.org/tools/gr_south.htm(1/06)。

公元前 5 世纪：悲剧舞台上的俄狄浦斯 153

忒拜悲剧有许多译本。为了更好地理解这部神话，我们需要了解忠实于原著的文本。关于埃斯库罗斯的《七将攻忒拜》，有格雷戈里·纳吉（Gregory Nagy）的 E.D.A. 以及莫尔斯赫德（Morshead）的译本修订版，可访问：http://www.courses.dce.harvard.edu/~ clase116/txt_sevenagains .html（1/06）。最近有安东尼·赫克特（Anthony Hecht）和海伦·培根（Helen Bacon）的译本，收录在牛津大学出版社正在出版的《希腊悲剧新译本》（“Greek Tragedy in New Translations”）系列丛书之中，该译著体现了一位杰出古典学者和一位杰出诗人的完美组合。关于埃斯库罗斯忒拜三部曲的残篇，可以在史密斯（Smyth）的

Loeb 第二卷中找到译文，但《俄狄浦斯》这部悲剧仅存少量片段，可与其他译本相互参考（437—439 页）。

对于索福克勒斯的悲剧，鲁比 · 布伦代尔（Ruby Blundell）的译本原著忠实度很高，在其《索福克勒斯：忒拜悲剧：安提戈涅、俄狄浦斯王、俄狄浦斯在科洛诺斯》（*Sophocles: The Theban Plays: Antigone, King Oīdipous, Oīdīpous an Colonus*）中有一个不错的导读。此外，在牛津出版的系列中，有斯蒂芬·伯格（Stephen Berg）和狄斯金 · 克莱（Diskin Clay）的《俄狄浦斯王》、埃蒙 · 葛瑞南（Eamon Grennan）和瑞秋 · 基辛格（Rachel Kitzinger）的《俄狄浦斯在科洛诺斯》以及查理德 · 埃米尔 · 布劳恩（Richard Emil Braun）的《安提戈涅》。

如果需要深入了解《俄狄浦斯王》的神话意旨，查尔斯 · 西格尔（Charles Segal）的《俄狄浦斯王：英雄主义的悲剧及其知识的局限》（*Oedipus Tyrannus: Tragic Heroism and the Limits of Knowledge*）是一个很好阅读起点。他的《精选书目》（“Selected Bibliography”）（167—174 页）包括了他所引用的每一部作品的内容说明。对现代读者来说，一个特别困惑的问题是故事里的神谕，这部悲剧的开始，就是克瑞翁从德尔斐带来了关于瘟疫的神谕。要了解更多关于德尔斐神谕，可阅读约瑟夫 · 方登罗斯（Joseph Fontenrose）对德尔斐神谕的专门研究。克瑞翁带回的神谕引发了忒瑞西阿斯出场以及与国王的对话场景，为此，我推荐自己的一篇文章《索福克勒斯〈俄狄浦斯王〉中的忒瑞西阿斯场景》（“The Teiresias Scene in Sophocles' *Oedipus Tyrannus*”）。

欧里庇得斯只给我们留下了一部完整的悲剧《腓尼基妇女》。Loeb 中《欧里庇得斯》第五卷的译者是大卫·科瓦奇（David Kovacs），在我看来，这是一个对原著忠实度很高的译本。在前面提到的牛津系列丛书中，还有一个由彼得·布里安（Peter Burian）和布莱恩·斯万（Brian Swann）翻译的版本。欧里庇
得斯有关忒拜悲剧已经遗失的残篇，我们可以在克里斯托弗·科 154
拉德（Christopher Collard）最近翻译的作品中看到。

对于拉布达赛德家族的诅咒，这是我特别强调的一个主题，休·劳埃德－琼斯（Hugh Lloyd-Jones）在《宙斯的正义》（*The Justice of Zeus*）中有更多的讨论（113—124 页）。

罗马与中世纪：拉丁时代的俄狄浦斯

塞涅卡和斯塔提乌斯的残篇都有优秀的译本。对于塞涅卡，费奇（John G. Fitch）编译的全集第 8—9 卷对每个剧本都有精彩的介绍（2002—2004）。在本书第三章，我引用了米勒（Frank

J. Miller）编译的塞涅卡更老的版本，具体原因在相关注释中有说明。塞涅卡的作品一度流行，盛况空前，对俄狄浦斯神话的传承产生了重要影响。对于斯塔提乌斯，贝利（D.R. Shackleton Bailey）有两卷新译本，其中，第一卷中有一篇重要的研究性文章，作者是科尔曼（Kathleen M. Coleman）。《罗马的忒拜》（*Roman de Thèbes*）的最新译本是科利（Coley）给我们带来的。巴斯韦尔（Baswell）在《剑桥中世纪浪漫指南》（*The Cambridge Companion to Medieval Romance*）中提供了一些有益的介绍。关于中世纪俄狄浦斯文学传统最好的著作在意大利，作者是庞兹（Punzi）。对于通俗传说，我的作品中有《俄狄浦斯：古代传说及其后来相似的主题》（*Oedipus: The Ancient Legend and its Later Analogues*）

索福克勒斯的重新发现：从文艺复兴时期到 18 世纪

尼古拉斯·曼（Nicholas Mann）的文章《人文主义起源》（“The Origins of Humanism”）收录在《剑桥中世纪文艺复兴指南》，文章介绍了索福克勒斯重回意大利的时间和背景。对此，罗勃特·加兰（Robert Garland）在《幸存的希腊悲剧》（*Surviving Greek Tragedy*）之“难民和出版商”（Refugees and

Publishers）一章有更为详细的讲述。有一本书完整讲述了俄狄
浦斯在16世纪的故事，目前也是唯一一本，这本书的作者是意
大利的马斯特洛可拉（Mastrocola）。我的叙述可能忽略了塞
涅卡，如果需要更多地了解他，请参阅查尔顿（Charlton）的
《文艺复兴时期塞涅卡的悲剧传统》（*The Senecan Tradition in*
Renaissance Tragedy）。17—18世纪，关于俄狄浦斯的研究主
要有法国人彼特（Biet）的作品。而对于安提戈涅，乔治·斯坦 155
纳（George Steiner）的著作更为出色，同时你也可以在他的书中
看到很多有关俄狄浦斯的内容。

转向：19世纪与20世纪的俄狄浦斯

要对19—20世纪的俄狄浦斯神话进行自我定位并不容易，因为这一时期对俄狄浦斯的关注有了多重视角，包括哲学、艺术、文学、心理学、人类学和民俗学，等等。你正在阅读的可能是目前唯一接近全貌的一本书。在戏剧方面，有两本很好的英译本合集，一本是桑德森（Sanderson）和齐默尔曼（Zimmerman）的，另一本是卡利奇（Kallich）、麦克利什（MacLeish）和舍恩博姆（Schoenbohm）的。对于斯芬克斯，雷吉尔（Willis Goth Regier）的书包含了大量的传说，读起来引人入胜。在弗洛伊德

与俄狄浦斯中，鲁德尼茨基（Peter L. Rudnytsky）为我们带来了弗洛伊德发现“俄狄浦斯情结”的传记。当然，要真正理解弗洛伊德的思想，最好阅读他本人的作品，弗洛伊德全集（参见缩略表 SE）给我们提供了资源和便利。弗洛伊德主要概念的不同表述，拉普朗什（J. Laplanche）和彭塔利斯（J.-B. Pontalis）在《心理分析的语言》（*The Language of Psycho-Analysis*）中进行了综合说明。弗洛伊德之后有关俄狄浦斯的精神分析，本书没有涉及，因为那已不再是俄狄浦斯的历史传承问题，而只是精神分析运动的历史。文艺复兴以来，出现了俄狄浦斯的各种现代艺术，对此，萨拉·哈林顿（Sara Harrington）的网站完全可以满足我们的好奇心（http://www.libraries.rutgers.edu/rul/rr_ gateway/research_guides/art/art_lib/oedipus_art.shtml）。对于俄狄浦斯这个迷人的话题，一本书的篇幅远远不够。值得欣慰的是，在 19 世纪和 20 世纪撰写俄狄浦斯戏剧的作家们都有自己的参考书目和学术机构，对此，我们很容易找到。

关于俄狄浦斯神话的观念性研究作品在 20 世纪大量涌现，这一研究视角和方法几乎不再局限于精神分析的范畴。在本书中我讨论了在我看来最为精彩的部分。当然也有涉及这一话题的其他作品，例如，雷内·吉拉德（René Girard）在 2004 年出版的俄狄浦斯作品文集《解放的俄狄浦斯：欲望与较量（选集）》

(*Oedipus Unbound: Selected Writings on Rivalry and Desire*),吉拉德在 1977 年的《暴力与神圣》(*Violence and the Sacred*, 法语初版于 1972 年发行)一书中提出了俄狄浦斯的“替罪羊理论”(scapegoat theory),该理论在上述文集和选集中得到了更加全面和深刻的阐述。俄狄浦斯作为替罪羊的观点也曾出现 156
在古典文化研究领域的一篇文章中,文章的作者是伟大的法国古典学家让 - 皮埃尔 · 韦尔南(Jean-Pierre Vernant),文章发表的时间与吉拉德的法语初版同年(他们的观点是否不谋而合,不得而知)。在我没有提及和讨论到的其他观念性研究作品中,茱莉亚 · 克里斯蒂娃(Julia Kristeva)将替罪羊理论融入到她对索福克勒斯在《恐怖的力量》(*Powers of Horror*)第 83—89 页中的两部俄狄浦斯戏剧的解读中。

参考文献

Aarne, Antti. (1918–1920) , *Vergleichende Rätselforschungen.* FF Communications, 26–28. Helsinki: Academia Scientiarum Fennica.

Aarne, Antti and Stith Thompson. (1981) , *The Types of the Folktale: A Classification and Bibliography*. 2nd ed. FF Communications, 184. Helsinki: Academia Scientiarum Fennica.

Abele, Wilhelm. (1899) , *Die antiken Quellen des Hans Sachs.* Vol. 2. Beilage zum Programm der Realanstalt in Cannstatt zum Schlusse des Schuljahrs 1898/99. Cannstatt: Louis Bosheuyer.

Aélion, Rachel. (1986) , *Quelques grands mythes héroïques dans l'oeuvre d'Euripide*. Paris: Les Belles Lettres.

Agamben, Giorgio. (1993) , *Stanzas: Word and Phantasm in Western Culture*. Trans. by Ronald L. Martinez. Theory and History of Literature, 69. Minneapolis: University of Minnesota Press.

Anguillara, Giovanni Andrea dell'. (1809) , *Teatro italiano antico*. Vol. 8. Milan: Società Tipografica de' Classici Italiani.

Anouilh, Jean. (1986) , *Oedipe ou Le Roi boiteux d'après Sophocle*. Paris: La Table Ronde.

Astier, Colette. (1974) , *Le mythe d'OEdipe*. Paris: Armand Colin.

Auerbach,Erich. ([1946] 1953) , *Mimesis: The Representation of Reality in Western Literature*. Trans. by Willard R. Trask. Princeton: Princeton University Press. Orig. pub. Bern: A. Francke, 1946.

Avezzù, Guido, ed. (2003) , *Il dramma sofocleo: Testo, lingua, interpretazione*. M & P Schriftenreihe für Wissenschaft und Forschung. Drama, 13. Stuttgart: Metzler.

Baswell, Christopher. (2000) , "Marvels of Translation and Crises of Transition in the Romances of Antiquity." In R.L. Krueger, ed., *The Cambridge Companion to Medieval Romance*. Cambridge: Cambridge University Press. Pp. 29–44.

Benjamin, Walter. ([1931–1932] 1966) , *Ausgewählte Schriften*. Vol. 2. Die Bücher der Neunzehn, 78. Frankfurt am Main: Suhrkamp.

Berg, Stephen and Diskin Clay. (1978) , *Oedipus the King*. New York: Oxford University Press.

Bettini, Maurizio and Giulio Guidorizzi. (2004) , *Il mito di Edipo*. Turin: Einaudi.

Biet, Christian. (1994a) , "Oedipe dans la tragédie du XVIIe siècle: Mémoire mythologique, mémoire juridique, mémoire généalogique." *Papers in French Seventeenth Century Literature* 21 (41) : 499–518.

Biet, Christian. (1994b) , Oedipe en monarchie: tragédie et théorie juridique à l'âge classique. Paris: Klincksieck.

Biet, Christian. (1999) , "La fable d'Oedipe-Roi: de la démocratie grecque à la monarchie française." In Biet, ed., 1999: 26–47.

Biet, Christian, ed. (1999) , *Oedipe*. Paris: Editions Autrement.

Blüher, Karl A. (1978) , "Die spanische Literature." In Lefèvre, ed., 1978: 132–172. Blumenberg, Hans. 1985. *Work on Myth*. Trans. by Robert M. Wallace. Cambridge, MA: MIT Press.

Blumenfeld-Kosinski, Renate. (1997) , *Reading Myth: Classical Mythology and its Interpretations in Medieval French*

Literature. Stanford, CA: Stanford University Press.

Blundell, Ruby. (2002), *Sophocles: The Theban Plays: Antigone, King Oidipous, Oidipous at Colonus.* Newburyport, MA: Focus.

Bollack, Jean. (1990), *L'Oedipe roi de Sophocle: le texte et ses interprétations*. 4 vols. Cahiers de philologie, 11–13b. Villeneuve d'Ascq: Presses Universitaires de Lille.

Borza, Elia. (2003), "Sophocle et le XVIe Siècle." In Avezzù, ed., 2003: 49–58. Braun, Richard Emil. 1973. *Antigone.* New York: Oxford University Press. Breuer, Lee and Bob Telson. 1989. *The Gospel at Colonus*. New York: Theatre Communications Group.

Brown, Peter. (1967), *Augustine of Hippo: A Biography. Berkeley*: University of California Press.

Burian, Peter and Brian Swann. (1981), *The Phoenician Women*. New York: Oxford University Press.

Burkert, Walter. (1985), *Greek Religion. Trans. by John Raffan*. Cambridge, MA: Harvard University Press.

Buxton, R.G.A. (1980), "Blindness and Limits: Sophokles and the Logic of Myth." *Journal of Hellenic Studies* 100: 22–37.

Cameron, Alan. (2004) , *Greek Mythography in the Roman World*. New York: Oxford University Press.

Campagne, Michèle, ed. (1989) , *Oedipe / André Gide*. Catania: C.U.E.C.M.

Cavafy, Constantine. (1976) , *The Complete Poems of Cavafy*. Trans. by Rae Dalven. New York: Harcourt Brace Jovanovich.

Cèbe, J.-P. (1990) , *Varron, Satires Ménippées*. Vol. 9. Rome: École Française de Rome. Chadwick, Whitney. 1975. "Eros or Thanatos – The Surrealist Cult of Love Reexamined." *Artforum* November: 46–56.

Charlton, H.B. ([1921] 1974) , *The Senecan Tradition in Renaissance Tragedy: A Re- Issue of an Essay Published in 1921*. Folcroft, PA: Folcroft Library Editions.

Cherqui, Guy. (1989) , "Une représentation du mythe: Oedipe résoud l'énigme du Sphinx de J.B. Ingres." *Studi di Letteratura Francese* 15: 207–219.

Cingano, Ettore. (1992) , "The Death of Oedipus in the Epic Tradition." Phoenix 46: 1–11.

Cingano, Ettore. 2003a. "Figure eroiche nell' Antigone di Sofocle e nella tradizione mitografica arcaica." In Avezzù, ed., 2003: 69–84.

Cingano, Ettore. (2003b) , "The Sacrificial Cut and the Sense of Honour Wronged in Greek Epic Poetry: *Thebais*, Frgs. 2–3D." In Cristiano Grottanelli and Lucio Milano, eds, *Food and Identity.* History of the Ancient Near East, 9. Padua: S.A.R.G.O.N.

Cixous, Hélène. (1978) , *Le nom d'Oedipe: chant du corps interdit.* Paris: Éditions des Femmes.

Cocteau, Jean. (1952) , *Gide vivant.* Paris: Amiot-Dumont.

Cocteau, Jean. (1956) , *The Hand of a Stranger*. Trans. by Alec Brown. London: Elek Books.

Cocteau, Jean. (1959–1960) , *Poésie critique*. 2 vols. Paris: Gallimard.

Cocteau, Jean. (1971) , *La Machine infernale*. Ed. by W.M. Landers. London: Harrap.

Cocteau, Jean. (1991) , "On an Oratorio." In John, ed., 1991: 21–27.

Coley, John S., trans. 1986. *Le Roman de Thèbes*. New York: Garland.

Collard, Christopher. (2005) , "Euripidean Fragmentary

Plays: The Nature of Sources and their Effect on Reconstruction." In Fiona McHardy, James Robson, and David Harvey, eds, *Lost Dramas of Classical Athens: Greek Tragic Fragments*. Exeter, UK: University of Exeter Press. Pp. 49–62.

Collard, Christopher, M.J. Cropp, and K.H. Lee, eds. （1995–2004）, Euripides: *Selected Fragmentary Plays*. 2 vols. Warminster: Aris and Phillips.

Conradie, P.J.（1994）, "The Gods are not to blame: Ola Rotimi's version of the Oedipus myth." *Akroterion* 39: 27–36.

Constans, Léopold E.（1890）, *Le roman de Thèbes*. 2 vols. Paris: F. Didot.

Corneille, Pierre.（1987）, *Oeuvres complètes*. Vol. 3. Ed. by Georges Couton. Paris: Gallimard.

Cunliffe, John W.(1906), *Supposes and Jocasta*. Boston: D.C. Heath.

Daly, James.（1990）, *Horizontal Resonance as a Principle of Composition in the Plays of Sophocles*. New York: Garland.

Damsté, P.H.（1917）, "Oedipus Indicus." *Mnemosyne* NS 45: 231–232.

Dawe, R.D., ed.（1996）, *Sophocles, the Classical Heritage*.

New York: Garland.de Kock, E.L. 1961. “The Sophoklean Oidipus and Its Antecedents.” *Acta Classica* 4: 7–28.

Dawe, R.D., ed. (1962) , “The Peisandros Scholium – Its Sources, Unity, and Relationship to Euripides’ *Chrysippus*.” *Acta Classica* 5: 15–37.

Deleuze, Gilles and Felix Guattari. (1983) , *Anti-Oedipus: Capitalism and Schizophrenia. Trans*. by Robert Hurley, Mark Seem, and Helen R. Lane. Pref. by Michel Foucault. Minneapolis: University of Minnesota Press. Devereux, George. 1973. “The self-blinding of Oidipous in Sophokles.” *Journal of Hellenic Studies* 93: 36–49.

Dodds, E.R. (1966) , “On Misunderstanding the Oedipus Rex.” G&R 13: 37–49.

Edmunds, Lowell. (1981a) , *The Sphinx in the Oedipus Legend*. Beiträge zur klassischen Philologie, 127. Königstein/Ts.: Anton Hain.

Edmunds, Lowell. (1981b) , “The Cults and the Legend of Oedipus.” *Harvard Studies in Classical Philology* 85: 221–238. Repr. in Gregory Nagy, ed., *Greek Literature*. Vol. 4. Greek Literature in the Classical Period: The Poetics of Drama in Athens.

London: Routledge, 2001.

Edmunds, Lowell. (1982), “A Note on Boccaccio’s Sources for the Story of Oedipus in *De casibus illustrium virorum.*” *Aevum* 16: 248–252.

Edmunds, Lowell. (1985), *Oedipus: The Ancient Legend and its Later Analogues*. Baltimore: The Johns Hopkins University Press.

Edmunds, Lowell. (1991), “Oedipus in the Twentieth Century: Principal Dates.” *Classical and Modern Literature* 11: 317–324.

Edmunds, Lowell. (1996), *Theatrical Space and Historical Place in Sophocles’ Oedipus at Colonus*. Lanham, MD: Rowman and Littlefield.

Edmunds, Lowell. (2000), “The Teiresias Scene in Sophocles’ *Oedipus Tyrannus.*” *Syllecta Classica* 11: 33–73.

Edmunds, Lowell. (2002), “Oedipus as Tyrant in Sophocles’ Oedipus Tyrannus or Oedipus and Athens.” *Syllecta Classica* 13: 63–103.

Ellenberger, Henri. (1970), *The Discovery of the Unconscious: The History and Evolution of Dynamic Psychiatry.*

New York: Basic Books.

Erdmann, Axel and Eilert Ekwall, ed.（1930）, *Lydgate's Siege of Thebes*. 2 vols. London: Early English Text Society.

Farrell, Joseph.（2001）, Latin Language and Latin Culture: From Ancient to Modern Times. Cambridge: Cambridge University Press.

Fitch, John G.（2002–2004）, *Seneca: Tragedies*. 2 vols. Loeb Classical Library. Cambridge, MA: Harvard University Press.

Flashar, Hellmut.（1991）, *Inszenierung der Antike: Das griechische Drama auf der Bühne der Neuzeit, 1585–1990*. Munich: C.H. Beck.

Flashar, Hellmut.（1996）, "Hegel, Oedipus and die Tragödie." In Christoph Jamme, ed., *Kunst und Geschichte im Zeitalter Hegels. Hamburg*: F. Meiner. Pp. 1–25.

Flashar, Hellmut.（2001）, *Felix Mendelssohn-Bartholdy und die griechische Tragödie: Bühnenmusik im Kontext von Politik, Kultur und Bildung*. Leipzig: Verlag der Sächsischen Akademie der Wissenschaften zu Leipzig.

Fontenrose, Joseph.（1978）, *The Delphic Oracle: Its Responses and Operations, With a Catalogue of Responses*.

Berkeley: University of California Press.

Fraser, Donald.（1914）, *Winning a Primitive People*. London: Seley.

Frick, Werner.（1998）, *"Die mythische Methode": Komparatistische Studien zur Transformation der griechischen Tragödie im Drama der klassischen Moderne. Tübingen*: Niemeyer.

Gallo, Alberto.（1973）, *La prima rappresentazione al Teatro Olimpico con i progetti e le relazioni dei contemporanei. Milan*: Il polifilo.

Gantz, Timothy.（1993）, *Early Greek Myth: A Guide to the Literary and Artistic Sources. Baltimore:* The Johns Hopkins University Press.

Garin, E.（1973）, "La diffusione della Poetica di Aristotele dal secolo XV in poi." *RCSF* 28: 447–451.

Garland, Robert.（2004）, *Surviving Greek Tragedy*. London: Duckworth.

Gide, André.（1948）, *Journals*. 4 vols. Trans. by Justin O'Brien. New York: Knopf.

Gide, André.（1950）, *Two Legends: Oedipus and Theseus*. Trans. by John Russell. New York: Knopf.

Girard, René. (1977) , *Violence and the Sacred*. Baltimore: The Johns Hopkins University Press.

Girard, René. (2004) , *Oedipus Unbound: Selected Writings on Rivalry and Desire*. Ed. by Mark Anspach. Stanford, CA: Stanford University Press.

Gordon, D.J. (1975) , "Academicians Build a Theater and Give a Play." In Stephen Orgel, ed., *The Renaissance Imagination. Berkeley*: University of California Press. Pp. 246–265.

Goux, Jean-Joseph. (1992) , *Oedipe philosophe*. Paris: Aubier.

Goux, Jean-Joseph. (1993) , *Oedipus, Philosopher*. Trans. by Catherine Porter. Stanford, CA: Stanford University Press.

Grennan, Eamon and Rachel Kitzinger. (2005) , *Oedipus at Colonus*. New York: Oxford University Press.

Griffith, Mark. (1999) , *Sophocles: Antigone*. Cambridge: Cambridge University Press.

Grout, Patricia. (1977) , "Religion and Mythology in the *Roman de Thèbes*." In H.T. Barnwell, ed., *The Classical Tradition in French Literature: Essays Presented to R.C. Knight by Colleagues, Pupils and Friends*. London: Grant and Cutler. Pp.

23–39.

Guffey, George R. and Alan Roper, eds.（1984）, *The Works of John Dryden*. Vol. 13. Berkeley: University of California Press.

Hain, Mathilde.（1966）, *Rätsel*. Metzler: Stuttgart.

Halm-Tisserant, Monique.（1981）, "La sphinx amoreuse: un schéma Grec dans l'oeuvre de G. Moreau." *Revue des Archaeologues et Historiens d'Art de Louvain* 14: 30–70.

Halperin, David M.（1990）, *One Hundred Years of Homosexuality*. New York: Routledge.

Halperin, David M.（1996）, "Homosexuality." In Simon Hornblower and Anthony Spawforth, eds, *The Oxford Classical Dictionary*. 3rd ed. Oxford: Oxford University Press. Hart, Donn V. 1964. *Riddles in Filipino Folklore: An Anthropological Analysis*. Syracuse: Syracuse University Press.

Hecht, Anthony and Helen Bacon.（1973）, *Seven against Thebes*. New York: Oxford University Press.

Hederer, Edgar.（1960）, *Hugo von Hofmansthal*. Frankfurt am Main: S. Fischer. Hegel, Georg W.F. 1975. *Aesthetics: Lectures on Fine Art*. Trans. by T.M. Knox. 2 vols. Oxford: Clarendon Press.

Hederer, Edgar.（1987）, *Lectures on the Philosophy of*

Religion. Vol. 2. Trans. by J. Michael Stewart *et al*. Berkeley: University of California Press.

Heidegger, Martin. ([1953] 1961) , *An Introduction to Metaphysics*. Trans. by Ralph Manheim. Garden City, NY: Doubleday and Co. Orig. pub. by Yale University Press, 1959; repr. 1984. Trans. of *Einführung in die Metaphysik. Tübingen*: Max Niemeyer, 1953.

Heinrich, Klaus. (1993) , *Dahlemer Vorlesungen*. Vol. 3 ("arbeiten mit ödipus: Begriff der Verdrängung in der Religionswissenschaft") . Ed. by H.-A. Kücken, Wolfgang Albrecht, and Irene Tobben. Basel: Stroemfeld.

Hofmannsthal, Hugo von. (1983) , *Sämtliche Werke*. Vol. 8. Ed. by Wolfgang Nehring and K.E. Bohnenkamp. Frankfurt am Main: S. Fischer.

Hölderlin, Friedrich. (1994) , *Friedrich Hölderlin: Sämtliche Werke und Briefe*. Vol. 2. Ed. by Jochen Schmidt. Frankfurt am Main: Deutscher Klassiker.

Hölderlin, Friedrich. (2001) , *Hölderlin's Sophocles: Oedipus and Antigone*. Trans. by David Constantine. Highgreen, UK: Bloodaxe.

Holland, Eugene W. (1999) , *Deleuze and Guattari's Anti-Oedipus: Introduction to Schizoanalysis*. London: Routledge.

Holthusen, Hans E. (1960) , "Was ist abendländisch? Fünf Leitfiguren europais- chen Literatur." *Merkur* 14: 605–624.

Hughes, Ted. (2003) , *Collected Poems*. Ed. by Paul Keegan. New York: Farrar, Straus and Giroux.

Hutchinson, G.O., ed. (1985) , Aeschylus: *Septem contra Thebas*. Oxford: Clarendon Press.

Hutton, James. (1982) , *Aristotle's Poetics*. New York: Norton.

Jebb, R.C. (1893) , Sophocles: *The Plays and Fragments. Part I. The Oedipus Tyrannus.* 3rd ed. Cambridge: Cambridge University Press. Repr. Adolf M. Hakkert: Amsterdam, 1966. Repr. with intro. by Jeffrey Rusten. London: Bristol Classical Press, 2004.

John, Nicholas, ed. (1991) , *Oedipus Rex; the Rake's Progress*. English National Opera Guides, 43. London: John Calder. Pp. 7–43.

Kallich, Martin, Andrew MacLeish, and Gertrude Schoenbohm, eds. (1968) , *Oedipus: Myth and Drama*. New

York: Odyssey Press.

Katz, Joshua. Forthcoming. "The Riddle of the *sp* (*h*) *ij*-: The Greek Sphinx and her Indic and Indo-European Background." In Pinault, Georges-Jean and Daniel Petit, eds, *La Langue poétique indo-européenne*. Leuven: Peeters,

Kearns, Emily. (1989) , *The Heroes of Attica*. London: University of London, Institute of Classical Studies.

Keller, Adelbert von, ed. (1874) , *Hans Sachs*. Vol. 8. Tübingen: Der Literarische Verein in Stuttgart. Repr. Hildesheim: Olms, 1964.

Keller, Adelbert von and Edmund Goetze, eds. (1892) , *Hans Sachs*. Vol. 20. Tübingen: Der Literarische Verein in Stuttgart. Repr. Hildesheim: Olms, 1964.

Kocziszky, Éva. (1995) , "'Wenn einer in den Spiegel siehet': Hölderlin und das Oedipus-Drama." *Recherches germaniqes* 25: 133–158.

Kovacs, David. (1994–2002) , *Euripides*. 6 vols. Loeb Classical Library. Cambridge, MA: Harvard University Press.

Krauskopf, Ingrid. (1974) , *Der thebanische Sagenkreis und andere griechische Sagen in der etruskischen Kunst*. Schriften zur antiken Mythologie, 2. Mainz: Heidelberger Akademie der Wissenschaften.

Krauskopf, Ingrid.（1994）, “Oidipous.” In John Boardman *et al.*, ed., *Lexicon Iconographicum Mythologiae Classicae*. Vol. 7.1. Zurich: Artemis.

Kreuzer, Bettina.（1992）, *Frühe Zeichner, 1500–500 vor Chr.: Aegyptische, griechische und etruskische Vasenfragmente der Sammlung H. A. Cahn, Basel*. Freiburg i. Br.: Freundeskreis der Archäologischen Sammlung der Universität Freiburg i. Br. Pp. 86–88.

Kristeva, Julia.（1982）, *Powers of Horror*. Trans. by Leon Roudiez. New York: Columbia University Press.

Kurzweil, Edith.（1995）, *Freudians and Feminists*. Boulder: Westview. Laplanche, J. and J.-B. Pontalis. 1973. *The Language of Psycho-Analysis*. Trans. by Donald Nicholson-Smith. London: Hogarth Press.Lear, Jonathan. 1998. *Open Minded: Working Out the Logic of the Soul*. Cambridge, MA: Harvard University Press.

Lefèvre, Eckard, ed.（1978）, *Der Einfluss Senecas auf das europaische Drama*. Darmstadt: Wissenschaftliche Buchgesellschaft.

Lévi-Strauss, Claude.（［1955］1967）, “The Structural

Study of Myth." *In Structural Anthropology*. Garden City, NY: Doubleday. Pp. 202–228. This article was orig. pub. *in Journal of American Folkore* 68 （1955）: 428–444.

Lévi-Strauss, Claude. （［1973］1976）, *Structural Anthropology*. Vol. 2. Trans. by Monique Layton. Chicago: University of Chicago Press.

Lévi-Strauss, Claude. （［1985］1988）, *The Jealous Potter*. Trans. by Bénédicte Chorier. Chicago: University of Chicago Press. Trans. of *La potière jalouse*, Paris: Plon, 1985.

Lloyd-Jones, Hugh. （1983）, *The Justice of Zeus*. 2nd ed. Berkeley: University of California Press.

Lloyd-Jones, Hugh. （1996）, *Sophocles: Fragments*. Loeb Classical Library. Cambridge, MA: Harvard University Press.

Lloyd-Jones, Hugh. （2002）, "Curses and Divine Anger in Early Greek Epic: The Pisander Scholion." CQ 52: 1–14.

Lloyd-Jones, Hugh and N.G. Wilson. （1990）, *Sophoclea: Studies on the Text of Sophocles*. Oxford: Clarendon Press.

Malcolm, Janet. （1984）, *In the Freud Archives*. New York: Knopf.

Malcolm, Noel. （1990）, *George Enescu: His Life and*

Music. London: Toccata

Press.

Mann, Nicholas. (1996) , "The Origins of Humanism." In Jill Kraye, ed., *The Cambridge Companion to Renaissance Humanism*. Cambridge: Cambridge University Press. Pp. 1–19.

Martin, Richard. (2003) , *Myths of the Ancient Greeks*. New York: New American Library.

Masson, Jeffrey. (1985) , *The Assault on Truth: Freud's Suppression of the Seduction Theory*. New York: Penguin Books.

Mastrocola, Paola. (1996) , *Nimica fortuna: Edipo e Antigone nella tragedia italiana del Cinquecento*. Turin: Tirrenia.

Melanchthon, Philipp. (1834–1860) , *Philippi Melanthonis Opera quae supersunt omnia*. Ed. by C.G. Bretschneider. 28 vols. Halle: C.A. Schwetschke.

Messerli, Sylviane. (2002) , *Oedipe entenébré: Legendes d'Oedipe au XII siècle.* Paris: Champion.

Miller, Frank J. (1917) , *Seneca's Tragedies*. 2 vols. Cambridge, MA: Harvard University Press.

Moret, Jean-Marc. (1984) , *Oedipe, la Sphinx, et les Thébains*. 2 vols. Geneva: Institut Suisse de Rome.

Nagy, Gregory. ([1979] 1999) , *The Best of the Achaeans: Concepts of the Hero in Archaic Greek Poetry*. Rev. ed. Baltimore: The Johns Hopkins University Press.

Nice, David. (1991) , "The Person of Fate and the Fate of the Person: Stravinsky's 'Oedipus Rex'." In John, ed. 1991: 7–15.

Nietzsche, Friedrich Wilhelm. ([1872] 2000) , *The Birth of Tragedy*. Trans. by Douglas Smith. Oxford: Oxford University Press.

Nussbaum, Daniel. (1994) , PL8SPK: *California Vanity Plates Retell the Classics*. New York: HarperCollinsWest.

Odagiri, Mitsutaka. (2001) , *Écritures palimpsestes, ou, Les théâtralisations françaises du mythe d'Oedipe*. Paris: L'Harmattan.

Ohly, Freidrich. ([1976] 1992) , *The Damned and the Elect: Guilt in Western Culture*. Trans. by Linda Archibald. Cambridge: Cambridge University Press. Orig. pub. as *Der Verfluchte und der Erwählte: Vom Leben mit der Schuld*. Vorträge: Rheinisch-Westfälische Akademie der Wissenschaften, G 207. Opladen: Westdeutscher Verlag, 1976.

Osborn, Max. (1893) , *Die Teufelliteratur des XVI. Jahrhunderts*. Acta Germanica 3.3. Berlin: Mayer and Müller.

Paduano, Guido.（1994）, *Lunga storia di Edipo Re: Freud, Sofocle e il teatro occidentale*. Turin: Einaudi.

Palmer, Anne-Marie.（1989）, *Prudentius on the Martyrs*. Oxford: Clarendon Press.

Parsons, P.J.（1999）, "30–37 Epigram IV: the Sphinx unriddled." In N. Gonis *et al.* ed., *The Oxyrhynchus Papyri* 66. London: Egyptian Exploration Society. Pp. 43–49, 53–55.

Pasolini, Pier Paolo.（1971）, *Oedipus Rex: A Film*. Trans. by John Mathews. London: Lorrimer Publishing.

Pavese, Cesare.（1965）, *Dialogues witih Leucò*. Trans. by William Arrowsmith and D.S. Carne-Ross. Ann Arbor: University of Michigan Press. Trans. *of Dialoghi con Leucò*. Turin: Einaudi, 1953.

Péladan, Joséphin.（1903）, *Oedipe et le Sphinx*. 4th ed. Paris: Société du Mercure de France.

Porzig, Walter.（1953）, "Das Rätsel der Sphinx." Lexis 3: 236–239. Repr. in R. Schmitt, ed., *Indogermanische Dichtersprache*. Darmstadt: Wissenschaftliche Buchgesellschaft, 1968. Pp. 172–176.

Posèq, Avigdor W.G.（2001）, "Ingres's Oedipal Oedipus and

the Sphinx." *Notes in the History of Art* 21.1: 24–32.

Praz, Mario. (1967) , *The Romantic Agony*. 2nd ed. New York: Meridian Books.

Propp, Vladimir. ([1928] 1968) , *Morphology of the Folktale*. Trans. by Laurence Scott. 2nd ed. Austin: University of Texas Press.

Propp, Vladimir. ([1944] 1983) , "Oedipus in the Light of Folklore." In Lowell Edmunds and Alan Dundes, ed., *Oedipus: A Folklore Casebook*. New York: Garland. Pp. 76–121. Orig. pub. in *Ucenye zapiski Leningradskogo gosudarsivennogo universiteta*, Serija filologiceskich 72, fasc. 9, pp. 138–175.

Propp, Vladimir. ([1946] 1983) , *Les racines historiques du conte merveilleux*. Trans. by Lise Gruel-Apert. Paris: Gallimard. Orig. pub. *as Istoricheskie korni volshebnoi skazki*. Leningrad: Priboi 1946) .

Propp, Vladimir. (1984) , *Theory and History of Folklore*. Ed. by Anatoly Liberman. Trans. by Ariadna Y. Martin, Richard P. Martin *et al.* Theory and history of literature, 5. Minneapolis: University of Minnesota Press.

Punzi, Arianna. (1995) , *Oedipodae confusa domus: La*

materia tebana nel Medioevo latino e romanzo. Rome: Bagatti.

Rank, Otto. ([1912] 1992) , *The Incest Theme in Literature and Legend: Fundamentals of a Psychology of Literary Creation*. Trans. by Gregory C. Richter; with an introductory essay by Peter Rudnytsky. Baltimore: The Johns Hopkins University Press. Trans. of *Das Inzest-motiv in Dichtung und Sage*. Leipzig: F. Deuticke, 1912.

Regier, Willis Goth. (2004) , *Book of the Sphinx*. Lincoln: University of Nebraska Press.

Reid, Jane Davidson. (1993) , *The Oxford Guide to Classical Mythology in the Arts, 1300–1990s*. 2 vols. New York: Oxford University Press.

Reynolds, L.D., ed. (1983) , *Texts and Transmission: A Survey of the Latin Classics*. Oxford: Clarendon Press.

Reynolds, L.D. and N.G. Wilson. (1991) , *Scribes and Scholars: A Guide to the Transmission of Greek and Latin Literature*. 3rd ed. Oxford: Clarendon Press. Riccoboni, Antonio. 1996. "Letter Describing the Performance of *Oedipus Rex* at Vicenza in 1585." In Dawe, ed., 1996: 1–12.

Robert, Carl. (1915) , *Oidipus; Geschichte eines poetischen*

Stoffs im grieschen Altertum. 2 vols. Berlin: Weidmann.

Róheim, Géza. (1934) , *The Riddle of the Sphinx, or Human Origins*. Trans. by R. Money-Kyrle. London: Hogarth Press.

Rokem, Freddie. (1996) , "One Voice and Many Legs: Oedipus and the Riddle of the Sphinx." In Galit Hasan-Rokem and David Shulman, eds, *Untying the Knot*. New York: Oxford University Press. Pp. 255–270.

Rösch-von der Heyde, Wiebke. (1999) , *Das Sphinx-Bild im Wandel der Zeiten: Vorkommen und Bedeutung*. Rahden: Marie Leidord.

Rubin, James H. (1973) , "Oedipus, Antigone and Exiles in Post-Revolutionary French Painting." *Art Quarterly* 36: 141–171.

Rubin, James H.. (1979) , "Ingres' Vision of Oedipus and the Sphinx: The Riddle Resolved?"

Arts Magazine 54 （2）: 130–133.

Rudnytsky, Peter L. (1987) , *Freud and Oedipus*. New York: Columbia University Press.

Sachs, Hans. (1884) , *Hans Sachs' Werke*. Ed. by Dr. Arnold. Vol. 20. Deutsche National-Litteratur. Berlin and Stuttgart: W. Spemann. Repr. Tübingen: Max Niemeyer, 1974.

Sanderson, James L. and Zimmerman, eds.（1968）, *Oedipus Myth and Dramatic Form*. Boston: Houghton Mifflin.

Sandys, John E.（1906–1908）, *A History of Classical Scholarship*. 3 vols. Cambridge: Cambridge University Press.

Saunders, Glen.（1996）, "Qu Xiaosong's Opera the Death of Oedipus: A Chinese Composer's views on Greek Drama and Buddhism." *Chime: Newsletter of the European Foundation for Chinese Music Research = Ch'ing* 9: 46–56.

Schadewalt, Wolfgang.（1996）, "Hölderlin's Translations." In Dawe, ed., 1996: 101–110.

Schlegel, August Wilhelm.（1846）, *A Course of Lectures on Dramatic Art and Literature*. Trans. by John Black. London: H.G. Bohn. pp. 96–110.

Schlegel, August Wilhelm.（［1846］1996）, "Life and Political Character of Sophocles–Character of His Different Tragedies." In Dawe, ed., 1996: 159–170.

Schmidt, Peter L.（1978）, "Rezeption und Überlieferung bis Ausgang des Mittelalters." In Lefèvre, ed., 1978: 12–73.

Schrade, Leo.（1960）, *La représentation d'Edipo Tirano au Teatro Olimpico*（*Vicence 1585*）. Paris: Centre National de la Recherche Scientifique.

Schultz, Wolfgang. (1914) , "Rätsel." In A. Pauly, G. Wissowa, and W. Kroll, eds, *Real-Encyclopädie der klassischen Altertumswissenschaft*. 2nd series. Vol. 1. Stuttgart: Metzler. Cols. pp. 69–70.

Segal, Charles. (2001) , *Oedipus Tyrannus: Tragic Heroism and the Limits of Knowledge*. 2nd ed. New York: Oxford University Press.

Seidensticker, Bernd. (1972) , "Beziehungen zwischen den beiden Oidipusdramen des Sophokles." *Hermes* 100: 255–274.

Shackleton Bailey, D.R. (2003) , *Statius: Thebaid*. 2 vols. Loeb Classical Library. Cambridge, MA: Harvard University Press.

Smollett, Tobias. (1901) , *The Works of Voltaire*. 41 vols. Volumes 8–9: The dramatic works of Voltaire. Paris: E.R. Du Mont. Repr. in Sanderson and Zimmerman, eds, 1968: 105–143.

Smyth, H.W. (1963) , *Aeschylus*. Vol. 2. With an appendix of fragments ed. by Hugh Lloyd-Jones. Cambridge, MA: Harvard University Press.

Steiner, George. (1986) , *Antigones*. Oxford: Clarendon Press.

Stravinsky, Igor. (1936) , *Stravinsky: An Autobiography*. New York: Simon and Schuster.

Stravinsky, Igor and Robert Craft. (1963) , *Dialogues and a Diary*. Garden City, NY: Doubleday.

Theile, Wolfgang. (1975) , "Stoffgeschichte und Poetik – Literarischer Vergleich von Ödipus-Dramen (Sophokles, Corneille, Gide) ." *Arcadia* 10: 34–51. Tigerstedt, E.N. 1968. "Observations on the Reception of Aristotle's 'Poetics' in the Latin West." *Studies in the Renaissance* 15: 7–24.

Tschiedel, Hans Jürgen. (1978) , "Die italienische Literature." In Lefèvre, ed., 1978: 74–131.

Uerscheln, Gabriele. (1993) , "Anmerkungen zu Gustave Moreaus 'Le Sphinx Vainqueur.'" *Neusser Jahrbuch für Kunst, Kulturgeschichte und Heimatkunde*: 31–36.

Ventris, Michael and John Chadwick. (1956) , *Documents in Mycenaean Greek*. Cambridge: Cambridge University Press.

Vernant, Jean-Pierre. (1977–1978) , "Ambiguity and Reversal: On the Enigmatic Structure of *Oedipus Rex*." *New Literary History* 9: 475–501.

Vessey, D.W.T.C. (1982) , "Flavian epic." In E.J. Kenney

and W.V. Clausen, eds, *The Cambridge History of Classical Literature*. Vol. II, *Latin Literature*. Cambridge: Cambridge University Press. Pp. 558–596.

Vidal-Naquet, Pierre. (1981) , “Oedipe à Vicenne et à Paris.” *Quaderni di Storia* 14: 3–29. Trans. as Vidal-Naquet, 1996.

Vidal-Naquet, Pierre. (1996) , “Oedipus at Vicenza and at Paris: Two Stages in a Saga.” In Dawe, ed., 1996: 13–31.

Vitz, P.C. and J. Gartner. (1984) , “Christianity and Psychoanalysis. Part 1: Jesus as the Anti-Oedipus.” *Journal of Psychology and Theology* 12: 4–14.

Voltaire （Arouet, François-Marie）. (1820) , *Oeuvres complètes*. Vol. 2. Paris: E.A. Lequien.

Von Platen, August Graf. (1895) , *August Graf von Platens sämtliche Werke*. Vol. 10. Ed. by Max Koch. Leipzig: Hesse and Bekker.

Wagner, Richard. (［1868］1913) , *Opera and Drama*. 2 vols. Trans. by Edwin Evans. London: William Reeves.

Walsh, Stephen. (1993) , *Stravinsky: Oedipus Rex*. Cambridge: Cambridge University Press.

Wanke, Christiane. (1978) , “Die französische Literatur.” In

Lefèvre, ed., 1978: 173–234.

Wat, Pierre and Patrick Absalon.（1999）, "《Oedipus Fecit》ou peut-on voir Œdipe en peinture?" In Biet, ed., 1999: 90–98.

Weinberg, Bernard.（1961）, *A History of Literary Criticism in the Italian Renaissance*. 2 vols. Chicago: University of Chicago Press.

Weir, Judith.（1991）, "'Oedipus Rex': A Personal View." In John, ed., 1991: 17–20.

缩略语

Aesch. = Aeschylus　埃斯库罗斯

Ant. = *Antigone*《安提戈涅》

Anth. Pal. = *Palatine Anthology*《帕拉汀选集》

AT = Aarne-Thompson = Aarne, Antti and Stith Thompson. *The Types of the Folktale: A Classification and Bibliography*. 2nd ed. FF Communications 184. Helsinki: Academia Scientiarum Fennica, 1981　安提·阿奈尼和斯蒂·汤普森。《民间故事类型：一种分类和参考》，《民俗学通讯》第 2 版，184，赫尔辛基：芬兰科学出版社，1981 年。

Athenaeus = Athenaeus, *The Deipnosophists or The Learned Banquet Austin* = Colin Austin, ed., *Nova Fragmenta Euripidea in Papyris Reperta. Berlin: de Gruyter,* 1968　阿忒奥纳斯，《随谈录或学术盛宴》= 科林·奥斯汀主编，《诺瓦纸莎草本里的欧里庇得斯残篇》，柏林：格鲁伊特，1968 年。

Bacch. = *Bacchae* 《女祭司》或《酒神的女伴》

Bernabé = Albertus Bernabé, ed., *Poetarum epicorum Graecorum: testimonia et fragmenta*. Leipzig: Teubner, 1987　阿伯尔特斯·贝尔纳伯主编，《希腊史诗：证明文件等残篇》，莱比锡：托乌布纳，1987 年。

Davies = Malcolm Davies, ed., *Epicorum Graecorum fragmenta*. Göttingen: VandenBosch & Ruprecht, 1988. Or Malcolm Davies, ed., *Poetarum Melicorum Graecorum Fragmenta*, vol. 1. Oxford: Clarendon Press, 1991　马尔科姆·戴维斯主编《希腊史诗残篇》，哥廷根：梵敦布希与鲁普瑞希特，1988。或马尔科姆·戴维斯主编《希腊抒情诗残篇》第 1 卷，牛津：克拉瑞登出版社，1991 年。

Eur. = Euripides　欧里庇得斯

F = fragment in references to *FGrH*　残篇参考 *FGrH*

FGrH = Felix Jacoby, *Die Fragmente der griechischen Historiker*, in many vols. Leiden: Brill, 1923—　菲力克斯·雅各比，《希腊历史学家残篇集》，多卷本，雷顿：布瑞尔，1923 年—。

fr. = fragment　残篇

Hdt. = Herodotus　希罗多德

Hes. = Hesiod　赫西俄德

Il. = *Iliad*　《伊利亚特》

. jul = *Divus Julius*　《凯撒》

Kannicht = Richard Kannicht, ed., Euripides, in *Tragicorum graecorum fragmenta*, vol. 5. Göttingen: Vandenhoeck & Ruprecht, 2004　理查德·坎尼特主编，欧里庇得斯，《希腊悲剧残篇》，第 5 卷。哥廷根：梵敦布希与鲁普瑞希特，2004 年。

Loeb = M.L. West, *Greek Epic Fragments*, Loeb Classical Library. Cambridge, MA: Harvard University Press, 2003 M.L. 韦斯特，《希腊史诗残篇》，洛布经典图书馆，剑桥，MA：哈佛大学出版社，2003 年。

Met. = *Metamorphoses*　《变形记》

M-W = Reinhold Merkelbach and M.L. West, *Fragmenta Hesiodea*. Oxford: Clarendon Press, 1967　瑞恩霍尔德·莫克尔巴奇与 M.L. 韦斯特，《赫西俄德残篇》，牛津：克拉瑞登出版社，1967 年。

Od. = *Odyssey*　《奥德赛》

Or. = *Orestes*　《俄瑞斯特斯》

Paus. = Pausanias　鲍萨尼阿斯

Phoen. = *Phoenician Women*　《腓尼基妇女》

PMG = D.L. Page, ed., *Poetae Melici Graecae*. Oxford:

Clarendon Press, 1962 D.L.　佩奇主编,《古希腊琴(情)歌诗人》,牛津：克莱瑞登出版社，1962 年。

Radt = Stefan Radt, ed., *Aeschylus*, in *Tragicorum graecorum fragmenta*, vol. 3. Göttingen: Vandenhoeck & Ruprecht, 1985　史蒂芬 瑞迪特主编，《埃斯库罗斯》，在《希腊悲剧残篇》第 3 卷，哥廷根：梵敦布希与鲁普瑞希特，1985 年。

schol. Pind. *Ol.* = ancient scholiast on Pindar　研究品达的古代学者。

SE = Sigmund Freud, *The Standard Edition of the Complete Psychological Works of Sigmund Freud*, trans. under the general editorship of James Strachey. London: Hogarth Press, 1953—1974　西格蒙德 · 弗洛伊德，《弗洛伊德心理学著作全集（标准版）》，詹姆斯 · 斯特雷奇总编，伦敦：霍加斯出版社，1953—1974 年。

Sept. = *Septem contra Thebas* = *Seven Against Thebes*　《七将攻特拜》

Snell = Bruno Snell, ed., *Didascaliae tragicae*, etc., in *Tragicorum graecorum fragmenta*, vol. 1. Göttingen: Vandenhoeck & Ruprecht, 1971　布鲁诺·斯奈尔主编,《悲剧演出记录》,等等,收录在《古希腊悲剧残篇》第 1 卷，哥廷根：梵敦布希与鲁普瑞希特，1971 年。

Snell-Kannicht = Bruno Snell and Richard Kannicht, ed., *Tragicorum graecorum fragmenta*, vol. 2. Göttingen: Vandenhoeck & Ruprecht, 1981　布鲁诺·斯奈尔和理查德·康尼科特主编，《古希腊悲剧残篇》第 2 卷，哥廷根：梵敦布希与鲁普瑞希特，1981 年。

Soph. = Sophocles　索福克勒斯

Stat. = Statius　斯塔提乌斯

Theb. = *Thebaid*　《特拜战纪》

Theog. = *Theogony*　《神谱》

W2 = M.L. West, ed., *Iambi et Elegi Graeci*, 2nd ed.（2 vols. in 1）. Oxford: Clarendon Press, 1989—1992 M.L.　韦斯特主编，《希腊长短格与哀歌集》第 2 版（第 2 卷，1），牛津：克莱瑞登出版社，1989—1992 年。

索　引

（数字指原书页码）

Aarne, Antti　安提·阿尔尼 5—6

abduction of Chrysippus　诱拐克吕希帕斯 16, 35

Achilles　阿喀琉斯 15, 21, 23

additions　添加的（剧情）60, 69, 94, 96

Adrastus　阿德拉斯忒斯 21, 93—94

Aeschylus　埃斯库罗斯 15, 29, 34—37, 84

Agamben, Giorgio　乔吉奥·阿甘本 127, 137

Algonquin myth　阿尔冈昆神话 124—125

alternating kingship　王权更替 22

Amplification　引申 8, 86, 132, 134—137, 140

Androtion　安德罗提翁 28, 51—52

anger of Oedipus　俄狄浦斯的怒火 22, 28, 36, 49, 53

Anouilh, Jean　让·阿努伊 134—135

Antigone 安提戈涅 17, 39, 52—54, 61—63, 69—70

Antigone（Euripides） 《安提戈涅》（欧里庇得斯）38, 54

Antigone（Sophocles） 《安提戈涅》（索福克勒斯）4, 38—39, 43, 53—55, 102—103

Antimachus of Colophon 科洛芬的安提马科斯 34, 40, 59

Anti-Oedipus（Deleuze and Guattari） 《反俄狄浦斯：资本主义与精神分裂症》（德勒兹与伽达利）131

Apollo 阿波罗 35, 37, 44, 46—47, 49, 115—116, 118

Apollonization 阿波罗化 25, 27

Argeia 阿尔吉亚 21, 63

Aristophanes 阿里斯托芬 49

Aristotle 亚里士多德 48, 84—85, 99

Athenaeus 阿塞纳乌斯 19

Audiences 观众 50, 53, 56, 113, 140

Authenticity, question of 真实性，真实性问题 4—5, 9, 65

autochthony 地生人或本土性 123—124

Bacon, Francis 弗朗西斯·培根 126, 139

Birth of Tragedy, The（Nietzsche） 《悲剧的诞生》（尼采）104—105

Boccaccio, Giovanni　薄伽丘 · 乔瓦尼 65, 70—71, 88

Breuer, Lee　李 · 布鲁尔 6, 139

Broken Pitcher, The（Von Kleist）　《破碎的水罐》（冯 · 克莱斯特）9

burials: Oedipus　坟墓：俄狄浦斯 28—29, 51, 54

Canace（Speroni）　《卡那刻》（斯佩罗尼）85

Canon of Repentance（St Andrew）　忏悔圣典（圣 · 安德鲁）76—77

Caresses, The（Khnopff）　《爱抚》（克洛普夫）110, 111

Castration Complex　去势情结 114

Catalogue of Women（Hesiod）　《列女传》（赫西俄德）21

Cavafy, C. P.　卡瓦菲 108

Chalcondyles, Demetrius　德美特里 · 卡尔孔狄利斯 85—86

children of Oedipus　俄狄浦斯的孩子 16, 20, 39

Christianization　基督教化，基督教信仰 69, 73—74, 77—78, 88—89, 104, 118

Christophe, Ernest-Louis-Aquilas　欧内斯特 – 路易斯 – 阿奎奈 · 克利斯朵夫 108—110

Chrysippus　克吕希帕斯，佩罗普斯之子 16, 35

Chrysippus（Euripides） 《克吕希帕斯》（欧里庇得斯）37—38

Cinzio, Giovambattista Giraldi 钦提奥 85

De Claribus Mulieribus（Boccaccio） 《论著名的女性》（薄伽丘）71, 88

Cocteau, Jean 让·谷克多 66, 116—120, 135

coincidence 巧合 47—48, 50

conceptual work 观念论研究，观念性作品 137—138

consciousness 意识，观念体系 101—103

Corinthian messenger 科林斯信使 47—48

Corneille, Pierre 高乃依 90—93, 132, 134

creative work on myth 神话创作 86, 100

creativity vs variation in myth：神话的发明与变体 39—40, 51, 54—56

Creon 克瑞翁 17, 43, 46, 60, 112；and Eurydice 克瑞翁与欧律狄刻 93—95； refusing burial 拒绝埋葬 39, 52, 54, 63

curses 诅咒 22—23, 26, 29, 35—39, 41, 45

Dacier, André 安德烈·达希尔 95, 99

Dante, Alighieri 阿利吉耶里·但丁 64—65

Darius the Red　红色大流士 69—70

daughters of Oedipus　俄狄浦斯的女儿 17, 39, 51—54, 61—63, 69—70

death of Oedipus 俄狄浦斯的儿子 21, 27, 51

Death of Oedipus, The（Qu Xiasong）《俄狄浦斯之死》（曲夏松）139

Death of the Pythia, The（Dürrenmatt）《皮提亚之死》（迪伦马特）127—128

Declamationes（Melanchthon）《演说集》（梅兰希通）87—88

De Casibus Virorum Illustrium（Boccaccio）《论名人的不幸》（薄伽丘）70—71

Deleuze, Gilles　德勒兹 131

Delphic oracle　德尔斐神谕 17, 35, 40, 45, 47—48, 60, 91

Demeter　得墨忒耳 27—30, 52

Description of Greece（Pausanias）《希腊志》（鲍萨尼阿斯）20

desire 愿望 112—113, 130

despair 绝望 74, 78

destiny 命运 29, 92, 120

Destruction of Thebes（*anon.*）《忒拜的毁灭》（佚名）65

Der zerbrochene Krug(Von Kleist) 《破碎的水罐》(冯·克莱斯特) 9

Didone (*Cinzio*) 《迪多》(钦提奥) 85

Diogenes 第欧根尼 55, 59, 126

Dirce 迪尔克 90—91

discovery of truth 真相的发现 7, 37, 46—48, 91—92, 94, 96—97, 113

Dissertation on the Oedipuses (Lauraguais) 《关于俄狄浦斯研究的专题论文》(劳拉凯斯) 95

divine and human levels 人与神的视角 24, 35, 37, 91, 101, 103, 118

Divine Comedy (Dante) 《神曲》(但丁) 64—65

Dolce, Ludovico 多尔斯，卢多维科 86—87

Dryden, John 约翰·德莱顿 93—95, 135

Dürrenmatt, Friedrich 弗里德里希·迪伦马特 127—128

Dymas 迪马斯 91, 94, 97

Enckell, Rabbe 鲁比·恩克尔 135

Enescu, George 乔治·埃内斯库 116—117

Engels, Frederick 弗里德里希·恩格斯 121

epic poetry　史诗，诗集 4, 13—31, 34

Epigoni　埃皮戈尼 25, 37

Epigoni（epic poem）　《埃皮戈尼》（史诗）13, 25

Erinyes/Erinys　厄里倪厄斯 15—16, 24, 36—37, 39, 62—63；cults of　祭拜 27—30

Ernst, Max　马克斯·恩斯特 107, 109, 116, 119, 126, 139

eroticization of the Sphinx　色情的斯芬克斯 107—112

Eteocles　厄忒俄克勒斯 21—28, 36—39, 52—53, 61—64, 69—70

Eteonos　埃提奥诺斯 27—28

Eumenides　欧墨尼得斯 28, 50—53

Eumenides（Aeschylus）　《欧墨尼得斯》（埃斯库罗斯）15

Euripides　欧里庇德斯 26, 35, 37—41, 54, 86, 88

Eurydice　欧律狄刻 93—95

Euryganeia　欧律伽妮亚 16, 20, 25—26, 39

exile　流放，放逐 25, 39, 42—43, 50—53, 61—62, 104

eyewitness to murder of Laius　谋杀拉伊俄斯的目击证人 47—48

Fall of Princes（Lydgate）　《王子的毁灭》（吕德盖特）71—72

Famous women (Boccaccio)　《论著名的女性》(薄伽丘) 71, 88

fate　命运 49—50, 61, 103, 112—113, 115

folktales　民间传说，民间故事 5—6, 74, 76—78, 121

"foot" motif　"脚"的主题 9, 44—46, 66, 68, 71, 74, 114, 124

Frazer, J. G.　弗雷泽 121

free will　自由意志 103, 120

Freud, Sigmund　弗洛伊德，西格蒙德 3—4, 7—8, 113—116, 121—122, 130—131, 137—138

Frogs (Aristophanes)　《蛙》(阿里斯托芬) 49

funeral rites　葬礼仪式 21, 53

Gascoigne, George　盖斯科因，乔治 86—87

Genealogie (Boccaccio)　《异教神谱》(薄伽丘) 65, 71

genealogies　谱系 13, 17, 21, 25, 54, 132

generations, multiple　世代，多代 13, 35, 37—39, 44, 54, 59

ghost of Laius　拉伊俄斯的鬼魂 62, 91, 94—96, 119

Gide, André　纪德，安德烈 66, 116, 120—121, 131—132

Giocasta (Dolce)　《伊俄卡斯塔》(多尔斯) 86—87

Giotto　乔托 78

Gods Are Not to Blame, The(Rotimi) 《众神不受责备》(罗蒂米) 139—141

Golden Bough, The (Frazer) 　《金枝》(弗雷泽) 121

Gospel at Colonus, The (Breuer and Telson) 　《科洛诺斯的福音》(布鲁尔和台尔森) 8, 139

Goux, Jean-Joseph　高克斯 127, 137, 139

Graham, Martha　葛兰姆，玛莎 132—135

graves of Oedipus　俄狄浦斯的坟墓 27—28, 51

Greek language, knowledge of　希腊语，希腊语知识 64, 83

Gregory legend　格列高利的传说　66, 76, 78, 129

Guattari, Felix　伽达利，菲力克斯 131

Haemon　海蒙 17, 38—39, 54, 90, 94—95

"Hamlet and Oedipus" (Jones) 　《哈姆雷特与俄狄浦斯》(琼斯) 119

"hanging" motif　(俄狄浦斯) "被倒挂"的主题 66, 71

Hegel, Friedrich　黑格尔，弗里德里希 101—104, 125—127, 129, 137

Heinrich, Klaus　海因里希，克劳斯 126, 137

hero cult of Oedipus 俄狄浦斯的英雄崇拜 26—30, 53

Hesiod 赫西俄德 14, 17, 21—22, 26

historicization 历史化 121, 138

Hofmannsthal, Hugo von 霍夫曼斯塔尔，雨果・冯 112—113, 139

Hölderlin, Friedrich 荷尔德林，弗里德里希 49, 100—101, 112, 127

Homer 荷马 4, 13—17, 20—21, 24, 26, 28, 41—42, 44

hubris（hybris） 狂妄（傲慢）49, 127

Hughes, Ted 休斯，泰德 10, 138

human and divine levels 神与人的视角 24, 35, 37, 91, 101, 103, 118

Humanists 人文学者 85—86

Hyperion（Hölderlin） 《许佩里翁》（荷尔德林）112

Ibycus 伊比库斯 14—15

identity, search for 身份，寻找 40—41, 46—47

ignorance 不知情 17, 41, 45, 102—103

Iliad（Homer） 《伊利亚特》（荷马）14—15, 17, 21, 24, 42, 44

incest　乱伦 17, 20, 73, 94, 113—115, 124—125

incoherence　非连贯性 139—140

individualism　个人主义 105—106, 120

inference　推论 16—17, 34, 130

Infernal Machine, The（Cocteau）　《地狱机器》,（谷克多）117—119, 135

Ingres, Jean-Auguste-Dominique　安格尔，让 · 奥古斯特 - 多米尼克 102, 106—107, 108, 126

Interpretation of Dreams, The（Freud）　《梦的解析》（弗洛伊德）113, 136

Iokasta（Enckell）　《伊俄卡斯塔》（恩克尔）135

Ismene　伊斯墨涅 51—52, 54, 69

Jealous Potter, The（Lévi-Strauss）　《嫉妒的制陶女》（列维 – 斯特劳斯）122

Jocasta　伊俄卡斯塔 14—15, 18, 25—26, 42, 135；denouncing prophecy 对预言的指责 46, 96—98；as intermediary 作为调停人 39, 46, 62—63,70

Jocasta（Lauraguais）《伊俄卡斯塔》（劳凯拉斯）95, 135

Jones, Ernest　琼斯，恩斯特 119

Judas legend　犹大的传说 66, 74—76, 78, 129

Khnopff, Fernand　克洛普夫，费尔南德 110, 111

kingship, alternating　王权更替 22

kinship relations　亲属关系 122—124

Kiss of the Sphinx, The（Stuck）　《斯芬克斯之吻》（斯塔克）111

Kleist, Heinrich von　克莱斯特，海因希里・冯；9

Labdacid myth: multi-generational　拉布达赛德多代神话 13, 35—39, 44, 54, 59；suffering 受难 14—15, 27

Laius　拉伊俄斯 16, 26, 29—30, 35—37, 40；as ghost 作为鬼魂 62, 91, 94—96, 119

Laius（Aeschylus）　《拉伊俄斯》（埃斯库罗斯）36

Lame King, The（Anouilh）　《瘸腿国王》（让・阿努伊）134

"La Strada"（Pavese）　《大路》（帕维塞）132

"Lament of Oedipus"（anon.）　"俄狄浦斯悲歌"（佚名）65, 72—74, 129

Last Judgement（Giotto）　《最后的审判》（乔托）78

Lauraguais, Count of　劳拉凯斯，伯爵的 95, 135

Lear, Jonathan　里尔，乔纳森 130—131

Learned Banquet, The（Athenaeus）　《学术盛宴》，（阿塞纳乌斯）19

Lectures on Fine Art（Hegel）《美学讲座》（黑格尔）101—104

"Lectures on the Philosophy of Religion"（Hegel）《宗教哲学讲座》（黑格尔）104

Lee, Nathaniel　李，纳撒尼尔：93—95

Lévi-Strauss, Claude　列维 - 斯特劳斯，克劳德 122—125, 137—139

Lydê（Antimachus）　《吕德》（安提马科斯）34, 40

Lydgate, John　吕德盖特，约翰 71—72

lyric poetry　抒情诗 14, 26—27, 34

Manutius, Aldus　马努修斯 , 奥尔德斯 83, 85

Melanchthon, Philipp　梅兰希通 , 菲利普 87—88

Mendelsohn, Felix　门德尔松 , 菲利克斯 104

Menippaean Satires（Varro）　《梅尼帕讽刺诗集》（瓦尔罗）59

Menoeceus　墨诺厄修斯 39—40,63

Metamorphoses（Ovid） 《变形记》（奥维德） 60

Misfortunes of famous men（Boccaccio） 《论名人的不幸》（薄伽丘）70—71

Modernization 现代化 9—10, 87, 131

Moreau, Gustave 莫罗，古斯塔夫 107—108

Motif-Index of Folklore, The（Thompson） 《民间传说主题索引》（汤普森）6—7

motifs 主题 5—6, 115—116, 122—123, 137

murder of Laius 拉伊俄斯的谋杀 29, 40—41, 47—48

Nietzsche, Friedrich 尼采，弗里德里希 104—105, 129—130, 137

Night Journey（Graham） 《夜之旅》（葛兰姆）132—134, 133, 135

Nussbaum, Daniel 努斯鲍姆，丹尼尔 135, 136

Odyssey（Homer） 《奥德赛》（荷马）4, 13—17, 20, 24, 26, 41—42, 44

Oedipe à Colone（Sacchini） 《俄狄浦斯在科洛诺斯》（萨奇尼）103

Oedipe chez Admète（Ducis） 《俄狄浦斯》（达西斯）104

Oedipe（Enescu） 《俄狄浦斯》（埃内斯库）116—117

Oedipodeia（epic poem） 《俄狄波底亚》（史诗）13, 16—17, 19, 23—24, 26

Oedipus: cult hero 俄狄浦斯：英雄崇拜 26—30, 52—53；cursing sons 诅咒儿子 21—23, 22, 29, 36—37, 39；exile 流放 39, 42—43, 50—53, 61—62, 104；riddle-solver 解谜 18—20, 19, 57, 67, 101, 105—107, 112—113, 119, 130；transgressor 罪人 8, 18, 40—42, 44—45, 49—50, 61

Oedipus and the Sphinx（Ernst） 《俄狄浦斯与斯芬克斯》（恩斯特）107, 109

Oedipus and the Sphinx（Hofmannsthal） 《俄狄浦斯与斯芬克斯》（霍夫曼斯塔尔）112—113

Oedipus and the Sphinx（Ingres） 《俄狄浦斯与斯芬克斯》（安格尔）103, 107, 108

Oedipus and the Sphinx（Moreau） 《俄狄浦斯与斯芬克斯》（莫罗）107—108

Oedipus and the Sphinx（Péladan） 《俄狄浦斯与斯芬克斯》（佩拉丹）111—112, 134—135

Oedipus at Colonus（Sophocles） 《俄狄浦斯在科洛诺斯》

（索福克勒斯）4, 28, 30, 43, 50—53, 61, 76, 103—104

"Oedipus"（Cavafy）　《俄狄浦斯》（卡瓦菲）108

Oedipus Complex 俄狄浦斯情结 9, 113—116, 138

Oedipus（Corneille）《俄狄浦斯》（高乃依）90—93

Oedipus（Diogenes）　《俄狄浦斯》（第欧根尼）55, 59

Oedipus（Dryden and Lee）　《俄狄浦斯》（德莱顿和李）93—95

Oedipus（Euripides）　《俄狄浦斯》（欧里庇得斯）38, 41

Oedipus（Gide）　《俄狄浦斯》（纪德）120, 131

"Oedipus in the Light of Folklore"（Propp）　《从民间传说看俄狄浦斯》（普罗普）121—122

Oedipus or the Lame King（Anouilh）　《俄狄浦斯或瘸腿国王》（让·阿努伊）135

Oedipus, Philosopher（Goux）　《哲人，俄狄浦斯》，高克斯 127

Oedipus（Qu Xiasong）　《俄狄浦斯》（曲夏松）139

Oedipus Rex（Pasolini）　《俄狄浦斯王》（帕索里尼）134

Oedipus Rex（Stravinsky and Cocteau）　《俄狄浦斯王》（谷克多和斯特拉文斯基）117—120

Oedipus（Seneca）　《俄狄浦斯王》（塞涅卡）10, 60—

61, 132

Oedipus the King（Hölderlin） 《俄狄浦斯王》（荷尔德林）100—101

Oedipus the King（Sophocles） 《俄狄浦斯王》（索福克勒斯）22, 30, 43—51;

influence of 有影响的 3—10, 34, 60, 76, 85, 95, 112—117

Oedipus（Theodectes） 《俄狄浦斯》（狄奥迪克底斯）20, 132

Oedipus（Voltaire） 《俄狄浦斯》（伏尔泰）95—99

Onasias 奥纳西阿斯 20, 26, 39

Opera and Drama（Wagner） 《歌剧与戏剧艺术》（瓦格纳）105—106

Oracles 神谕 16, 37, 46, 91 ；也参见 Prophecies 预言

oral tradition 口述传统： 4—5, 57, 78

Origin of the Family, The（Engels） 《家庭、私有制和国家的起源》（恩格斯）121

Ovid 奥维德 60

paintings 绘画作品 104, 106—111；也参见 vase paintings 瓶画 18—20,

parricide 弑父 15, 17, 30, 40, 74, 76

Pasolini, Pier Paolo 帕索里尼 , 皮尔 · 保罗 134—135

Pausanias 鲍萨尼阿斯 20, 25, 29

Pavese, Cesare 帕维塞，切萨雷 132

Pazzi, Alessandro 帕齐，亚历山德罗 85—86

Péladan, Joséphin 佩拉丹，约瑟芬 111—112, 134—135

Pelops 佩罗普斯 16, 38

penance 忏悔、苦修、赎罪 42, 74, 76—77, 129

Philoctetes 菲罗克忒忒斯 96—98

philology 语言学 122

Phoenician Women（Euripides） 《腓尼基妇女》（欧里庇得斯）22, 26, 34—35, 38, 40, 86, 88

Phoenician Women（Seneca） 《腓尼基妇女》（塞涅卡）61—62

Phorbas 福尔巴斯 91, 94, 96—97

piety（pietas） 虔敬 61—62

Pindar 品达 29—30

PL8SPK（Nussbaum） 《加利福利亚自选车牌重述经典》（努斯鲍姆）135, 136

Placidus, Lactantius 普拉赛多斯，卢克莱修斯 65, 69, 71, 76

"plague" motif "瘟疫"主题 15, 44—45, 86

"Planctus Oedipi"（anon.） "俄狄浦斯悲歌"（佚名）65, 72—74, 129

Platen, August von 奥古斯特·冯·普拉滕 102

poetic tradition 诗歌传统 4—5, 45, 54

Poetics（Aristotle） 《诗学》（亚里士多德）84—86

politics 政治 93, 138

Polybus 波吕巴斯 40—41, 47, 94, 97

Polynices 波吕尼刻斯 21—28, 36—39, 52—53, 61—64, 69—70

Prophecies 预言 17, 26, 35, 50—51, 92；也参见 Oracles 神谕

Propp, Vladimir 普罗普，弗拉基米尔 121—122, 137—139

Prudentius 普鲁登修斯 78

psychologization 心理化 119

Psychomachia（Prudentius） 《心灵冲突》（普鲁登修斯）78

purification 净化、涤罪 20—21, 129

Qu Xiasong 曲夏松 139

"Question of Lay Analysis, The"（Freud） 《性伙伴问题分析》（弗洛伊德）115

Racine, Jean 拉辛，让 90

reduction 简化 44, 134—137, 140

repentance 忏悔 63, 72—73, 77

responsibility 责任 35, 37, 102—103

riddles 谜语 18—20, 19, 57, 102, 106, 115, 120

Roman de Thèbes（anon.） 《罗马的忒拜》（佚名）65—66, 69—70, 72, 132

Romantic Oedipus, The（Platen） 《浪漫的俄狄浦斯》（普拉滕）102

Rotimi, Ola 罗蒂米，奥拉 139—141

Sachs, Hans 萨克斯，汉斯 88—89

sacred groves 神圣的小树林 28, 50

sacrifice 牺牲，献祭 22, 39, 63, 92, 97

Schlegel, August Wilhelm 施莱格尔，奥古斯特·威廉 101—102

self-consciousness 自我意识 46—47, 61, 126, 130

self-determination 自主决定 105—106

Seneca 塞涅卡 10, 60—62, 64—65, 71, 84, 132

Seven Against Thebes（Aeschylus） 《七将攻忒拜》（埃斯库罗斯）35—38

Siege of Thebes（Lydgate） 《忒拜之战》（吕德盖特）72

“Song for a Phallus”（Hughes） “为阳物而歌”（ 泰德·休斯）138

sons of Oedipus 俄狄浦斯的儿子 21—28, 36—39, 52—53, 61—64, 69—70

Sophocles 索福克勒斯 3—4, 43, 60—61, 83—84, 95, 98—99；也参见《安提戈涅》《俄狄浦斯在科洛诺斯》《俄狄浦斯王》

sources: Greek 起源：古希腊 32—33；Roman and medieval 古罗马与中世纪 58—59

Speroni, Sperone 斯佩罗尼 85

Sphinx 斯芬克斯 17—20, 101—105, 112—116, 119, 124—128；in art 在艺术作品中 19, 67, 106—111, 108—110, 135, 136

St Andrew of Crete legend 克里特岛的圣·安德鲁的传说 76—77

Statius 斯塔提乌斯 62—65, 69—73

Stesichorus 斯特西克鲁斯 14—15, 25—27, 39, 45

Stoic model 斯多葛学派的典范 63—64

Stravinsky, Igor 斯特拉文斯基，伊戈尔 117—120, 135,

139

“Structuralist study of myth”（Lévi-Strauss）　《神话结构研究》（列维－斯特劳斯）122—124

Stuck, Franz von　斯塔克，弗兰茨・冯 111

subjectivity　主体性 103—104, 127, 130—131, 138

subplots　次要剧情 69, 93—94, 96, 98, 135

succession to power　权力的继承 121, 138

suffering　苦难 14—15, 24, 27, 54

suicides　自杀 21, 26, 35, 39, 63, 78

Suppliants（Euripides）　《乞援人》（欧里庇得斯）38

Supreme Kiss, The（Christophe）《至高的吻》（克利斯朵夫）108—111

Symbolists　象征主义 107—111

tableaux　舞台造型：117—118

Teiresias　忒瑞西阿斯 17, 25—26, 45, 51, 60, 119; as necromancer 作为巫师的身份 62, 91—94

Telson, Bob　特尔森，鲍勃 8, 139

Thebaid（epic poem）　《忒拜战纪》（史诗）13, 16—17, 22—24, 26, 52

Thebaid（Statius） 《忒拜战纪》（斯塔提乌斯）62—64, 72—73

La ThébaÔde（Racine） 《忒拜战纪》（拉辛）90

Theban Wars 忒拜战争 21—22, 25—26, 62—63

Theodectes 狄奥迪克底斯 20, 132

Theogony（Hesiod） 《神谱》（赫西俄德）17

Theron 忒隆 29—30

Thersander 特瑞桑德尔 5, 30

Theseus 忒修斯 38, 63, 90—93

"Theseus"（Gide） 《忒修斯》（纪德）132

Thompson, Stith 汤普森，史蒂斯 5—7

Tisiphone 狄西福涅 62—63

Totem and Taboo（Freud） 《图腾与禁忌》（弗洛伊德）114, 137—138

transference of pain 痛苦的传递 15—16, 23—24

Trojan War 特洛亚战争 21, 25—26

Tydeus 提丢斯 54, 63

Unhappy Queen Jocasta, The（Sachs） 《不幸的伊俄卡斯塔女王》（萨克斯）88—89

variation in myth　神话的变体 4—7, 9, 41, 66

Varro　瓦尔罗 59

vase paintings　瓶画 17—19, 19, 41, 54, 106—107

Voltaire, François　伏尔泰，弗朗索瓦 95—99, 135

Wagner, Richard　瓦格纳，理查德 105—106

“woes” motif　“痛苦”主题 14—15

Works and Days（Hesiod）　《劳作与时日》（赫西俄德）22, 26

Xiasong, Qu　曲夏松 139

Zeus　宙斯 16, 22—23, 35

附录：古代世界的诸神与英雄译名表

（希腊语—拉丁语—英语—汉语）

A

Ἄβαι Abae Abae　阿拜

Ἀγαμέμνων Agamemnon Agamemnon　阿伽门农

Ἀγησίλαος Agesilaos Agesilaos　阿盖西劳斯

Αγλαΐα Aglaea/Aglaia Aglaea　阿格莱亚

Ἄγλαυρος Aglauros Aglauros　阿格劳洛斯

Ἀγχίσης Anchises Anchises　安喀塞斯

Ἅδης Hades Hades　哈得斯

Ἄδωνις Adonis Adonis　阿多尼斯

Ἀθάμας Athamas Athamas　阿塔马斯

Ἀθηνᾶ Minerva Athena　雅典娜 / 密涅瓦

Αἴας Aiax Aias/Ajax　埃阿斯

Αἴγιστος Aegisthus Aegisthus　埃吉斯托斯

Αἴθρα Aithra Aithra　埃特拉

Αἰνείας Aeneas/Aeneus Aeneas　埃涅阿斯

Αλφειός Alpheios Alpheios　阿尔费奥斯

Ἄμμων Ammon Ammon/Amun　阿蒙（古埃及太阳神）

Αμφιτρίτη Amphitrite Amphitrite　安菲特里忒

Anat　阿娜特（闪米特战争女神）

Anaïtis/Anahita　阿娜提斯 / 阿娜希塔（波斯 – 亚美尼亚女神）

Ἀνδρομάχη Andromache Andromache　安德洛玛克

Anu　阿努（赫梯天神）

Ἀπέσας Apesas Apesas　阿佩萨斯

Ἀπόλλων Apollo Apollo　阿波罗

Ἀργειφόντης Argeiphontes Argeiphontes　阿耳癸丰忒斯

Ἄρης Mars Ares　阿瑞斯

Ἀριάδνη Ariadne Ariadne　阿里阿德涅

Ἁρμονία Harmonia Harmonia　哈耳摩尼亚

Ἀρισταῖος Aristaeus Aristaeus　阿里斯泰奥斯

Ἄρτεμις Artemis,Diana Artemis　阿耳忒弥斯 / 狄安娜

Ἀσκληπιός Aesculapius Asclepius　阿斯克勒庇俄斯

Astarte　阿施塔忒（腓尼基女神）

Ἀστερία Asteria Asteria　阿斯忒里亚

Ἄτλας Atlas Atlas　阿特拉斯

Ἀτρεύς Atreus Atreus　阿特柔斯

Ἀφροδίτη Venus Aphrodite　阿芙洛狄忒 / 维纳斯

Ἀχιλλεύς Achilleus Achilles　阿喀琉斯

Ἄψυρτος Apsyrtus Apsyrtus　阿普绪耳托斯

B

Βελλεροφῶν Bellerophon Bellerophon　柏勒洛丰

Βοώτης Boutes Boutes　布特斯

Βριάρεως Briareos Briareos　布里阿瑞奥斯

Βρισηΐς Briseis Briseis　布里塞伊斯

Βρισῆος Briseus Briseus　布里修斯

Γ

Γαῖα Gaea Gaia　盖娅

Γανυμήδης Catamitus/Ganymedes Ganymede　伽努墨德斯

Γλαυκός Glaucus Glaukos　格劳科斯

Γῆρας Geras Geras　革剌斯

Γίγαντες Gigantes Gigantes　癸干忒斯

Γύγης Gyges Gyges　巨吉斯

Gula　古拉（美索不达米亚治愈女神）

Δ

Δαίδαλος Daedalus Daedalus　代达罗斯

Δαναός Danaus Danaus　达那奥斯

Δάφνη Daphne Daphne　达芙妮

Δελφύς Delphus Delphus　德尔福斯

Δευκαλίων Deucalion Deucalion　丢卡利翁

Δηίφοβος Deiphobos Deiphobos　得伊福玻斯

Δημήτηρ Demeter Demeter　德墨忒耳

Δημοφόων Demophoon Demophoon　德摩福翁

Δίκη Dike Dike　狄刻

Διοκλῆς Diocles Diokles　狄奥克勒斯

Διομήδης Diomedes Diomedes　狄奥墨德斯

Διόσκουροι Dioscuri Dioscuri　狄奥斯库里

Διώνη Dione Dione　狄奥涅

Δόλων Dolon Dolon　多伦

Dyáus Pitar　道斯・彼塔（印度教天父）

Dumuzi/Tammuz　杜穆兹 / 塔穆兹（苏美尔的英雄 / 神）

Δύναμις Dynamis Dynamis　丢纳弥斯

E

Εἰλείθυια Eileithyia Eileithyia　埃勒提雅

Εἰρήνη Eirene Eirene　埃瑞涅

Ἑκάτη Hekate Hekate　赫卡忒

Ἕκτωρ Hector Hector　赫克托耳

Ἕλενος Helenus Helenus　赫勒诺斯

Ἕλλη Helle Helle　赫勒

Enki　恩基（苏美尔欺诈之神）

Ἐνοδία Enodia Enodia　埃诺狄亚

Ἐνυώ Enyo Enyo　厄倪俄

Ἐρεχθεύς Erechtheus Erechtheus　厄瑞克透斯

Ἔρις Eris Eris　厄里斯

Ἐριχθόνιος Erichthonios Erichthonios　厄里克托尼奥斯

Ἑρμῆς Hermes Hermes　赫耳墨斯

Ἑρμιόνη Hermione Hermione　赫耳弥奥涅

Ἔρως Eros/Amor Eros　爱若斯 / 阿莫耳

Ἕσπερος Hesperos Hesperos　赫斯佩洛斯（昏星）

Ἑστία Hestia/Vesta Hestia　赫斯提亚 / 维斯塔

Ευδόρος Eudoros Eudoros　欧多罗斯

Εὔμαιος Eumaeus Eumaeus　欧迈奥斯

Εὔμολπος Eumolpos Eumolpos　欧摩尔波斯

Εὐνομία Eunomia Eunomia　欧诺弥亚

Εὐρυνόμη Eurynome Eurynome　欧律诺墨

Εὐρώπη,Εὐρώπα Europa Europa　欧罗巴

Ευφροσύνη Euphrosyne Euphrosyne　欧佛洛绪涅

Ἐπιμηθεύς Epimetheus Epimetheus　厄庇米修斯

Ἕως Eos Eos　厄俄斯

Εωσφόρος Eosphoros Eosphoros　厄俄斯珀洛斯（晨星）

Z

Ζεύς Zeus Zeus　宙斯

Ζέφυρος Zephyros Zephyros　泽费罗斯

Ζῆθος Zethus Zethus　泽托斯

H

Ἥβη Hebe Hebe　赫柏

Ἥλιος Helios Helios　赫利奥斯

Ἥρα Hera Hera　赫拉

Ἡρακλῆς Herakles Herakles　赫拉克勒斯

Ἥφαιστος Hephaestus Hephaestus　赫菲斯托斯

Θ

Θάλεια Thalia Thalia　塔利亚

Θάνατος Thanatus Thanatos　塔纳托斯

Θέμις Themis Themis　忒弥斯

Θέτις Thetis Thetis　忒提斯

Θησεύς Theseus Theseus　忒修斯

I

Ἰάλεμος Ialemus Ialemus 伊阿勒摩斯

Ἰάσων Jason Jason 伊阿宋

Ἱέρων Hieron Hieron 希耶罗

Ἵμερος Himeros Himeros 希墨洛斯

Inanna 伊南娜（苏美尔爱神）

Ἰξίων Ixion Ixion 伊克西翁

Ἰοδάμα Iodama Iodama 伊奥达玛

Ἰόλαος Iolaos Iolaos 伊俄拉俄斯

Ἱππόλυτος Hippolytus Hippolytus 希波吕托斯

Ἶρις Iris Iris 伊里斯

Ἶσις Isis Isis 伊西斯

Ishtar 伊诗塔

Ἰφιάνασσα Iphianassa Iphianassa 伊菲阿纳萨

Ἰφιγένεια Iphigeneia Iphigeneia 伊菲革涅亚

Ἰφιμέδη Iphimede Iphimedê 伊菲梅德

Ἰώ Io Io 伊娥

Ἴων Ion Ion 伊翁

K

Κάδμος Kadmos Kadmos　卡德摩斯

Καλλιόπη Calliope Calliope　卡利俄佩

Καλυψώ Calypso Calypso　卡吕普索

Καρνεῖος Carneius Carneius　卡内乌斯

Κασσάνδρα Kassandra Kassandra　卡珊德拉

Κάστωρ Castor Castor　卡斯托耳

Κέρβερος Cerberus Cerberus　刻耳贝洛斯

Κλυταιμνήστρα Klytaimnestra Klytaimnestra　克吕泰涅斯特拉

Κορωνίς Coronis Coronis　科洛尼斯

Κρεσφόντης Kresphontes Kresphontes　克瑞斯丰忒斯

Κρόνος Cronus Cronos　克罗诺斯

Κυβέλη,Κυβήβη Cybele Cybele　库柏勒

Κύκνος Kyknos Kyknos　库克诺斯

Κυρήνη Cyrene Cyrene　昔兰尼

Λ

Λάϊος Laius Laius　拉伊俄斯

Λαομέδων Laomedon Laomedon　拉俄墨冬

Λήδα Leda Leda　勒达

Λητώ Leto/Latona Leto　勒托 / 拉托娜

Λῖνος Linus Linus　利诺斯

Λύκτος Lyktos Lyktos　吕克托斯

M

Μαῖα Maia Maia/Maea　迈娅

Marduk　马耳杜克（巴比伦主神）

Μάρπησσα Marpessa Marpessa　玛耳佩萨

Μαρσύας Marsyas Marsyas　玛耳绪阿斯

Μαχάων Machaon Machaon　玛卡翁

Μεγακλῆς Megakles Megakles　麦伽克勒斯

Μέδουσα Medusa Medusa　美杜莎

Μελάνιππος Melanippos Melanippos　美拉尼波斯

Μελίτη Melite Melite　美利忒

Μελπομένη Melpomene Melpomene　美尔波墨涅

Μετάνειρα Metaneira Metaneira　美塔内拉

Μήδεια Medea Medea　美狄亚

Μηριόνης Meriones Meriones　美里奥涅斯

Μῆτις Metis Metis　墨提斯

Μίλητος Miletus Miletus　米勒托斯

Μίνως Minos Minos　米诺斯

Μνημοσύνη Mnemosyne Mnemosyne 摩涅莫绪涅

Μοῖραι Moirai Moirai 莫依赖 / 命运三女神

Μοῦσα/Μοῦσαι Musa/Musae Muse/Muses 缪斯

Μουσαίος Musaeus Musaeus 缪塞奥斯

N

Nanaya 娜娜雅

Ναυσικᾶ Nausikaa Nausikaa 瑙西卡

Νέμεσις Nemesis Nemesis 涅美西斯

Νηρηΐδες Nereids Nereids 涅瑞伊得斯

Νέστωρ Nestor Nestor 涅斯托尔

Νηλεύς Neleus Neleus 涅琉斯

Νηρεύς Nereus Nereus 涅柔斯

Νιόβη Niobe Niobe 尼俄柏

Νύμφης Nymphs Nymphs 宁芙

O

Ὀδυσσεύς Odysseus/Ulixes/Ulysses Odysseus 奥德修斯 / 尤利克塞斯 / 尤利西斯

Οἴαγρος Oeagrus Oeagrus 奥厄阿革洛斯

Οἰδίπους Oedipus Oedipus 俄狄浦斯

Ὅμηρος Homerus Homer　荷马

Ὀρέστης Orestes Orestes　奥瑞斯忒斯

Ὀρφεύς Orpheus Orpheus　俄耳甫斯

Ὄσιρις Osiris Osiris　奥西里斯

Οὐρανός Ouranos Ouranos　乌拉诺斯

Π

Παιών/Παιάν Paeon/Paean Paeon　派翁

Πάλλας Pallas Pallas　帕拉斯

Πάν Pan Pan　潘

Πάνδαρος Pandarus Pandaros　潘达罗斯

Πάνδροσος Pandrosos Pandrosos　潘德罗索斯

Πανδώρα Pandora Pandora　潘多拉

Παρθένος Parthenos Parthenos　帕特诺斯（克里米亚神祇）

Πάρις Paris Paris　帕里斯

Πάτροκλος Patroclus Patroclus　帕特罗克洛斯

Πειρίθοος Peirithoos Peirithoos　佩里图斯

Πέλευς Peleus Peleus　佩琉斯

Πέλοψ Pelops Pelops　佩罗普斯

Περσεύς Perseus Perseus　佩耳修斯

Περσεφόνη Persephone/Proserpina Persephone　佩耳塞福涅

Πήγασος Pegasus/Pegasos Pegasus　佩伽索斯

Πηνειός Peneius Pcneius　佩纽斯

Πηνελόπη Penelope Penelope　佩涅洛佩

Πιερίδες Pierides Pierides　庇厄里得斯

Πλούιων Plouton Pluto　普鲁托

Ποδαλείριος Podalirius/Podaleirius Podalirios　波达勒里奥斯

Πολύφημος Polyphemus Polyphemus　波吕斐摩斯

Ποσειδῶν Poseidon/Neptunus Poseidon　波塞冬 / 尼普顿

Πρίαμος Priamos Priam　普里阿摩斯

Προμηθεύς Prometheus Prometheus　普罗米修斯

Πτώιος Ptoios Ptoios　普托伊奥斯

Πυθία Pythia Pythia　皮提亚

Πύθων Python Python　皮同

Ρ

Ῥέα Rhea Rhea　瑞娅

Σ

Σαρπηδών Sarpedon Sarpedon　萨耳佩冬

Σάτυρος Satyrus Satyr　萨蒂尔

Σειρήν Sirens Sirens　塞壬

Σεμέλη Semele Semele　塞墨勒

Σπερχειός Spercheius Spercheius　斯佩耳凯奥斯

Στερόπη Sterope Sterope　斯忒洛佩

Σφίγξ sphinx sphinx　斯芬克斯

T

Τάρταρος Tartarus Tartarus　塔耳塔罗斯

Τειρεσίας Teiresias Teiresias　忒瑞西阿斯

Τεῦκρος Teukros Teukros　透克洛斯

Τηλεμάχος Telemachos Telemachos　忒勒玛霍斯

Τήλεφος Telephus Telephos　忒勒福斯

Τηθύς Tethys Tethys　泰堤斯

Tiamat　提亚玛特（巴比伦混沌母神）

Τιθωνός Tithonus Tithonus　提托诺斯

Τιτᾶνες Titans Titans　提坦

Τιτυός Tityos Tityos　提图奥斯

Τρίτων Triton Triton　特里同

Τρώς Tros Tros　特洛斯

Τυδεύς Tydeus Tydeus　提丢斯

Turan　图兰（伊特鲁里亚爱神）

Τυνδάρεος Tyndareus Tyndareus　廷达瑞俄斯

Τυρώ Tyro Tyro　提洛

Τυφῶν Typhon Typhon　提丰

Υ

Ὑάκινθος Hyacinthus Hyacinthus　许阿辛托斯

Ὕδρα Hydra Hydra　许德拉

Ὕλας Hylas Hylas　许拉斯

Ὑμέναιος Hymenaeus/Hymenaios Hymenaeus/Hymen 许墨奈奥斯 / 许门

Ὑπερίων Hyperion Hyperion　许佩里翁

Ushas　乌莎斯（吠陀黎明女神）

Φ

Φαέθων Phaeton Phaeton　法厄同

Φαίδρα Phaedra Phaedra　菲德拉

Φήμιος Phemius Phemius　费弥奥斯

Φιλάμμων Philammon Philammon　菲拉蒙

Φιλήμων Philemon/Philemo Philemon　菲勒蒙

Φινεύς Phineus Phineus　菲内乌斯

Φοίβη Phoibe Phoibe　福柏

X

Χάος Chaos Chaos　卡俄斯

Χάρις Charis Charis　卡里斯

Χάριτες Charites Graces　卡里忒斯 / 美惠三女神

Χείρων Chiron/Cheiron Chiron　喀戎

Χρυσάωρ Chrysaor Chrysaor　克律萨奥耳

Ω

Ὠκεανός Oceanos Oceans　奥刻阿诺斯

Ὧραι Horae Horae　荷莱 / 时序三女神

Ὠρίων Orion Orion　奥里翁

（张鑫、玛赫更里　编）

跋“古代世界的诸神与英雄”

“古代世界的诸神与英雄”主编苏珊（Susan Deacy）教授，欣然为中文版专文序介丛书缘起，她撰写的“前言”始于这样一个问题：“什么是神？”说的是公元前6世纪古希腊抒情诗人西摩尼德斯（Simonides of Ceos），如何受命回答这个问题。故事源自西塞罗《论神性》（*De Natura Deorum*, 1.22）：对话中，学园派科塔（Gaius Cotta）愤而驳斥伊壁鸠鲁派维莱乌斯（Gaius Velleius）“愚蠢的”神性论说，认为就“神的存在或本质”（quid aut quale sit deus）而言，他首推西摩尼德斯；而向诗人提出“什么是神？”的人，正是叙拉古僭主希耶罗（tyrannus Hiero）；就此提问，诗人再三拖延，终于以“思考越久事情就越模糊”不了了之；按科塔的说法，“博学和有智慧”（doctus sapiensque）的诗人，对回答僭主的问题感到“绝望”（desperasse）。

启蒙哲人莱辛（Lessing）称抒情诗人西摩尼德斯为“希腊的伏尔泰”（griechischer Voltaire）：想必因为“西摩尼德斯与希耶罗”的关系有似于“伏尔泰与腓特烈大帝”。1736年，伏尔泰与尚为王储的腓特烈首次书信往还：当年8月8日，腓特烈致信伏尔泰，说他正在将沃尔夫（Chr. Wolff）的文章《对上帝、世界和人类灵魂及万物的理性思考》（“Vernünftige Gedanken von Gott, der Welt und der Seele des Menschen, und allen Dingen überhaupt”）译成法语，一俟完成就立刻寄给伏尔泰阅正。如此，直至 1777—1778 年间最后一次书信往还，上帝或神学政治问题，一直是两者探讨的重要主题。

尤为值得一提的是，1739 年王储腓特烈写成《反马基雅维利》（*Der Antimachiavell*），伏尔泰超常规全面修订，让这本书的作者成为“公开的秘密”，其核心主题之一也是“神学政治论”。譬如，“第六章：君主建国靠的是他的勇气和武器”中，腓特烈或伏尔泰认为，马基雅维利将摩西（Moses）擢升到罗慕路斯（Romulus）、居鲁士（Cyrus）和忒修斯（Theseus）等君主之列，极不明智；因为，如果摩西没有上帝的默示，他就和悲剧诗人的“机械降神”没有两样；如果摩西真有上帝的默示，他无非只是神圣的绝对权力的盲目的奴仆。如果所有神学政治问题都可以还原到“什么是神”，既然从古代城邦僭主到近代开明专制君主都关注这个问题，“什么是神”的问题必定攸关其僭政或专制主权。

中华儒学正宗扬雄《法言·问神》开篇“或问‘神’。曰：‘心’”。用今人的话说，就是“有人问‘什么是神？’答曰：神就是‘心’”。中国先哲就“什么是神”设问作答毫不含糊隐晦，与古希腊诗人西摩尼德斯“绝望”差别大矣哉！扬雄有见于“诸子各以其知舛驰，大氐诋訾圣人，即为怪迂”，“故人时有问雄者，常用法应之，撰以为十三卷，象《论语》，号曰《法言》。”(《汉书·扬雄传》)正因孔子“无隐尔乎”(《论语·述而》)，扬雄效法圣人自然直言不讳：“潜天而天，潜地而地。天地，神明而不测者也。心之潜也，犹将测之，况于人乎？况于事伦乎？”就“问神”卷大旨，班固著目最为切要：“神心曶恍，经纬万方，事系诸道德仁谊礼。”（《汉书·扬雄传》）可见，中国先哲认为，“神”就是可以潜测天地人伦的“心”，这既不同于古希腊诸神，更不同于犹太基督教的上帝。

以现代学术眼光观之，无论《荷马史诗》还是《旧约全书》，西方文明的源始文献就是史诗或叙事，其要害就是“神话”（mythos）。虽然在《牛津古典词典》这样的西方古典学术巨著中竟然找不到“神话”词条（刘小枫《古希腊“神话”词条》），作为叙事的“神话”终究是西方文明正宗。西北大学出版社鼎力支持编译“古代世界的诸神与英雄”丛书，正是着眼全球文明互鉴，开拓古代神话研究的重要举措。

黄瑞成

癸卯春末于渝州九译馆

谷雨改定

著作权合同登记号：陕版出图字 25-2024-190

图书在版编目（CIP）数据

俄狄浦斯 /（美）罗威尔·埃德蒙兹著；江帆译 .
西安：西北大学出版社，2025. 2. --（古代世界的诸
神与英雄 / 黄瑞成主编）. -- ISBN 978-7-5604-5550-1

Ⅰ. B933

中国国家版本馆 CIP 数据核字第 2025K3V833 号

俄狄浦斯

［美］罗威尔·埃德蒙兹 著　江帆 译
出版发行：西北大学出版社
（西北大学校内　邮编：710069　电话：029-88302621　88303593）

经　　销：全国新华书店
印　　装：陕西博文印务有限责任公司
开　　本：787mm × 1092mm　1/32
印　　张：12.25
字　　数：220 千字
版　　次：2025 年 2 月第 1 版
印　　次：2025 年 2 月第 1 次印刷
书　　号：ISBN 978-7-5604-5550-1
定　　价：88.00 元

本版图书如有印装质量问题，请拨打电话 029-88302966 予以调换。